ZHONGGUO YUSUAN JIXIAO GUANLI:
LUJING FANGFA YU SHIJIAN

中国预算绩效管理：路径、方法与实践

童　伟◎著

经济日报出版社

图书在版编目 (CIP) 数据

中国预算绩效管理：路径、方法与实践 / 童伟著
. —北京：经济日报出版社，2023. 3（2025. 1 重印）
ISBN 978-7-5196-1258-0

Ⅰ. ①中… Ⅱ. ①童… Ⅲ. ①财政预算—经济绩效—财政管理—研究—中国 Ⅳ. ① F8129. 3

中国版本图书馆 CIP 数据核字（2022）第 249174 号

中国预算绩效管理：路径、方法与实践

作　　者	童　伟
责任编辑	张兴军
策划编辑	张　乐
出版发行	经济日报出版社
地　　址	北京市西城区白纸坊东街 2 号院 6 号楼
电　　话	010–63538621（事业发展中心）
网　　址	www. edpbook. com. cn
经　　销	全国新华书店
印　　刷	北京盛通印刷股份有限公司
开　　本	710 mm × 1000 mm　1/16
印　　张	16. 5
字　　数	272 千字
版　　次	2023 年 3 月第 1 版
印　　次	2025 年 1 月第 2 次印刷
书　　号	ISBN 978-7-5196-1258-0
定　　价	68. 00 元

本社网址：www. edpbook. com. cn，微信公众号：经济日报出版社
请选用正版图书，采购、销售盗版图书属违法行为

本书如有印装质量问题，由我社事业发展中心负责调换，联系电话：（010）63538621

推荐序

“十四五”时期是我国现代化建设进程中具有特殊重要性的时期，历经风雨、久经考验的中国共产党迎来百年华诞。全面建成小康社会之后，我们要乘势而上，开启全面建设社会主义现代化国家新征程，向第二个百年奋斗目标进军。在这样“两个一百年”奋斗目标的历史交汇点上，党的十九届五中全会审议通过《中共中央关于制定国民经济和社会发展第十四个五年规划和二〇三五年远景目标的建议》(简称《建议》)，提出要“以推动高质量发展为主题，以深化供给侧结构性改革为主线，以改革创新为根本动力，以满足人民日益增长的美好生活需要为根本目的，统筹发展和安全，加快建设现代化经济体系，加快构建以国内大循环为主体，国内国际双循环相互促进的新发展格局，推进国家治理体系和治理能力现代化，实现经济行稳致远、社会安定和谐，为全面建设社会主义现代化国家开好局、起好步”，为我国未来经济社会发展擘画了宏伟蓝图。

立足中华民族伟大复兴战略全局和世界百年未有之大变局，把握新发展阶段、贯彻新发展理念、构建新发展格局，实现国家治理体系和治理能力现代化，对现代财税体制建设提出了新的要求和新的改革任务。面对复杂严峻的国内外形势，如何通过现代财税体制的建设，强化政府预算改革，提升财政支出效益，破除制约高质量发展、高品质生活的体制机制障碍，强化有利于提高资源配置效率、有利于调动全社会积极性的重大改革开放举措，持续增强发展动力和活力，为我国社会经济长期可持续发展提供充足的财力保障，成为财税领域改革需要关注的核心问题。“深化预算管理制度改革，强化对预算编制的宏观指导和审查监督。加强财政资源统筹，推进财政支出标准化，强化预算约束和绩效管理。”“加强中期财政规划管理，增强国家重大战略任务财力保障。”也因之成为“十四五”规划和2035年远景目标纲要提出的财税改革新的使命与发展方向。

在此背景下，以习近平新时代中国特色社会主义经济思想为指导，梳理我国开展预算绩效管理的基础理论和现实依据，学习借鉴国内外预算绩效管理先进理论，结合新时期财税体制改革的任务和要求，系统研究预算绩效管理改革深入推进的理论与实践原理，探索建立具有中国特色的预算绩效管理价值体系、路径与方法，成为历史的必然。

理论是实践的先导。长期以来，我国预算绩效管理改革的实践一直采取的是"摸着石头过河"的方式，实践早已走在理论的前面。但若没有指导实践的理论建构，实践将面临极大的试错风险。面对我国预算绩效管理改革全面推进的要求，亟须探索适合我国国情的预算绩效管理理论基础。

"实践没有止境，理论创新也没有止境"。在新时代、新思想和新使命的指引下，作为国家治理的基础和重要支柱，预算绩效管理应率先适应时代要求，创新体制机制建设，优化全过程管理，构建"预算编制要目标、预算安排要评估、预算执行要监控、预算完成要评价、评价结果要应用、无效结果要问责"的预算绩效管理新机制。实现从点到面、从量到质、从速度到效益、从软性约束到硬性规范的转变，实现从"有"到"要"，再到"必须"的发展，就成为全面实施预算绩效管理的规范和要求。

有鉴于此，在针对预算绩效管理开展的理论研究中，还应进一步厘清预算绩效管理的核心要义，明确我国开展预算绩效管理所应坚持的价值取向和功能定位，并将其置于"中国情境"之下，结合新时期现代财税体制改革的任务要求，做出切合实际的解释与阐述，构建契合我国国情的预算绩效管理的理论基础，以及具有中国特色的预算绩效管理实践体系。

本书以此为核心，从预算绩效管理的中国实践、预算绩效管理改革的中国路径选择、构建预算绩效管理基础理论与制度框架、完善预算绩效管理技术方法与手段等方面开展研究，对丰富我国预算绩效管理理论，强化我国预算绩效管理改革实践具有显著积极意义。是以为序，以示鼓励。

李方旺

财政部预算评审中心党委书记、主任

序　言

改革开放40年，中国财政制度发生了根本性改变，实现了由“非公共性”向“公共性”的转化，逐步构建起与社会主义市场经济体制相适应、与国家治理能力相一致的财政制度，公共财政也逐步完成了由国家经济调节工具向国家治理基础与重要支柱的转变。

伴随40年的改革开放，我国财政实力在不断增强，财政收入增长了200余倍。但在财政收入高速增长的同时，我国财政支出方面的问题也不断显现。财政支出问题的存在要求深化政府预算改革，从强调财政支出的规范性转向重视财政支出的效益性，从关注体制机制的建设转向健全管理制度。为此，中共中央、国务院提出，要全面实施预算绩效管理，《中共中央关于制定国民经济和社会发展第十四个五年规划和二〇三五年远景目标的建议》指出，要“深化预算管理制度改革”“强化预算约束和绩效管理”。国务院《关于进一步深化预算管理制度改革的意见》提出，要严格预算编制管理，强化预算执行和绩效管理。

随着上述改革要求的不断发布，我国预算绩效管理逐步迈入改革创新的深化阶段，在政府预算、部门和单位预算、政策和项目预算等全方位，在事前、事中、事后等全过程，在一般公共预算、政府性基金预算、社会保险基金预算、国有资本经营预算等全覆盖领域，开启了更为系统、深入、全面的探索。

在此背景下，总结国内外经验，探索以绩效为核心的政府预算制度改革，不仅必要而且必然。本书在对预算绩效管理的中国实践进行全面梳理与总结的基础上，厘清预算绩效管理改革思路，适时转向以结果导向中期预算为核心，逐步实现预算绩效与政府绩效有机融合的目标，明确预算绩效管理改革方向，通过预算绩效管理基础理论研究，提出我国预算绩效管理制度框架构建与完善的思路。同时，基于预算绩效管理改革的实践需求，从推动绩效与预算管理一体化、完善绩效目标管理与事前绩效评估机制、优化绩效评价指标体系设计、提高绩效评价报告撰写质量、强化绩效评价结果应用、促进预算绩效管理多元共治等方面，提出完善预算绩效管理的技术方法与手段。

本书根植于中国特色社会主义国情，结合国内外预算绩效管理理论成果，不仅具有明显的理论借鉴意义，同时还具有鲜明的实践指导价值。是以为序，以示鼓励。

童 伟

目 录
CONTENTS

第一篇

预算绩效管理的中国实践

20 世纪初，随着公共财政理论的建立，我国逐步开始实施以预算绩效考评为起点，以最终实现绩效预算为目标的积极探索和实践，各类关于绩效预算管理的政策措施不断发布，逐步形成相对完善的政策体系与制度规范。

第一章 预算绩效管理政策形成与制度构建

2001 年 7 月，财政部出台《中央部门项目支出预算管理试行办法》（财预〔2001〕331 号），提出对中央部门年度预算安排的项目实行绩效考评，并将项目完成情况和绩效考评结果作为以后年度项目立项的参考依据。这一针对中央部门项目支出绩效考评的要求，可视为我国预算绩效管理改革的萌芽，也意味着以绩效考评为突破口的政府预算改革正式开启。

一、改革政策初步拟定，绩效评价试行推出

2003 年，党的十六届三中全会审议通过的《中共中央关于完善社会主义市场经济体制若干问题的决定》将“建立预算绩效评价体系”确定为我国财政预算改革的核心内容，财政部据此制定了一系列绩效考评管理办法，如《中央级教科文部门项目绩效考评管理试行办法》（财教〔2003〕28 号）、《中央级行政经费项目支出绩效考评管理办法（试行）》（财行〔2003〕108 号）、《财政部关于开展中央政府投资项目预算绩效评价工作的指导意见》（财建〔2004〕729 号），开始实施绩效考评试点。

2005 年 5 月，财政部印发《中央部门预算支出绩效考评管理办法（试行）》（财预〔2005〕86 号），明确提出绩效考评的方法、指标、组织管理、工作程序以及结果应用等内容。虽然这一文件针对的范围有限，仅限于中央部门，但却是预算绩效管理改革的重要一步，其采取的部门试点方法也为后续开展的预算绩效管理改革积累了经验。

2009 年 6 月，财政部下发《财政部关于印发〈财政支出绩效评价管理暂行办法〉的通知》（财预〔2009〕76 号），此办法相比 2005 年的中央部门管

理办法呈现出三点进步：（1）扩大了绩效评价对象的范围，即不仅包含部门预算管理的财政性资金，还包含上级政府对下级政府的转移支付资金。（2）对绩效目标的内容和要求作出了详细说明，要求将绩效目标编入部门年度预算，对绩效目标的关注表明政府对预算绩效管理应当囊括哪些环节的认识逐步加深。同时，绩效目标编入部门年度预算也为后续实施全过程预算绩效管理奠定了基础。（3）对绩效报告和绩效评价报告的撰写提出要求，使绩效评价落到实处，避免了绩效评价陷于“空对空”的形式主义。

同年10月，为在中央层面加速推进项目支出绩效评价，财政部发布《关于进一步推进中央部门预算项目支出绩效评价试点工作的通知》（财预〔2009〕390号）。这一通知将绩效评价各方职责放在首位，详细规定了项目承担单位、中央主管部门和财政部的职责范围，避免了责任真空地带或互相推诿责任现象的出现。同时，该通知还提出中央部门项目支出绩效评价要采取“项目承担单位开展自评、中央主管部门组织实施评价和财政部进行重点评审”相结合的方式。该通知里提出的“一上”确定绩效评价项目，事前填报绩效目标，事后进行绩效自评和绩效评价，对评价结果进行应用的绩效管理要求一直沿用至今。

二、规范性文件先后出台，绩效理念逐步明确

2011年4月，财政部对2009年下发的绩效评价管理暂行办法进行了修订，同时发布《关于印发〈财政支出绩效评价管理暂行办法〉的通知》（财预〔2011〕285号），进一步细化绩效评价的对象和内容、绩效目标、绩效评价指标、评价标准和方法、评价组织管理和工作程序、绩效报告和绩效评价报告、评价结果及应用等相关要求，修订后的办法成为我国相当长一段时期里最为核心与重要的预算绩效管理指导性文件。

为推动地方开展预算绩效管理工作，2011年7月，财政部出台《关于推进预算绩效管理的指导意见》（财预〔2011〕416号），首次明确提出预算绩效管理这一概念，即“预算绩效管理是以绩效目标为向导，以绩效评价为手段，以结果应用为保障，以改进预算管理、优化资源配置为目的，覆盖所有财政性资金，贯穿预算编制、执行、监督全过程的预算管理模式”，包括“绩效目标管理、绩效运行跟踪监控管理、绩效评价实施管理，以及绩效评价

结果反馈和应用管理”，据此，“预算绩效管理”概念正式确立。

为引导中央部门积极主动开展预算绩效管理各项工作，同年财政部发布《财政部关于印发〈预算绩效管理工作考核办法（试行）〉的通知》（财预〔2011〕433号），决定每年对中央部门预算绩效管理工作进行考核。

2012年，财政部发布《财政部关于印发〈预算绩效管理工作规划（2012–2015年）〉的通知》（财预〔2012〕396号），将预算绩效管理规范为“预算编制有目标、预算执行有监控、预算完成有评价、评价结果有反馈、反馈结果有应用”的全过程预算绩效管理，并将预算绩效管理的重点工作确定为：（1）完善预算绩效管理制度体系和预算绩效评价体系；（2）健全专家学者库、中介机构库和监督指导库，提供以智库为基础的智力支持；（3）实施绩效管理范围、重点评价、评价质量和评价结果应用四个方面的相关工作。

同期，财政部还发布《财政部关于印发〈2013年县级财政支出管理绩效综合评价方案〉的通知》（财预〔2013〕87号）），明确县级财政绩效管理基本行为规范。

2013年4月，为落实完善绩效评价指标体系的要求，财政部发布《关于印发〈预算绩效评价共性指标体系框架〉的通知》（财预〔2013〕53号），同时出台《关于印发〈经济建设项目资金预算绩效管理规则〉的通知》（财建〔2013〕165号），以指导绩效评价指标体系的构建和经济建设项目资金的绩效管理活动。

三、法律规范不断完善，管理制度开始构建

2014年9月，国务院发布《国务院关于深化预算管理制度改革的决定》（国发〔2014〕45号），提出要“健全预算绩效管理机制。全面推进预算绩效管理工作，强化支出责任和效率意识，逐步将绩效管理范围覆盖各级预算单位和所有财政资金，将绩效评价重点由项目支出拓展到部门整体支出和政策、制度、管理等方面，加强绩效评价结果应用，将评价结果作为调整支出结构、完善财政政策和科学安排预算的重要依据”。该决定的发布为我国预算绩效管理工作的推进提出了明确的方向。

2014年8月，十二届全国人大常委会第十次会议表决通过修改《中华人民共和国预算法》的决定。修订后的《中华人民共和国预算法》（简称“《预

算法》”）首次以法律形式明确了预算绩效管理要求，为我国政府预算由传统的规范型预算管理向结果导向型绩效预算管理的转化奠定了法理基础。

2015年4月，财政部发布《财政部关于推进中央部门中期财政规划管理的意见》（财预〔2015〕43号），要求“从编制2016年预算起，对纳入中央部门预算的一般公共预算和政府性基金预算拨款收支实行中期财政规划管理”。自此，中央部门一般公共预算和政府性基金预算在填报绩效目标时，需同时填报年度绩效目标和中期绩效目标。

2015年5月，财政部发布《关于印发〈中央部门预算绩效目标管理办法〉的通知》（财预〔2015〕88号），将绩效目标分为基本支出、项目支出和部门整体支出三类，对绩效目标的设定、审核、应用作出详细规定，以促进绩效目标和预算执行、绩效评价的融合，这表明全过程预算绩效管理的各个环节不再孤立，开始相互联结。

同期，财政部将投资评审中心更名为预算评审中心，并于2015年6月正式发文《财政部关于充分发挥预算评审中心职能作用，切实加强预算管理的通知》（财办预〔2015〕21号），对财政部预算评审中心的职能和作用进行了重新界定。预算评审中心的职能作用是：（1）建立预算评审机制，将预算评审实质性嵌入部门预算管理流程，使预算评审成为预算编制的必要环节，提高预算编制的真实性、合理性和准确性。（2）全过程参与预算绩效管理，成为绩效管理的重要组成部分，为提高财政资金使用效益服务，促进形成预算编制、执行、监管、绩效评价相互衔接、相互制约的工作机制。自财政部预算评审中心更名并转换职能后，全国各地纷纷成立地方预算评审中心，这些机构在全面推进预算绩效管理过程中发挥了积极作用，成为我国预算绩效管理改革重要的有生力量。

2015年9月，财政部发布《关于印发〈中央对地方专项转移支付绩效目标管理暂行办法〉的通知》（财预〔2015〕163号），规定中央对地方专项转移支付在填报绩效目标的同时要加强绩效目标审核，制定了较为完善的绩效目标申报及审核表等规范性文本，并对中央对地方专项转移支付绩效目标的批复、调整与应用提出相应要求。

2016年7月，财政部下发《关于开展2016年度中央部门项目支出绩效目标执行监控试点工作的通知》（财办预〔2016〕85号），选择教育部、国土资源部、工业和信息化部等15个中央部门的部分项目开展绩效目标执行监控试点，以一级项目为对象，对项目绩效目标的完成程度及趋势进行监控，对绩效目标的偏离予以警示，对预计年底不能完成绩效目标的原因及改进措施进行说明。

2016 年 11 月，为充分发挥财政部门积极性，鼓励各地财政部门从实际出发干事创业，推动形成主动作为、竞相发展的良好局面，财政部发布《关于印发〈财政管理绩效考核与激励暂行办法〉的通知》（财预〔2016〕177 号），对地方财政管理工作完成情况，从预算执行进度、收入质量、盘活财政存量资金、国库库款管理、地方政府债务管理、预算公开、推进财政资金统筹使用等七个方面，结合预算管理目标进行考察，并对优秀的评价结果予以奖励。

2017 年 3 月，财政部、环境保护部联合发布《关于印发〈水污染防治专项资金绩效评价办法〉的通知》（财建〔2017〕32 号），强化水污染防治专项资金管理，以提高资金使用的规范性、安全性和有效性，支持和引导《水污染防治行动计划》目标任务的实现。

2017 年 9 月，为进一步发挥绩效评价对财政专项扶贫资金使用管理的导向和激励作用，财政部和国务院扶贫办联合发布《关于印发〈财政专项扶贫资金绩效评价办法〉的通知》（财农〔2017〕115 号），开展财政专项扶贫资金绩效目标管理工作，探索经验，并结合实际逐步推进。

上述文件的出台是对《预算法》及国务院发布的《关于深化预算管理制度改革的决定》等文件精神的积极响应，同时，也在拓展绩效管理范围，强化绩效目标管理，加强结果应用等方面发挥了积极作用，使全过程预算绩效管理逐步形成闭合链条。

四、中央文件逐步推出，绩效管理提质增效

2017 年 10 月，党的十九大报告指出，“加快建立现代财政制度，建立权责清晰、财力协调、区域均衡的中央和地方财政关系。建立全面规范透明、标准科学、约束有力的预算制度，全面实施绩效管理。”作为改革和发展的纲领性文件，党的十九大报告精神为中国预算绩效管理的深化改革指明了方向。

为落实党的十九大报告精神，积极推进预算绩效管理，2018 年 7 月 6 日，中央全面深化改革委员会第三次会议审议通过《关于全面实施预算绩效管理

的意见》，2018 年 9 月，《中共中央　国务院关于全面实施预算绩效管理的意见》（中发〔2018〕34 号）（简称《意见》）正式发布，《意见》指出，应在 3~5 年时间内基本建成全方位、全过程、全覆盖的预算绩效管理体系，实现预算和绩效管理一体化。

以《意见》为指导，财政部于 2018 年 11 月发布《关于贯彻落实〈中共中央 国务院关于全面实施预算绩效管理的意见〉的通知》（财预〔2018〕167 号），提出全面实施预算绩效管理的路径与总体目标，即到 2020 年年底中央部门和省级层面要基本建成全方位、全过程、全覆盖的预算绩效管理体系，既要提高本级财政资源配置效率和使用效益，又要加强对下转移支付的绩效管理，防止财政资金损失浪费；到 2022 年年底市县层面要基本建成全方位、全过程、全覆盖的预算绩效管理体系，做到"花钱必问效、无效必问责"，大幅提升预算管理水平和政策实施效果。

同期，财政部针对政府购买行为的第三方绩效评价工作出台《关于推进政府购买服务第三方绩效评价工作的指导意见》（财综〔2018〕42 号），并选取天津市、上海市、深圳市、江苏省、浙江省等 10 个地区开展试点。

为进一步提高预算绩效管理工作的规范性和系统性，2019 年 7 月，财政部发布《关于印发〈中央部门预算绩效运行监控管理暂行办法〉的通知》（财预〔2019〕136 号），要求按照"全面覆盖、突出重点，权责对等、约束有力，结果运用、及时纠偏"的原则，对中央部门及其所属单位的预算执行情况和绩效目标实现程度开展监督、控制和管理活动。

2020 年 2 月，财政部发布《关于印发〈项目支出绩效评价管理办法〉的通知》（财预〔2020〕10 号）和《关于印发〈政府和社会资本合作（PPP）项目绩效管理操作指引〉的通知》（财金〔2020〕13 号）。《项目支出绩效评价管理办法》在《财政支出绩效评价管理暂行办法》的基础上，从绩效评价的方式、绩效评价应当遵循的基本原则、绩效评价的主要依据、绩效评价期限、绩效评价的对象和内容、绩效评价指标、评价标准和方法、绩效评价的组织管理与实施、绩效评价结果应用及公开、绩效评价的法律责任等方面，对绩效评价的实施进行了全面规范。《政府和社会资本合作（PPP）项目绩效管理操作指引》则针对 PPP 项目，在绩效目标与绩效指标管理、PPP 项目绩效监控、PPP 项目绩效评价，以及 PPP 项目绩效评价的组织保障等方面提出了明确要求。

2020年9月，国务院发布修订后的《中华人民共和国预算法实施条例》（国务院令729号），进一步细化预算绩效管理要求，一是明确预算绩效管理中各部门的职责，即财政部门负责组织和指导预算资金绩效监控、绩效评价，各部门负责实施绩效监控，开展绩效评价，定期报送绩效评价报告；二是明确预算绩效管理结果应用的方向，即作为改进管理和编制以后年度预算的依据。

2020年10月，党的十九届五中全会发布《中共中央关于制定国民经济和社会发展第十四个五年规划和二〇三五年远景目标的建议》，进一步明确提出，要“深化预算管理制度改革，强化对预算编制的宏观指导，强化预算约束和绩效管理。”2021年3月，国务院印发《国务院关于进一步深化预算管理制度改革的意见》（国发〔2021〕5号），要求加大预算收入统筹力度，规范预算支出管理，严格预算编制管理，强化预算执行和绩效管理。

在中央文件精神的指导下，财政部进一步加快预算绩效管理改革的推进步伐。2021年2月发布《关于委托第三方机构参与预算绩效管理的指导意见》（财预〔2021〕6号），规范第三方机构参与预算绩效管理的委托行为。2021年4月发布《关于印发〈第三方机构预算绩效评价业务监督管理暂行办法〉的通知》（财监〔2021〕4号），规范第三方机构预算绩效评价执业行为。2021年6月发布《关于印发〈地方政府专项债券项目资金绩效管理办法〉的通知》（财预〔2021〕61号），要求提升债券资金配置效率和使用效益，对专项债券支持项目开展事前绩效评估和绩效目标管理，事中绩效运行监控，事后绩效评价和评价结果应用。2021年8月发布《关于印发〈中央部门项目支出核心绩效目标和指标设置及取值指引（试行）〉的通知》（财预〔2021〕101号），要求强化绩效目标、绩效指标设置，提高绩效目标管理科学化、规范化、标准化水平，推动预算绩效管理提质增效。

中国绩效预算改革政策演变路径如下（见表1–1）。

表 1-1　中国绩效预算改革政策发展与演变

发布时间	文件名称	主要相关内容
2003 年 4 月	《中央级教科文部门项目绩效考评管理试行办法》（财教〔2003〕28 号）	对由中央财政预算安排的教科文部门专项资金项目的实施过程及其完成结果进行综合性考核与评价。
2003 年 9 月	《中央级行政经费项目支出绩效考评管理办法（试行）》（财行〔2003〕108 号）	对中央财政预算安排的行政经费专项资金项目的实施过程及其完成结果进行综合性考核与评价。
2003 年 10 月	《中共中央关于完善社会主义市场经济体制若干问题的决定》	明确提出建立预算绩效评价体系的要求，实行全口径预算管理。
2004 年 10 月	《中央经济建设部门部门预算绩效考评管理办法（试行）》（财建〔2004〕354 号）	财政部负责，建立科学方法对中央预算部门运用财政资金进行综合评价。
2004 年 12 月	《财政部关于开展中央政府投资项目预算绩效评价工作的指导意见》（财建〔2004〕729 号）	建立包括社会效益、财务效益在内的十个方面的中央政府投资项目预算绩效参考评价指标体系。
2005 年 5 月	《财政部关于印发〈中央部门预算支出绩效考评管理办法（试行）〉的通知》（财预〔2005〕86 号）	要求慎重选择绩效考评试点项目，合理设置个性考评指标，逐步有序地建立起绩效考评体系。
2005 年 9 月	《财政部关于印发〈中央级教科文部门项目绩效考评管理办法〉的通知》（财教〔2005〕149 号）	配合预算支出绩效管理意见，对纳入中央部门预算管理的教科文部门专项资金项目情况进行综合性考核与评价。
2005 年 9 月	《财政部关于印发〈缓解县乡财政困难工作绩效评价暂行办法〉的通知》（财预〔2005〕459 号）	中央对地方预算绩效管理的实践探索，目的是建立中央财政对地方缓解县乡财政困难的绩效评价制度。
2006 年 9 月	《中央企业综合绩效评价管理暂行办法》（国资委令第 14 号）	规范企业综合绩效评价工作，建立综合评价指标体系，对企业特定经营期间的各方面进行综合评价。
2008 年 4 月	《财政部关于印发〈国际金融组织项目绩效评价管理暂行办法〉的通知》（财际〔2008〕48 号）	建立国际金融组织贷款项目监测与评价体系，规范金融企业绩效评价工作，是我国预算绩效管理在金融业上的探索。
2009 年 1 月	《财政部关于印发〈金融类国有及国有控股企业绩效评价暂行办法〉的通知》（财金〔2009〕3 号）	

续表

发布时间	文件名称	主要相关内容
2009年6月	《财政部关于印发〈财政支出绩效评价管理暂行办法〉的通知》（财预〔2009〕76号）	目的是建立完整的财政支出绩效评价体系，加强财政支出管理，对财政支出评价主体、对象等各方面进行详细规定。
2009年10月	《财政部关于进一步推进中央部门预算项目支出绩效评价试点工作的通知》（财预〔2009〕390号）	部署中央部门预算项目支出绩效评价试点工作。
2011年4月	《财政部关于印发〈财政支出绩效评价管理暂行办法〉的通知》（财预〔2011〕285号）	对原来的办法进行修改，建立更加科学、合理的绩效评价管理体系。
2011年7月	《关于推进预算绩效管理的指导意见》（财预〔2011〕416号）	提出全过程预算绩效管理，标志着我国的预算绩效改革进入到新阶段。
2012年9月	《财政部关于印发〈预算绩效管理工作规划（2012–2015年）〉的通知》（财预〔2012〕396号）	对现状和问题进行总结，指出未来我国预算绩效管理工作的总体目标、主要任务和重点工作。
2013年4月	《关于印发〈预算绩效评价共性指标体系框架〉的通知》（财预〔2013〕53号）	建立项目支出、部门整体支出和财政预算绩效评价共性指标体系框架。
2013年4月	《关于印发〈经济建设项目资金预算绩效管理规则〉的通知》（财建〔2013〕165号）	规范工作流程，制定加强经济建设项目资金预算绩效管理全过程的规则，提高预算支出绩效。
2014年3月	《关于印发〈地方财政管理绩效综合评价方案〉的通知》（财预〔2014〕45号）	推动地方深化财税体制改革，建立地方财政管理绩效综合评价方案。
2014年8月	全国人大常委会关于修改《中华人民共和国预算法》的决定	将绩效原则作为预算管理的核心原则之一，以法律的形式确定，提供预算绩效管理的法律基础。
2014年9月	《国务院关于深化预算管理制度改革的决定》（国发〔2014〕45号）	按照新修订的预算法，改进预算管理，实施全面规范、公开透明的预算制度，健全预算绩效管理机制。
2015年5月	《财政部关于印发〈中央部门预算绩效目标管理办法〉的通知》（财预〔2015〕88号）	对中央部门和中央对地方专项转移支付的绩效目标的定义、设定、审核、批复、调整与应用等做了全方位的规定。
2015年9月	《关于印发〈中央对地方专项转移支付绩效目标管理暂行办法〉的通知》（财预〔2015〕163号）	
2016年7月	《关于开展2016年度中央部门项目支出绩效目标执行监控试点工作的通知》（财办预〔2016〕85号）	部署中央部门项目支出绩效目标执行监控试点和项目绩效自评工作。
2016年10月	《关于开展中央部门项目支出绩效自评工作的通知》（财办预〔2016〕123号）	

续表

发布时间	文件名称	主要相关内容
2017 年 10 月	《决胜全面建成小康社会夺取新时代中国特色社会主义伟大胜利——在中国共产党第十九次全国代表大会上的报告》	建立全面规范透明、标准科学、约束有力的预算制度，全面实施绩效管理，为推动我国预算绩效管理改革指明了新方向和阶段。
2018 年 3 月	《关于人大预算审查监督重点向支出预算和政策拓展的指导意见》（中办发〔2018〕15 号）	预算监督体系改革，人大预算审查监督重点改变，向支出预算和政策拓展，加强绩效管理监督问责。
2018 年 3 月	《关于开展 2017 年度中央对地方专项转移支付绩效目标自评工作的通知》（财预〔2018〕29 号）	落实全面实施绩效管理部署，开展中央对地方专项转移支付绩效目标自评工作。
2018 年 9 月	《中共中央　国务院关于全面实施预算绩效管理的意见》（中发〔2018〕34 号）	对全面实施预算绩效管理作出顶层设计和重大部署，标志着我国预算绩效改革的新阶段。
2018 年 11 月	《关于贯彻落实〈中共中央　国务院关于全面实施预算绩效管理的意见〉的通知》（财预〔2018〕167 号）	落实全面实施预算绩效管理部署，加快建成全方位、全过程、全覆盖的预算绩效管理体系。
2019 年 7 月	《关于印发〈中央部门预算绩效运行监控管理暂行办法〉的通知》（财预〔2019〕136 号）	对绩效目标实现程度和预算执行进度实行“双监控”，发现问题要及时纠正，确保绩效目标如期保质保量实现。
2020 年 2 月	《关于印发〈项目支出绩效评价管理办法〉的通知》（财预〔2020〕10 号）	明确绩效评价的对象和内容，绩效评价指标、评价标准和方法，绩效评价的组织管理与实施，绩效评价结果应用及公开要求。
2020 年 9 月	《中华人民共和国预算法实施条例》（国务院令 729 号）	细化预算绩效管理要求，强化预算绩效管理制度，强化预算绩效管理结果应用，明确各部门职责。
2021 年 2 月	《关于委托第三方机构参与预算绩效管理的指导意见》（财预〔2021〕6 号）	委托第三方机构开展绩效管理，聚焦贯彻落实党中央、国务院重大决策部署和本部门主体职责的政策和项目。
2021 年 3 月	《国务院关于进一步深化预算管理制度改革的意见》（国发〔2021〕5 号）	推动预算绩效管理提质增效。将落实党中央、国务院重大决策部署作为预算绩效管理重点，加强财政政策评估评价。
2021 年 4 月	《关于印发〈第三方机构预算绩效评价业务监督管理暂行办法〉的通知》（财监〔2021〕4 号）	引导和规范第三方机构参与预算绩效评价，切实提高绩效评价执业质量和水平。
2021 年 6 月	《关于印发〈地方政府专项债券项目资金绩效管理办法〉的通知》（财预〔2021〕61 号）	以专项债券支持项目为对象，通过事前绩效评估、绩效目标管理、绩效运行监控、绩效评价管理、评价结果应用等环节，推动提升债券资金配置效率和使用效益。

续表

发布时间	文件名称	主要相关内容
2021年8月	《关于印发〈中央部门项目支出核心绩效目标和指标设置及取值指引（试行）〉的通知》（财预〔2021〕101号）	设置绩效目标遵循确定项目总目标并逐步分解的方式，确保不同层级的绩效目标和指标相互衔接、协调配套。
2022年5月	《关于印发〈社会保险基金预算绩效管理办法〉的通知》（财社〔2022〕65号）	在社会保险基金预算管理全过程中融入绩效理念和要求，通过合理确定绩效目标、实施运行监控、开展绩效评价和结果应用，进一步改善政策实施效果、提升基金使用效益、促进基金精算平衡、防范基金运行风险。

资料来源：由作者自行整理。

第二章　预算绩效管理实践演进与发展

我国预算绩效管理实践历经引入与试点、拓展与规范、全面推进与深化发展等不同改革阶段，有效实现了向全方位、全过程、全覆盖的转化与发展。

一、第一阶段：预算绩效考评引入与试点

绩效考评在我国起始于21世纪初。在此阶段，绩效预算理念已进入我国，理论界和实务界对我国实行绩效预算的必要性和可行性进行了较为深入的探讨，认识到我国虽然还不具备实行绩效预算的条件，但是探索绩效评价体系，开展财政支出绩效评价，提高财政资金使用效益，对公共财政制度构建具有重要意义，同时也具备可行性。

2000年，根据财政部安排，湖北省率先在恩施土家族自治州选取5个行政事业单位进行财政支出绩效评价试点工作，真正意义上的预算支出绩效评价开始在我国起步。2001年，财政部要求各省进行财政支出绩效评价工作的研究探索，并于2002年在内蒙古自治区召开“国家财政支出效益评价”座谈会，探讨财政支出绩效评价体系的构建，并成立课题组进行专题研究。同期，财政部还组织工作人员到澳大利亚和新西兰等国家进行绩效预算考察，学习和借鉴国外经验。

2003年，随着《中共中央关于完善社会主义市场经济体制若干问题的决定》颁布，中央和一些地方财政部门有选择地从教育、科技、卫生、转移支付等领域的一些项目入手，开展绩效考评试点。

2006年，依据《中央部门预算支出绩效考评管理办法（试行）》，财政部组织新闻出版总署、农业部和水利部，针对三个部门的四个项目开展了绩效考评试点。2008年，中央层面的试点项目扩大到108个，所涉资金超过20亿元，绩效评价试点范围不断拓展，工作稳步推进。

在中央部门开展绩效评价试点的同时，地方绩效评价也如火如荼地推开。广东省、北京市、河北省、江苏省、无锡市、佛山三水区、南海区和上海闵行区等地成为我国预算绩效管理改革的先行者。广东省从2003年开始试行财政支出绩效评价，以“先简后繁、先易后难、由点及面、逐步推开”的思路为指导，从专项资金入手对3个专项开展绩效评价。为解决支出进度缓慢的问题，改变“只问花钱不问效果”的预算管理思路，广州市从2004年开始推动预算绩效管理改革，2005年选择“麻雀学校”改造和农村“通水、通路”两个专项进行财政支出绩效评价，经过不断地探索，逐步形成自评和第三方重点评价相结合的财政支出绩效评价的工作思路，并通过改革逐步提高支出部门“追踪问效”的意识。2004年，佛山市南海区以信息化项目为突破口，举行“财政资金绩效预算（信息化项目）评审会”，对被评审的项目进行绩效目标审查，以此对项目进行筛选并对项目资金进行核减。

总体来看，在此时期，地方预算绩效管理改革大致有三种模式：（1）通过加强对预算执行的控制改进财政资金使用的效果；（2）建立绩效导向的预算分配模式；（3）以预算绩效管理促进民主理财。这个阶段的改革以第一种模式为主，除佛山市的南海区、三水区，其他地方的预算绩效管理改革均以事后绩效评价为主，通过对项目结果的考察来追溯行政部门的业务和财政管理过程，树立花钱要有绩效的理念。此时的绩效评价结果应用还较少，对预算决策的影响还偏弱。

需要关注的是，此阶段的改革意义重大，一方面关于绩效的理念已逐步植入预算管理之中；另一方面为下一阶段改革累积了丰富的经验。不足之处则在于绩效管理工作依然停留在绩效评价环节，还没有对绩效目标和绩效评价结果应用予以充分的关注，总体来看，绩效管理实践还未覆盖到预算管理的全过程。

二、第二阶段：预算绩效管理范围不断延伸与拓展

2011年，第一次全国预算绩效管理工作会议在广州召开，财政部副部长廖晓军为全面推进预算绩效管理工作提出新的目标：建立覆盖所有财政性资金，贯穿预算编制、执行、监督全过程的具有中国特色的预算绩效管理体系。自此，“预算绩效管理”这个专业术语开始被实务界广泛采用，同时也得到理

论界的普遍认可。

2011~2018年，中央部门在预算绩效管理方面开展了积极探索，初步建立起预算绩效管理体系基本框架，形成以项目支出为主的一般公共预算绩效管理体系，并不断延伸和拓展。绩效目标管理逐步覆盖所有中央部门本级项目、中央对地方专项转移支付，以及部分中央政府性基金和中央国有资本经营预算项目，初步建立起较为全面规范的绩效评价指标体系。绩效目标的执行监控范围也逐步扩大，在前期试点的基础上，2018年绩效目标运行监控扩大到所有中央部门本级项目，通过薄弱环节的跟踪查找，及时堵塞管理漏洞，纠正执行偏差。

在本级项目绩效自评全覆盖的基础上，中央部门还大力推进重点政策及项目绩效评价，每年选择部分重点、重大民生政策和项目开展绩效评价，逐步建立起重点绩效评价常态机制。

此外，中央部门还不断强化绩效评价结果的反馈及应用，将部分绩效评价结果应用于预算安排和政策调整。同时，加大绩效信息公开力度，将中央部门本级36个重点项目和所有中央对地方专项转移支付绩效目标、15个重点项目绩效评价报告、93个中央部门182个项目绩效自评结果，提交全国人大常委会参阅和审议，并稳步推动上述绩效信息向社会的全面公开。①

在这一阶段，地方的改革也在不断深化。越来越多的地方将绩效管理作为财政工作的重点，不断加快全过程预算绩效管理改革的步伐，在事前绩效评估、第三方绩效评价、绩效评价结果应用等方面积累了不少成功的经验。

2010年，北京市对33个2012年度市级预算项目进行了事前评估，涉及21个部门，资金总额超过48亿元。评估过程中，北京市还邀请16名人大代表和22名政协委员全程参与，从预算监督和民主监督的角度对项目实施的可行性、风险性、项目支持方式等方面提出评估意见，充分确保评估工作的公平性及科学性。2012年，北京市开展大额专项资金绩效评价试点。2015年，以平原造林政策为切入点，探索并初步形成适用于财政支出政策绩效评价的思路和方法。2016年，以研究完善指标体系为契机，北京市实现市级部门整体支出、大额专项支出绩效评价全覆盖。2017年，实现全市重点支出项目绩

① 预算司："2018年预算绩效管理工作开展情况"，http://www.mof.gov.cn/mofhome/yusuansi/zhengwuxinxi/gongzuodongtai/201812/t20181229_3111393.html.

效目标全面公开，全过程预算绩效管理试点在市级部门取得较好成果，财政支出绩效评价工作在不同管理维度和支出类型上进一步深化。2018 年，以教育和养老项目为试点探索成本效益分析法，北京市开启绩效评价方法创新。2020 年，北京市试点市对区综合运行绩效评价，2021 年对 46 项社保医疗政策开展系统评估。

上海市于 2011 年发布《关于贯彻落实〈上海市财政支出绩效评价管理暂行办法〉的实施意见》（沪财绩〔2011〕3 号），2014 年发布《上海市预算绩效管理实施办法》（沪财绩〔2014〕22 号），对绩效目标、绩效跟踪、绩效评价、结果应用全过程预算绩效管理予以规范。2015 年，各区按照市财政的要求，探索实施部门整体支出绩效评价试点，初步形成部门整体支出绩效评价方法。同时，对部门自评价项目开展绩效再评价试点，初步确立绩效再评价指标框架。

在此期间，广东省进一步深化预算绩效管理改革，以部门整体支出、绩效目标、绩效评价指标库为核心开展了多项改革。2016 年，广东省选取省林业厅、省质监局等 6 个部门，开展部门整体支出绩效评价试点，2017 年将试点单位部门增加到 12 个，并制定《广东省省级部门整体支出绩效评价管理办法》（粤财绩〔2017〕13 号），对部门整体支出绩效评价定义、评价范围、评价原则和评价依据、评价内容、评价指标和标准、评价方法、评价结果等内容进行规范，使省级部门整体支出绩效评价日益制度化。同期，广东省还强化绩效目标管理的龙头作用，推动绩效目标与预算管理同步布置、同步申报、同步审核、同步批复、同步公开，预算绩效管理进一步提质增效。2018 年，广东省将历时 1 年多研究的《广东省财政预算绩效指标库》印发给全省各级部门，指标库共收录 20 个行业大类、52 个子类、277 个资金用途、2589 个绩效指标，形成了相对完整的指标体系，为全面实施预算绩效管理提供了强有力的技术支撑。

总体来看，在这一时期，我国的预算绩效管理已由单纯的绩效评价上升到全过程、全方位绩效管理，预算绩效管理流程基本囊括了预算编制、预算执行及预算监督等环节，并在健全预算管理制度体系、引入第三方绩效评价、拓展预算绩效管理试点等方面做出了大胆尝试，这些都为我国预算绩效管理的全面实施奠定了基础。

与此同时，预算绩效管理方面存在的问题也随之凸显：绩效与预算衔接不够紧密；绩效评价以项目为主，未能实现评价领域的全覆盖；评价仅涉及少部分项目与资金，评价范围受到局限；绩效评价结果受多方面因素影响，权威性不足；预算绩效评价结果对预算安排和政策调整的约束力不强，应用不够有效，各部门对评价结果应用重视程度不足等。这些问题的客观存在，使预算绩效管理亟待深化。

三、第三阶段：预算绩效管理全面推进与系统深化

鉴于预算绩效管理领域问题的现实存在，党的十九大报告提出要全面实施绩效管理，中共中央、国务院进一步提出构建全方位、全过程、全覆盖预算绩效管理体系的任务，以全面实施预算绩效管理为关键点和突破口，解决好绩效管理中存在的问题，推动财政资金聚力增效成为预算绩效管理新的改革方向。

《中共中央 国务院关于全面实施预算绩效管理的意见》在 2018 年发布，标志着预算绩效管理开始进入一个全新阶段，同时，也推动预算绩效管理改革加速发展。经过近年来的发展，我国各地预算绩效管理意识明显增强，预算绩效管理改革成效显著：一是全方位管理格局初步成型，全过程管理链条基本建立，全覆盖管理体系不断完善，绩效结果应用逐步强化；二是所有中央本级项目、中央对地方专项转移支付、中央与地方共同财政事权转移支付已全部纳入绩效管理范畴，部门整体预算绩效管理范围不断拓展；三是绩效管理深度融入预算编制、执行、监督全过程，绩效目标全面推行，绩效运行监控不断强化，绩效自评全面展开，重点评价常态化实施；四是逐步将绩效管理覆盖所有财政资金，积极开展政府投资基金、政府购买服务、地方政府专项债券项目、政府和社会资本合作项目等领域的绩效评价；五是将绩效评价结果作为完善政策、安排预算、改进管理的重要依据，与预算编制、政策调整挂钩①。

① 财政部：预算绩效管理改革取得显著成效［EB/OL］. https：//baijiahao.baidu.com/s?id=1714357787614787076&wfr= spider&for=pc.

四、典型案例：中央与地方预算绩效管理的实践探索

我国预算绩效管理改革的特点是：由中央与地方同步推进，形成预算绩效管理在全国各层面全面推开的格局。在此过程中，中央及地方都累积了丰富的实践经验。

（一）中央部门预算绩效管理实践案例

在中央层面，预算绩效管理改革起步较早、参与程度较深并积累了一定经验的部门是水利部。作为我国最早实施绩效考评工作的部门之一，水利部持续强化预算绩效管理工作，不断总结经验、积极探索、突破创新，在中央部门预算绩效管理考核评比中始终走在前列。

水利部自 2002 年就开始预算绩效考评工作的探索。2012 年，水利部预算管理领导小组正式成立，部领导亲自挂帅，研究确定包括绩效管理在内的部门预算重大事项，全面推进水利部预算管理工作，2013 年探索绩效目标执行监控，2014 年选取部分单位开展部门整体支出绩效评价，2015 年实现部门预算绩效目标管理全覆盖，2017 年实现项目支出全面自评，并对重点项目开展深度绩效评价，绩效管理工作提质扩面。2018 年，水利部印发《水利部关于贯彻落实〈中共中央　国务院关于全面实施预算绩效管理的意见〉的实施意见》，确定工作目标，力争用 3 年左右的时间，形成部党组统一领导，预算绩效管理部门、业务主管部门密切配合，全行业广泛参与的绩效管理格局。

目前，水利部已基本建立“预算编制有目标、实施过程有监控、实施完成有评价、评价结果有反馈、反馈结果有应用”的全过程水利预算绩效管理机制，使绩效管理工作贯穿于预算生命周期的全过程。

1. 绩效管理制度构建

为推进绩效管理长效机制建设，水利部总结以往工作经验，结合水利预算绩效管理的新形势和新要求，不断加强绩效管理制度建设。首先出台《水利部预算项目储备管理办法》，将绩效目标是否完整准确，是否全面真实、可量化、可考核作为项目评审的重要内容，赋予较高的分值；其后推出《水利部预算执行考核办法》，对绩效目标运行监控、绩效评价和结果应用等进行考核打分，考核结果与各单位预算规模及评先评优挂钩。

2. 强化绩效目标标准化管理

水利项目具有涉及范围广、预算层级多、内容专业性强等特点，为提高项目支出预算绩效指标合理性和规范性，水利部积极推进绩效目标管理标准化建设，2017 年在二级项目预算绩效共性指标体系框架基础上，结合机构改革三峡办、南水北调办并入后水利部职能优化调整的实际情况，按照最新水利预算项目分类，重新梳理、分类汇总、归纳提炼，形成《水利部一、二级项目预算绩效共性指标体系框架（2018 版）》，对水利部 15 个部门专用一级项目、56 个部门专用二级项目、15 个部门通用二级项目和 3 个部门其他二级项目的共性绩效目标指标进行动态更新和修订完善，使共性指标体系能够总体反映项目内容、经费规模、主要产出和实施效果。同时，由各项目单位在绩效目标指标设置过程中，根据实际情况增加个性指标，确保绩效目标指标科学合理。绩效目标指标体系的动态更新、完善修订和强化应用，从源头上夯实绩效管理的基础，有力推进了水利预算绩效标准化、精细化和科学化管理。2020 年修订印发《水利部预算项目储备管理办法》，增加项目建议环节，将绩效目标是否完整准确，是否全面真实、可量化、可考核作为项目储备审查的重要内容，实行一票否决，未通过项目建议审查的一律不得进入储备程序。

3. 强化中期运行绩效监控

强化中期运行绩效监控是确保按时完成绩效目标的关键。水利部按照“单位自查、绩效复核、结果应用”的流程适时对绩效目标指标完成情况进行定期监控，动态了解绩效按时完成情况，对存在的问题早发现、早解决，确保年度绩效目标按期实现。

2018 年，水利部对部门预算所有一级项目，连同其所属二级项目，全面开展绩效目标执行监控工作，范围涵盖中央一般公共预算和政府性基金预算，实现绩效监控全覆盖。在绩效监控中发现绩效目标实施情况与预算执行进度严重不匹配的项目，或存在严重问题，预期无绩效、低绩效的项目，水利部责令其暂缓或停止执行，并将预算及时调整至其他急需项目；对因政策变化、突发事件等因素影响绩效目标实现而确需调整的，督促其按照预算管理程序，随预算调剂一并申请调整。

此外，针对重点民生政策和重大专项，以及巡视、审计、监督检查及日常管理中发现问题较多、管理薄弱的领域予以重点监控。对监控发现的问题，及时进行回访、反馈，提出整改意见和措施。

4. 全面推行绩效评价

为全面、深度反映预算绩效，水利部在绩效评价工作实践中，采取项目承担单位自评、第三方机构现场复核、专家组评价相结合的方式，通过项目绩效自评全覆盖、典型项目系统绩效评价，深入发掘绩效管理问题，并通过内网公开、内部公示、文件传达等方式，将评价结果向有关部门、各级单位、项目负责人和内部员工公开。

5. 加强绩效评价结果应用

如何提高财政资金使用效率，实现财政资金对产出、产能的高效化运用，绩效评价是关键。作为绩效评价试点部门，根据财政部的部署，水利部持续组织完成部属二级预算单位项目绩效自评工作，不仅实现使用中央财政拨款的所有部门一级项目及通用项目绩效自评全覆盖，还将政府性基金项目、基本建设类项目、执行调整新增项目纳入绩效自评范围中，涵盖了所有项目和全部五级预算单位，绩效自评全覆盖，实现了绩效评价工作扩围升级。

自 2012 年起，水利部积极稳妥开展第三方独立评价，逐步在绩效目标运行监控环节和绩效评价工作中，探索引入第三方中介机构先期开展绩效调研审核、再由专家组进行复核打分的管理机制，有效保证了绩效评价结果的科学性。

注重绩效评价，更注重结果运用，是水利部提升预算绩效管理效能的重要抓手。通过修订印发《预算执行考核办法》，水利部不断强化针对绩效目标管理、执行监控、评价结果和应用各环节执行情况的考核打分，考核结果与各单位下年度部门预算规模，以及各单位和领导干部评先评优挂钩，将评价结果应用于预算安排、政策调整，覆盖所有项目和单位。同时，水利部还不断健全绩效监督问责机制，对绩效管理差的地方和单位进行约谈并限期整改，对绩效管理一般的督促改进，对擅自调整绩效指标、弄虚作假造成不良影响的给予通报批评。

通过持续推进预算绩效管理工作，水利部逐步建立起绩效导向意识，“花钱必问效、无效必问责”的理念深入人心，水利预算绩效管理逐步实现从“过程管理”到“效果管理”、从“事后考评”到“事前设定绩效目标、事中实施绩效监控、事后进行绩效评价”全过程绩效管理的转变，推动水利预算绩效不断提升①。

（二）地方政府预算绩效管理改革实践案例

在我国的预算绩效管理改革过程中，地方预算绩效管理改革的积极性与主动性较高，在绩效评价技术与方法、绩效评价管理与创新等方面都进行了大量探索。

1. 以“四化”为支撑、具有“四多”特色的广东省预算绩效管理改革

广东省预算绩效管理改革起步早，多年来不断创新突破，逐步形成了以“四化”为支撑、具有“四多”特色的预算绩效管理路径，为全面实施预算绩效管理夯实了根基。

（1）以制度化为基础，构建多制度联动分级管理

广东省始终注重制度先行，从综合性制度、专项管理办法和业务操作规范三个层面抓好建章立制，逐步形成“层级配套、功能协调、覆盖到位”的预算绩效管理制度体系。

一是针对预算绩效管理的基本原则、范围、方法、要素，以及工作目标、任务、路径和要求，制定综合性制度，以广东省委、省政府名义发布《关于全面实施预算绩效管理的若干意见》，明确全省推进全面实施预算绩效管理的总体思路和工作举措，通过“三全四化”，实现“两必问两提高”，确保全面实施预算绩效管理落地见效。

二是针对具体预算支出类型，尤其是各类专项资金的不同特点和绩效管理要求制定专项办法，如到期专项资金绩效管理办法、一般性转移支付绩效管理暂行办法、基本公共服务均等化绩效考评办法、整体支出绩效评价办法等。

三是完善业务操作规范，制定内部协调、工作流程、操作规程、评价范本等大量程序性文件和具体办法。如省级财政专项资金竞争性分配监管内部工作流程、绩效管理考核奖励试行办法、预算绩效管理委托第三方实施工作规程和评价质量控制体系、考核标准体系等。

（2）以标准化为前提，构建多维度绩效指标体系

健全预算绩效标准体系是全过程预算绩效管理的重要基础，也是提高预算绩效管理质量的有效举措。广东省财政厅 2011 年起就专门组织团队对绩效

---

① 杨晶．水利预算绩效管理“优”在哪里？ https：//shuili.rednet.cn/content/2019/11/15/6234766.html.

评价指标开展研究。2018 年通过实地调研、分类收集、反复提炼、专业论证等严格程序，历时 1 年多，制定印发《广东省财政预算绩效指标库》，收录 52 个子类、277 个资金用途、2589 个绩效指标。这一指标体系呈现出四个方面的特点：指标框架全面反映政府绩效结构，在兼顾政府收支分类、各部门职能和资金使用方向的基础上，建立预算绩效指标和标准体系。指标和标准体系分为 20 个大类，包括通用类和行业类指标，总体架构分为三个层级，其中：一、二级指标使用财政部通用指标分类，三级指标为个性化指标，通过资金用途、指标解释、指标值等 13 个方面细化反映部门和行业绩效指标。

广东省对指标库实行动态管理，通过从定性信息向定量数据转变、从财政部门自建自用向各部门共建共享转变、从静态编制向动态管理转变、从单向统计向综合分析转变、从依靠“人为判断”向“数据分析”转变的“五个转变”，对预算绩效指标进行多维衡量和系统动态管理。

（3）以规范化为条件，构建多特色并行管理模式

广东省注重规范化建设，尤其在事前评估、目标管理、绩效监控、绩效质量控制等具体操作环节，逐渐形成多特色并行的管理模式。

一是探索事前绩效评估机制，积极研究制定《广东省省级重大政策和项目事前绩效评估办法》，为新出台重大政策、项目实施事前绩效评估工作做好准备。东莞市、中山市等地区建立了“先评审后入库、先入库后安排预算”的预算管理机制，围绕“该不该、行不行、花多少”的原则，由财政部门委托第三方机构或组织专家对入库项目进行审核，并将审核结果作为进入项目库和编制预算的硬性条件。

二是强化绩效目标管理，在项目预算编制及入库过程中，对专项资金一级项目、其他事业发展性支出一级项目、部门运转性项目支出重点二级项目、部门整体支出绩效目标进行审核，不断完善“部门自审 + 第三方机构初审 + 财政部门复审”的审核机制，建立“绩效处—业务处—主管部门”专人沟通对接机制。

三是逐步探索双监控模式，以省政府名义印发《关于深化省级预算编制执行监督管理改革的意见》，明确要求部门建立预算执行承诺机制，对预算执行进度和绩效目标完成程度实行双监控；开展绩效目标动态监控，通过绩效管理信息系统对项目实行事中绩效监督，跟踪绩效目标完成情况。佛山市、江门市等地区建立部门自行跟踪、财政部门监控、第三方重点监控相结合的

多层次预算绩效监控机制。

四是推动绩效评价全覆盖，广东省所有市县区均已开展绩效评价，并逐年扩大评价范围。2018 年，省本级将部门整体支出自评范围扩大到全部省直预算单位；组织对到期专项、乡村振兴等项目开展重点绩效评价。除一般公共预算支出项目外，还将地方水库移民扶持基金、省级体育彩票公益金、国企改革发展资金、省本级工伤保险基金支出等其他三本预算中的部分项目列入评价范围。河源市、江门市等地区绩效评价范围覆盖了财政四本预算；湛江市、肇庆市等地区从项目支出拓展到部门整体支出。

五是建立绩效结果硬约束，在建立评价结果反馈及整改机制、专题向省政府报告的基础上，完善绩效评价结果与预算挂钩机制，着力推动“挂钩”和“公开”的落实。除补助到个人的民生项目外，对重点绩效评价结果为“中”“低”“差”的项目，原则上在下年预算压减安排规模或不予安排，强化绩效评价结果硬约束。

（4）以信息化为手段，构建多功能线上操作系统

广东省从 2010 年起推进财政绩效信息管理系统建设，绩效系统上线至今已有 4300 多个单位、2 万多个用户登录使用，实现了事前评估、绩效目标、绩效监控、绩效评价和绩效管理结果应用的在线申报、在线审核、在线跟踪、在线反馈和在线查询，绩效指标库的入库、调整、退库等动态管理，以及对第三方机构邀请通知、申报意向、选择确定、匹配项目、工作进展、及时反馈问题、提供绩效管理结果的全过程跟踪管理①。

2. 讲求全面创新的北京市预算绩效管理改革

北京市开展预算绩效管理工作最早可以追溯到 2002 年，在这 20 余年间，北京市积极响应中央文件精神，不断健全规章制度，创新管理机制，取得了较为明显的成效。

（1）健全绩效管理制度，增强预算绩效管理的权威性

制度是行动的准则、行为的规范。在预算绩效管理过程中，标准一致、内容统一的制度规范是首要基础。为此，自 2011 年以来，北京市先后印发《关于推进本市预算绩效管理的意见》《北京市预算绩效管理办法》《北京市预算绩效管理问责办法》《北京市市级财政支出绩效评价结果应用暂行办法》等

---

① 代兰兰 . 广东构建“四多”预算绩效管理体系［N］. 中国财经报，2019-07-13（7）.

绩效管理文件 10 余项，出台《北京市预算审查监督条例》《北京市贯彻落实〈中共中央 国务院关于全面实施预算绩效管理的意见〉的实施意见》等文件。系列政策文件的出台，使北京市逐步构建起预算绩效管理制度框架，增强了预算绩效管理的权威性和规范性。

（2）构建部门联动机制，促进预算绩效管理全方位推进

预算绩效管理需要各部门通力协作，北京市逐步构建起党委政府联动、人大政协联动、市区两级联动、部门单位联动的全方位预算绩效管理体系。

①党委政府联动。2011 年，北京市政府《关于推进本市预算绩效管理的意见》明确提出，要按照加强政府绩效管理的要求，建立以目标为导向，以绩效评价为手段，以制度建设为保障，以改善管理、优化资源配置和提高公共服务水平为目标的预算绩效管理体系。在时任北京市市长陈吉宁的要求下，北京市开展成本绩效研究，带动市教委、市民政局完成《幼儿园运行绩效成本预算报告》和《养老机构运营绩效成本预算报告》，明确了学前教育和养老机构补贴的成本要素和支出标准，实现了国内成本预算绩效管理的破题。

②人大政协联动。自 2010 年在全国率先开展“事前绩效评估”试点工作以来，北京市积极探索预算民主参与机制，主动邀请人大代表、政协委员和绩效管理专家作为“纳税人代表”，从预算管理、民主监督和行业规定等方面对项目进行评估。人大代表、政协委员和绩效管理专家的广泛参与，在规范政府理财行为、强化政府受托责任、改善预算资金使用效率、提高政府行政透明度、实现政府理财活动科学化民主化等方面发挥了重要作用。

③市区两级联动。在市对区转移支付项目绩效评价工作中，北京市积极探索市区两级共同参与的工作机制，以市区财政事权和支出责任划分为基础，重点关注区域间财力协调和均衡发展，促进转移支付项目绩效评价结果有效提升。同时，积极构建市区绩效资源共享平台，实现专家库信息和资料的市区共享，促进全市预算绩效管理水平均衡提升。

④部门单位联动。通过人大参与、信息公开、督促整改、行政问责、宣传培训等各项措施，北京市积极推动部门对预算绩效管理工作的重视和支持，预算部门的支出责任意识和绩效意识不断增强。

（3）构建覆盖预算全过程、全周期的管理体系

在建立绩效评估机制、强化绩效目标管理、做好绩效运行监控、开展绩效评价和加强结果应用等方面，北京市逐步构建起覆盖预算编制、执行、监

督全过程的绩效管理闭环系统。

①推动重心前移，大力开展事前评估管理。2010年，北京市在全国率先推出事前绩效评估，将重大政策及民生项目纳入事前绩效评估范围，严把“入门关”，防止“拍脑袋”决策，从源头上提高预算编制的科学性和精准性，助推建设“责任政府”“阳光政府”和“服务型政府”。2018年，北京市继续加大事前绩效评估力度，对所有新增政策和新增事业发展类项目开展事前评估，评估结果作为项目（政策）入库和预算安排的必备要件。同时，不断创新事前绩效评估方式方法，建立财政支出项目（政策）随时申报、随时评估、随时入库工作机制。财政部门通过事前绩效评估，充分论证项目实施的可行性和必要性，合理评判财政资金投入的预期效果，有效摒除无预期绩效的资金和项目，实现绩效管理关口前移。10余年间，北京市先后对346项政策（项目）、710亿元资金开展事前绩效评估，评估不予支持政策（项目）34项、不予支持资金62亿元，人大代表、政协委员和行业专家参与事前绩效评估2200多人次，基本形成“格局全方位、部门全覆盖、内容全过程、制度有创新”的事前绩效评估发展势态。

②加强绩效目标管理，增强预算绩效意识。一是强化绩效目标填报责任，按照“谁申请资金，谁设定目标”的原则，预算部门及单位对绩效目标的填报负责，并将绩效责任明确到人。二是强化绩效目标的审核责任，按照“谁分配资金，谁审核目标”的原则，建立预算部门和财政部门两级审核机制，确保绩效目标填报的准确性和完整性。三是预算单位绩效意识明显增强。随着北京市全方位预算绩效管理工作的不断深入，部门绩效管理意识明显增强。

③强化全过程管理，不断加大事中跟踪力度。事中绩效跟踪是加强绩效目标管理、强化预算执行的重要手段。北京市主要采取部门自行监控和财政跟踪相结合的管理模式，在充分发挥部门能动性的同时，财政部门通过选取事前评估的项目开展事中绩效跟踪，结合跟踪发现的问题，对预算部门强化项目监管职责的指导，督促事前绩效评估建议落实，促进部门绩效管理意识不断提高。

④促进提质扩围，持续深化绩效评价工作。北京市不断深化开展绩效评价，一是“广覆盖”，开展了财政支出政策、市对区专项转移支付、基金、国有资本经营预算、债券、部门大额专项资金等财政支出绩效评价；二是“闯新路”，不断探索新的评价模式，优化评价工作程序，研究建立基金、国资

预算、债券项目评价指标体系；三是“转方式”，通过“一事一议，一项一文”，促进绩效评价结果应用的可操作性。所谓“一事一议”是指每一个项目、每一个事项均由处长、主管副处长、专管员一起审议，以保证每个项目的每个问题都能够核准坐实；“一项一文”是指一个项目起一个正式发文，并在市财政局内网进行公开。另外，还规定了整改期限，要求部门单位限期落实整改建议，提出整改措施，切实保证结果运用的有效性。

⑤建立考核机制，强化评价结果应用。一是将预算绩效管理纳入政府绩效考核与奖惩体系。北京市按照“三效一创”（履职效率、管理效能、服务效果、创新创优）设定政府绩效考核指标体系，预算绩效管理工作作为重要评分指标和扣分依据，直接影响部门和区县绩效考核的奖惩。二是开展预算管理综合考核，对市级预算部门预算编制、执行和监督环节开展综合性考核，包括预算编制执行、国库集中支付、政府采购、绩效管理、财政监督和预算评审等业务内容，考核结果作为以后年度安排预算、加强和改进财政管理工作的重要依据。三是细化预算绩效问责制度，明确预算绩效管理责任主体、绩效问责的情形和方式、绩效问责程序等内容，对事前、事中、事后的绩效责任做出明确界定，并将责任延伸至基层单位和资金使用终端。

与此同时，北京市还积极探索绩效成本预算管理，在学前教育、养老机构运行补贴、水电气热补贴、公交地铁补贴、商业流通、平原造林等领域，有序推进绩效成本预算改革试点，确定了以“部门职责—保障范围—行业标准—投入成本—工作数量—施政结果—绩效考核”为闭环的成本分析绩效预算工作思路，建立了以“质量、成本、效益”为核心内容的指标体系，着力推动“预算安排核成本、资金使用依规范、综合考评讲绩效”的新型绩效成本预算体系，在核算成本、分析效益、精准预算、创新方式和转换观念等方面取得了创新突破。2020 年，北京市在全国首创市对区财政运行综合绩效评价，对各区财力的充足性、组织收入的积极性、成本的合理性、管理的规范性、产出的有效性等财政运行状况和成效进行了测算、分析和评判，为推动全面规范、标准科学、约束有力的预算绩效管理体系构建提供了有力支撑。

3. 扎实推进不断深化的山东省预算绩效管理改革

几年来，经过各方面共同努力，山东省已基本建成全方位、全过程、全覆盖的预算绩效管理体系，在2021年中央对各省高质量发展综合绩效评价中，山东省预算绩效管理工作位列全国前三，取得了显著成效。

（1）“统筹推进”，大绩效管理格局初步形成

按照“一盘棋”的思路，山东省牢固树立“大绩效”理念，统筹资源、系统谋划、整体推进，将绩效管理打造成引领财政事业发展的重要利器，全力推动经济社会高质量发展。

横向上，加快“一体化”融合。借助预算管理一体化系统推广应用，将绩效理念和方法深度融入预算管理全过程，构建起事前、事中、事后“三位一体”的绩效管理“闭环”，推动绩效管理由“软要求”向“硬约束”转变；预算绩效管理已拓展到“四本预算”，涵盖政府债券、政府引导基金、政府购买服务等各类支出，部门单位“重绩效、抓绩效、讲绩效”的氛围日益浓厚。

纵向上，实现“上下级”贯通。通过开展各类政策宣讲和培训授课，重点县推进行动，建立示范县和突破县“清单”，充分发挥示范引领、以强带弱作用，将预算绩效管理链条延伸至基层单位和资金使用终端，预算绩效管理的各项改革任务已在市县两级全面铺开，改革“最后一公里”全线贯通。

整体上，强化“指挥棒”引导。各级党委、政府高度重视预算绩效管理，将其纳入地方高质量发展综合考核，设定考评指标，制定奖惩措施，考核“指挥棒”作用得到有效发挥。注重强化工作督导，与省人大建立工作协同推进机制，与省审计厅建立财审协同联动机制，会同省委组织部、省委编办、省审计厅制定绩效管理三年行动方案，凝聚绩效督导监管的强大工作合力。

（2）“动真碰硬”，财政资源配置效率有效提升

为缓解财政收支“紧平衡”压力，推动省委、省政府重大政策落实，山东省不断提升绩效管理工作质量，增强财政资源配置效率和资金使用效益。

一是预算安排前实施精准把关。新增重大政策和项目必须开展事前绩效评估，并将其作为编报项目库和申请预算的前置条件，使预算编制更加科学、细化、精准。2019~2021 年山东省共对 4293 项政策和项目开展事前绩效评估，评估规模 1206 亿元，根据评估结果核减预算申请 240 亿元，核减率达到 20%。

二是预算执行中强化监控纠偏。充分利用信息化手段，持续加大预算绩效监控力度，对项目资金绩效目标实现程度和预算执行进度实行“双监控”，给财政资金戴上“紧箍咒”，设置风险防控“预警灯”，推动部门单位及时纠偏，校准方向，改进管理。2019~2021 年山东省共对 1.5 万余个项目开展重点监控，监控资金规模 1923 亿元，根据监控情况收回、调整预算 106 亿元，腾

出资金用于疫情防控、民生保障等急需支出。

三是预算结束后加强评价问效。坚持“花钱必问效”，逐步建立起项目支出“单位自评 + 财政抽查复核”和“部门评价 + 财政重点评价”的全方位绩效评价机制，财政抽查复核和重点评价不断扩围、持续加码，实现“干与不干不一样，干好干差不一样”。2019~2021 年山东省共开展重点评价项目 1.1 万余个，评价规模 7814 亿元，根据评价结果节省下年度财政投入 234 亿元。

（3）“创新引领”，打造预算绩效管理山东模式

探索独具特色的绩效管理“山东路径”和“山东模式”，坚持因地制宜、兼收并蓄、守正创新。

一是聚焦财政政策提质增效，探索“4+2+1”全生命周期绩效管理。对实施期超过一年的重大政策，在不同实施阶段，分别有侧重地组织开展前期论证、中期评估、到期评价和综合评定 4 项工作，重点关注政策设计和资金使用“两个有效性”，从根本上实现“提高政策实施精准度”这一目标。山东省已连续两年对 16 项重大政策开展全周期跟踪问效，市县全周期跟踪问效的政策达到 724 项。通过这一全新管理模式，及时对设计不合理、执行有偏差的政策按下“暂停键”，有效解决了资金固化和政策项目“只能上、不能下”的问题。

二是聚焦提升履职效能，探索“六步接力”部门支出整体绩效管理。为充分发挥部门单位绩效管理的主体责任，山东省以指标体系构建为起点，逐步构建起涵盖指标体系构建、目标编报、部门自评、绩效报告、财政评价、结果应用 6 个步骤的部门支出整体绩效管理模式，全面促进了部门单位的绩效管理水平提升。省市两级已实现部门整体绩效管理全覆盖，县区试点全面推开，许多部门单位将绩效管理与职能运行同步考量、同步推进，取得了“共赢”的效果。

三是聚焦过“紧日子”要求，探索“成本与效益并重”的成本绩效管理模式，将企业管理中的成本理念引入预算管理，通过成本分析、测算和控制，实现“少花钱、多办事”。2021 年山东省组织 16 个市选取 6 大领域 50 个项目开展成本绩效管理试点，在同等产出和效益水平下，实现了压实成本、节约投入的预期目标，有的延续性项目还提炼形成预算支出标准，预算编制更加科学高效。

（4）“长效管用”，全面夯实基础支撑体系

围绕“标准科学、制度完备、规范高效”目标，山东省不断加快构建基础支撑体系，推动预算绩效管理程序规范、方法合理、结果可信，绩效管理的科学化、精细化、规范化水平进一步提高。

一是管理制度更加健全。坚持制度先行，指导各级建立健全涵盖绩效管理各领域、各环节的制度办法和工作规范，逐步构建起“1+2+30”的预算绩效管理制度体系，16 个市出台的制度办法、工作规程等达到 320 多项。

二是指标标准更加完善。着力打造“共性 + 专项 + 部门”、分行业、分领域、分层次的预算绩效指标标准体系，主标题覆盖了省直 107 个部门、5068 条指标，制定了养老服务、高水平大学和高水平学科建设等支出标准 300 多项。

三是专业队伍更加壮大。2021 年整合原有 7 个事业单位的职能和力量，成立省财政绩效评价中心，全省 13 个市也相继成立绩效评价专职机构，省市两级绩效评价专业力量达 900 多人。同时，还积极引导和规范第三方机构参与绩效管理，建立了专家咨询机制，为全面推进预算绩效管理提供智力支持。

四是公开机制更加完备。坚持既亮“报账单”，也晒“成绩单”，建立绩效信息向人大报送和向社会公开常态化机制，以公开倒逼改革推进，以公开促进效益提升。省级连续 6 年公开财政评价结果，将 37 大类重点支持项目和 172 个部门预算重点项目的绩效目标报送省人大参阅，公开 30 个重点评价报告，主动接受社会监督。

4. 以目标为引领的云南省预算绩效管理改革

通过多年的不懈努力，云南省以绩效目标为核心逐步构建起全覆盖预算绩效管理体系——横向以行业主管部门为主体，纵向建立对下转移支付绩效目标体系，实现省级预算项目绩效目标与预算同步编制、审核、批复、下达，市县绩效目标管理全覆盖。

（1）目标更清晰 绩效管理全覆盖

云南省积极搭建综合评价体系框架，省级实现了绩效自评、绩效评价对“四本预算”和所有评价类型的全覆盖，市县持续拓展评价范围和规模。与此同时，还积极探索核心指标体系建设，选取“双一流”大学建设、旅游形象广告投放等重点领域的项目开展核心指标设置试点。

在目标审核环节，将目标审核评分与预算安排挂钩，绩效目标审核评分

达不到“门槛线”的项目一律不纳入预算安排。同时，在实现绩效目标一般性审核全覆盖的基础上，逐步聚焦经济社会发展的重点领域。脱贫攻坚时期，云南省在全国率先完成1.9万个扶贫项目949.1亿元资金的绩效自评，并同步完成2.2万个扶贫项目绩效目标录入，涉及资金698亿元，完成时效居全国前列。在新冠疫情防控中，云南省在全国范围内率先部署疫情防控防治资金绩效管理工作，高效完成328个抗疫特别国债项目绩效目标审核工作，明确抗疫特别国债项目绩效管理要求，确保资金快速、精准下达到抗疫一线。截至2021年年底，在全面审核部门预算绩效目标的基础上，云南省累计邀请人大、政协、审计、高校、行业专家共303人组成审核工作组，对148个省级部门的193个重点项目开展绩效目标重点审核和面对面指导，共涉及预算220.44亿元。

（2）把关更专业 质量控制全过程

云南省将质量要求贯穿于预算绩效管理全过程，从制度建设、项目选取、招投标管理，到绩效评价、打造“高质量报告”，全面建立质量控制机制，并首次引入北京高校、中央部门的专家开展政策咨询，对绩效管理项目实行全周期质量控制。质量控制要从源头抓起，建章立制尤为关键。在扎实贯彻执行省委、省政府关于全面实施预算绩效管理意见的基础上，云南省先后出台了重点项目绩效目标审核、运行监控、项目支出绩效评价、绩效专家管理等制度办法。同时，为了完善配套机制建设，还制定了绩效管理内部控制操作规程、政府采购中介服务内部职责分工规程等。

在绩效评价环节，积极引入第三方机构参与，云南省创新推出的“4R”机制，面向全国优选第三方机构，激励与约束并行，助推绩效评价提质增效。“4R”机制是指制定规则（Rule）、明确责任（Responsibility）、彼此尊重（Respect）、结果（Result）。

——制定规则。通过制定《厅机关委托第三方机构开展咨询评价服务操作规程》《绩效评价付费管理和质量控制机制（暂行）》，云南省明确报告质量和委托付费挂钩的措施，建立优秀报告和优秀项目负责人评选机制。

——明确责任。要求第三方机构指定项目负责人，遵守合同约定，客观、独立、公正实施评价。定额完成实地踏勘，做好工作底稿，按时提交实施方案和报告。

——彼此尊重。选择合作机构时，第三方机构享有平等参与投标的机会。

在评价项目过程中，委托方、第三方机构、被评价方实现平等对话。

——追求高质量结果，选择优秀第三方机构，并借助专家力量，帮助第三方机构准确把握评价方向、重点，合理设计评价指标体系和调查问卷。

在“4R”机制的有力推动下，一系列由第三方机构出具的重点报告多次得到云南省领导的肯定。

将绩效评价报告上报是云南省在绩效管理层面的又一“硬举措”。2018~2021 年，省财政共向省人大常委会报送项目绩效评价报告 23 个，作为省人大常委会决算草案审查的重要参阅材料。上报的“财政支持九大高原湖泊治理”“云南省智慧旅游景区建设以奖代补和州市考核奖励专项经费”“城乡居民基本医疗保险基金”等 13 个项目的绩效评价报告，为省委、省政府决策提供了有益参考。

（3）问效更多维 结果应用全方位

2020 年，云南省启动事前绩效评估工作，第一次将绩效管理关口前移到预算决策环节，对部门拟新增的城镇老旧小区改造项目、城市污水处理建设项目等 7 个重大政策项目开展了事前绩效评估，涉及资金 23.3 亿元，审减预算 2.4 亿元。

此外，还对上一年度边境地区转移支付资金进行绩效评价，将评价结果应用于下年度边境事业建设管理费测算分配中，这一举措对地方财政部门形成较大触动。将资金问效“一竿子插到底”，最终要落在结果应用上。但要奖惩并施，不能“一刀切”。对此，云南省建立健全资金分配与绩效评价结果挂钩机制。

一是坚决收回结余资金、违规使用资金。对部门、单位连续出现结余结转的，调减下年度预算安排，加强预拨和实际扣款管理。2018—2020 年，全省市县两级财政部门在编制本级预算时，根据绩效财政评价结果，共扣减资金 31.54 亿元。

二是建立资金分配奖惩机制。2021 年，省内 12 个州市将财政和部门评价结果等应用于当年预算调整或以后年度预算编制、完善政策和改进管理，占州市总数的 75%。

三是推出“五个挂钩”考核办法，激励部门用好评价结果。云南省依据预算执行、绩效评价等情况，制定省级部门预算管理“五个挂钩”考核办法，综合测算得出分配系数，直接用于预算编审质量奖和部门机动金分配，加强和改进绩效管理。

（4）构建多主体、多层次的绩效评价结果应用体系

绩效评价结果应用应“因人而异”，针对各级党委政府、各级财政部门、项目主管部门、项目实施单位、人大审计等监督部门各类主体，云南省结合不同主体的要求和侧重点确定绩效评价结果应用办法，打好协同配合战，加强与省人大、审计、纪检监察等部门的工作衔接，针对省、市、县各层次的要求，使绩效评价结果应用与各层级主体的职能相匹配，形成绩效评价结果应用“三级联动”，上下协同推进预算绩效管理做实。

5. 以评价模式改进为核心的宜昌市预算绩效管理改革

宜昌市是湖北省辖地级市。宜昌市预算绩效管理工作起始于2012年，历经从无到有、从粗到细、从简到深的发展历程，已逐步实现预算绩效管理“内容全覆盖、资金全覆盖、单位全覆盖”。

（1）着重强调预算编制前期调查研究和规划论证

为解决预算单位人力、物力有限，编报绩效目标存在困难的局面，宜昌市财政对有绩效目标编报任务的单位安排项目前期工作经费，专项用于绩效目标编报工作。同时，积极建立市级财政预算绩效目标管理库，帮助预算单位掌握绩效目标编报方法，提高编报质量。为避免绩效目标审核流于形式，宜昌市还着力加强绩效目标审查，对市级预算发展性支出项目绩效目标进行评审，初次评审通过率不足40%。通常情况下，绩效目标要经过部门、财政局业务科室、绩效目标评审小组三道关卡，发改、规划、行业、投评、财务等多方面专家严格考评，绩效目标审核分数占到预算审核分值的20%，财政部门按照打分成绩择优安排。

（2）项目预算根据绩效评审择优安排

为减少“拍脑袋”决策带来绩效不高的问题，宜昌市积极探索，通过制定《市级财政发展性支出项目预算管理办法》，将预算绩效管理、财政投资评审、政府采购等财政管理关卡前移，在预算安排前对市级财政支出占比最大的发展性支出项目组织专家进行评审，资金该不该安排，安排多少由专家说了算，力求财政资金分配实现从领导拍板“说了再算”到科学评价后“算了再说”的转变。

（3）部门预算依据预算绩效统筹安排

从2018年开始，宜昌市市级部门预算编制采取控制数的办法，预算单位

的人员、公用和运转性支出全部在控制数内统筹安排。根据《市级预算绩效管理结果运用暂行办法》，预算单位的部门预算控制数与绩效结果挂钩，成绩好的可以增加控制数，成绩不好的相应扣减控制数。

（4）将绩效评价结果纳入政府综合目标考核

宜昌市率先将绩效评价结果纳入政府综合目标考核，与各预算单位的目标考核奖挂钩，使预算绩效管理上升到推进政府治理体系、提升履职效能的高度。各部门对绩效管理的重视程度随之有了极大转变，部门承担绩效管理主体责任的意识显著提升。民政局、城管委等部门积极组织全体干部职工学习预算绩效管理理论，公安局、残联等部门在预算编制与执行过程中全面强化绩效管理，特别是行管局率先大胆创新、先行先试，在推进内部控制制度建设过程中将绩效管理作为核心内容，单位各项工作全部纳入绩效管理范畴，每项工作都设计了专门的绩效评价指标，通过专门建立的绩效管理系统进行考核，年底每个工作人员都有对应考核得分，考核分数作为干部评先评优、履职晋升的唯一依据，这项改革在一定范围内具有创新意义。

（5）积极宣传预算绩效评价成果

在宜昌门户网站建立了绩效管理专栏，对预算绩效管理各项政策法规、通知事项、绩效评价报告进行公开。近几年主动将预算绩效评价报告送交市人大财经委和预工委审核，并邀请两委领导参与预算绩效评价工作考核评审会，得到了市人大的大力支持和好评。绩效评价工作完成后，挑选一部分优质的绩效评价报告装订成书，分发到市直预算单位，帮助学习、了解和掌握预算绩效评价工作。

通过一系列改革，宜昌市预算绩效管理取得长足进步，绩效管理意识强化，预算单位随意申报项目的现象得到明显抑制。

6. 以政策论证和评价为核心的无锡市预算绩效管理改革

无锡市是江苏省地级市，也是我国东部地区经济较为发达的地区，实施预算绩效管理已有多年，已逐步建立起事前绩效论证、事中跟踪监控、事后绩效评价及结果反馈应用的全过程预算绩效管理体系。

无锡市预算绩效管理的一大特色是探索预算绩效管理向政策论证和政策评价双向延伸。2017 年，无锡市财政局组织专家对《无锡市建筑节能专项引导资金管理办法》《无锡市医学重点专科专项资金管理暂行办法》《无锡市医疗卫计科技教育资金管理办法（试行）》和《无锡市医疗卫计人才引育资金管理办法》等4个办法开展了政策绩效论证。专家组对政策制定的规范性、专项资金的支持对象、扶持重点、资金拨付条件的设置以及专项资金的绩效管理等方面提出了相关意见和建议，均得到了政策制定部门的高度重视和采纳。

此外，无锡市财政局还将全口径四本预算纳入绩效管理范围，建立专项资金预算项目库，坚持“先预事后预算、先分类后论证、先论证后入库”，即在年度预算安排前，对部门申报的预算项目实施绩效论证，着力从源头上提高预算编制的科学性和精准度，力争最大化优化财政资源配置。

（1）“绩效为预算服务”，着力提高绩效管理水平和政策实施效果

一是抓预算源头，深入开展预算绩效论证评估。2008年，无锡财政就在全国率先试点开展预算绩效评价；2015年建立了财政一体化系统专项资金预算项目库，对专项资金年度预算实施ABC分类论证，未通过论证、没有进入项目备选库的项目不得安排预算。通过预算绩效评估实现了绩效管理与预算管理的深度融合。2018年，无锡市又将国有资本经营预算纳入预算绩效论证范围，实现了“四本预算”绩效论证全覆盖。

二是抓政策源头，探索绩效管理向政策评估延伸。从2017年起，在已初步实现预算绩效论证、绩效跟踪、绩效评价“闭环管理”的基础上，无锡市试点开展政策论证，市财政局先后对无锡市建筑节能专项引导资金、医学重点专科专项资金、医疗卫计科技教育资金和医疗卫计人才引育资金等4个专项资金开展政策绩效评价，既评价资金的使用效果，又衡量政策的合理性和有效性。评价结论提出的相关意见和建议，均得到了政策制定部门的高度重视和采纳。2020年，无锡市对2016—2019年重点帮扶经济薄弱村政策、“十三五”现代产业发展政策进行绩效评价，为新一轮重点帮扶政策的完善和“十四五”产业发展政策的制定提供决策参考。

与此同时，还着力推动并服务指导政策制定部门组织开展新出台涉财政策的事前绩效评价。如无锡市人社局、残联、农业农村局等部门分别组织开展了6项政策的事前绩效评估，评估意见随同政策审议稿及起草说明同步提交市委、市政府相关会议审议，作为政策设立的参考依据。

三是抓立项源头，探索开展新增基建投资项目绩效论证评估。针对重大项目绩效评估说明，组织投资主管部门、财政部门、项目实施部门、人大常委会相关工作机构等试点进行论证，其评估意见作为向投资主管部门申报立项或申请计划的依据。

四是积极探索整体支出绩效管理。在不断增加整体评价试点部门的同时，无锡市积极开展整体支出绩效目标编制工作。2019 年，无锡市优化改造部门预算编审软件，增设部门预算整体支出绩效目标编制功能，开展部门预算整体支出绩效目标编制培训，有力推进部门整体支出绩效目标与部门预算同步编制、同步审核、同步调整、同步下达。此外，无锡市还对政府购买公共文化服务、强制检定计量器具经费、社会组织公益发展资金、排水水质监测等政府购买服务项目开展绩效评价，对政府购买服务主体的购买和管理行为及承接主体的服务数量、质量和时效进行综合评价，推动政府购买服务工作规范高效发展。

（2）协同作战成合力

无锡市在推进预算绩效管理工作中明确职责分工，打造“大分工”格局：财政部门是预算绩效管理工作的组织者；预算部门和单位是本部门本单位预算绩效管理的责任主体；投资主管部门负责加强对基建投资绩效评估；组织部门负责将预算绩效结果纳入政府绩效和干部政绩考核体系；审计部门依法对预算绩效管理情况开展审计监督。

同时，市财政局建立“内协作”机制。通过出台《无锡市财政局全面实施预算绩效管理内部职责分工办法》建立高效顺畅、职责清晰、协调配合的预算绩效管理内部工作机制，在进一步明确和细化局内预算绩效管理职责分工的基础上实现了三个环节无缝对接：一是预算绩效目标编审与预算编审的融合；二是绩效运行跟踪监控与预算执行的融合；三是绩效评价与改进预算管理、下年度预算安排的融合。

这一协同作战的特点在绩效监控环节体现得更为明确。预算部门（单位）开展绩效日常监控，财政局负责重点绩效监控，着力加强节点管理，注重时效和实效，实现绩效“双监控”。财政局各分管资金处室根据财政资金管理规定对专项资金进行预算执行监控，并结合工作业务开展情况，选择重点项目委托第三方机构进行重点跟踪监控。政府投资评审处对政府投资项目实施全过程跟踪监控，及时发现问题、解决问题。绩效处根据重点绩效跟踪年度工作计划，对跨年度项目进行重点跟踪，提出有针对性的对策和建议，为预算部门（单位）完善管理，提高资金使用绩效提供参考。

为优化监控流程，无锡市财政局开发完善了财政一体化信息系统绩效监控功能，充分考虑部门实务操作的便捷性和监控结果应用成效，实现围绕预算执行进度考核的不同时间节点提前 1 个月发出预警，从而推动部门单位加快项目实施，加快资金拨付。

（3）加力推进结果综合应用

绩效评价的结果应用既是最终环节，也是最重要环节。为此，无锡市首先将预算绩效评价的意见作为项目备选库审核入库的依据，未进入项目备选库的项目原则上不得安排预算。绩效评价意见印发至预算部门，作为预算部门完善预算编制的依据，同时报送人大。政策绩效评价意见作为政策修订完善和制定出台的依据，得到了政策制定部门和人大的高度重视，增强了政策制定的科学性。

其次，强化对绩效运行监控结果的应用。预算部门和单位通过日常监控信息深入分析预算执行进度慢、绩效水平不高的具体原因，对绩效监控中发现的绩效目标执行偏差和管理漏洞问题，及时采取分类处置措施予以纠正。财政部门对预算部门和单位报送的绩效监控信息加强审核分析，对重点监控中发现的问题及预算部门和单位报告的重大执行问题和风险进行研判，及时将整改建议和措施方案反馈预算部门和单位。

最后，对于绩效评价结果应用，建立整改销号制度，设计《专项资金绩效评价意见整改表》，预算部门（单位）根据财政印发的专项（项目）资金第三方绩效评价报告填报整改情况，整改一个，销号一个。第三方评价报告提供给财政业务处室，作为跟踪督促预算部门（单位）整改落实和预算审核的依据；提供给绩效论证专家，作为预算评价依据；提供给人大预算审查专家，作为预算审查的依据；提供给审计和财政监督部门，用作确定下年度专项审计和财政监督计划的参考依据。

随着这一系列工作脚踏实地的开展，无锡市各级预算部门（单位）普遍形成“用钱讲绩效，花钱必问效”的意识，绩效管理工作“优秀案例”正不断涌现①。2020 年，无锡市通过部门自荐、专家遴选，甄选出 10 余个优秀案例，向全市推广介绍，成为预算绩效管理“无锡模式”的又一亮点。

综上所述可见，自 2000 年预算绩效管理改革启动以来，我国各级各地都以较快的速度对中央文件作出响应，其中尤以广东省、北京市等经济发达地

① 齐小乎 . 江苏无锡：步步为营深耕绩效管理，http：//www.cfen.com.cn/dzb/dzb/page_7/202011/t20201102_3614827.html.

区表现最为积极。从全国来看，东部沿海地区的改革力度普遍大于中西部地区，改革进程也普遍快于中西部地区。从地方政府层级来看，省级政府对中央文件的响应非常积极，预算绩效管理工作在地方的推进思路也基本与中央改革路线相同，在全过程绩效管理链条上，很多省都针对绩效目标管理、绩效目标执行监控、支出绩效评价以及绩效评价结果应用出台了管理办法，不断践行中央建成“全方位、全过程、全覆盖”预算绩效管理体系的要求；在建立绩效评价体系方面，一些省也颁布了关于聘请第三方机构或专家开展绩效评价服务的办法。但到了区县一级，基层政府在财政能力、信息资源、专家储备等方面都面临一定的实际困难，使其推进的速度及力度都有所下降。

今后一段时期，预算绩效管理改革在基层的推进将会是改革的难点与重点任务所在，在此，不仅需要中央和地方政府密切协调，同时，中央政府及地方高层级政府也需要对基层政府予以更多的倾斜与支持，帮助基层政府快速提升预算绩效管理的能力，一方面要对各地经验进行及时总结，供基层政府学习借鉴；另一方面，还需要在绩效评价的方法与手段方面加快推进研究，以更加简化易行的绩效评价操作方法，为绩效预算管理在基层的推广奠定基础。

第三章　预算绩效管理改革成效、经验与不足

相比预算改革先行国家，我国预算绩效管理起步较晚，但发展速度较快，成效显著：绩效理念逐步深入，支出需求扩张得到一定抑制；从人为分钱到制度分钱，资金配置效率明显提高；管理体系不断完善，组织机制不断健全；预算更加透明，政府公信力不断增强。

一、大胆实践，预算绩效管理成果突出

经过10余年的持续推进，中国预算绩效管理改革在树立绩效理念和责任意识、提高财政资金的使用效益、促进公共财政管理体系完善、提升政府公信力等方面取得了较为显著并突出的进步。

（一）绩效理念逐步深入

预算绩效管理持续不断地推进，使预算绩效管理理念逐渐被各部门所接受，尤其是党的十九大报告提出“全面实施绩效管理”，预算绩效管理的关注度和重视度得到大幅度提升，预算绩效管理工作已成为各部门预算管理的重要内容，在抑制支出部门不切实际的需求扩张，提高预算分配有效性等方面发挥了重要作用。

（二）绩效管理向全过程延伸

绩效管理不断向预算编制、执行、监督全过程延伸。结合预算评审和政策评估，各级政府事前绩效评估力度不断加大，立项依据不充分、实施条件不具备、交叉重复的项目被排除在预算安排之外；绩效目标审核力度不断增

强，绩效目标与预算同步申报、同步审核、同步批复下达的工作机制逐步建立；绩效运行监控结果应用得到强化，预计无法完成、进度滞缓、绩效指标设置不合理的项目得到及时处置[①]；绩效评价覆盖面不断扩大，在巩固项目支出和部门整体支出绩效评价的基础上，绩效评价范围逐步覆盖四本预算；绩效评价结果应用不断强化，与预算挂钩、政策调整的结合度进一步紧密。预算绩效管理基本实现从事前评估、绩效目标、绩效监控、绩效评价，到结果应用的全面覆盖。

（三）预算绩效管理制度不断完善

随着《预算法》以及中共中央、国务院相关政策文件的不断出台，财政部发布了多项预算绩效管理制度规范，逐步构建起较为系统的预算绩效管理制度框架，增强了预算绩效管理制度的权威性。各中央部门也不断推出部门预算绩效管理制度规章，如《教育部关于全面实施预算绩效管理的意见》《气象部门预算绩效管理办法》《水利预算绩效管理暂行办法》等。

地方政府也不断健全完善预算绩效管理制度，在宏观政策层面上，北京市、广东省、河北省、吉林省、贵州省等20多个省市以政府名义出台了指导意见或工作规划，如吉林省《关于推进预算绩效管理的意见》、北京市《关于推进本市预算绩效管理的意见》《北京市预算绩效管理办法》《北京市预算绩效管理问责办法》等。在管理办法层面上，部分地方政府，如江苏省制定了涵盖绩效目标管理、绩效评价实施、评价结果应用、第三方评价等方面的管理办法，宜昌市制定了《市级财政发展性支出项目预算管理办法》《市级预算绩效管理结果运用暂行办法》等；在具体操作层面上，部分政府部门进一步细化管理流程、操作程序、实施细则，如《云南省财政科技支出绩效评价实施细则》《上海市第三方机构财政支出绩效评价工作质量评估办法》等，这些办法及实施细则的出台，对预算绩效管理工作的规范化具有明显的指导意义。

（四）预算绩效管理基础持续夯实

各级政府部门进一步强化预算绩效管理组织领导，加强机构组织建设，充实人员力量。财政部在预算司设立“预算绩效管理处”，负责全国范围预算

---

① 齐小乎．预算绩效管理改革取得阶段性成效，http：//nncz.nanning.gov.cn/czdt/gncj/t4683283.html.

绩效管理的组织工作，同时，将投资评审中心转化为预算评审中心，强化中央层面的预算绩效管理及对地方预算绩效管理的指导。河北、江苏等18个省市成立了专门的预算绩效管理机构，其他未设立专门机构的省市也在财政厅（局）预算处明确了预算绩效管理职能。

绩效专家库和绩效评价中介机构库初步建立，初步实现了预算绩效目标设定及预算绩效评价的信息化管理，为健全预算绩效管理激励约束机制提供了技术支撑。

（五）预算更加透明，政府公信力不断增强

不论是在中央部门还是在地方层面的预算绩效管理改革，其民主化趋势都非常明显，一是各级人大广泛参与到绩效管理的工作之中，各类绩效评价结果不仅要上报政府，同时还要上报人大，接受人大的监督，使人大成为预算绩效管理落实的重要推手；二是绩效目标、绩效评价结果、绩效报告及时在网上公开，接受公众的监督，使政府预算的公开与透明得到一定程度提升。与此同时，在绩效评价开展中还有大量来自各行各业的专家参与，他们都是纳税人及民众的代表，对于推进预算公开民主具有极大的影响。

二、悉心总结，预算绩效管理经验累积丰富

经过10余年的发展，预算绩效管理在我国已取得显著成效。与此同时，“摸着石头过河”，不断探索发展，也逐步形成一套相对成熟、适合中国国家治理模式的预算绩效管理体系，并据此积累了一定的管理经验。

（一）党中央、国务院高度重视，营造良好的政策环境

在预算绩效管理改革实施的20余年中，党中央、国务院对预算绩效管理工作高度重视，为预算绩效管理工作的全面推进提供了有力支撑。

在法律构建层面，2014年颁布的《预算法》将绩效管理纳入其中，明确提出“各级预算应当遵循统筹兼顾、勤俭节约、量力而行、讲求绩效和收支平衡的原则”“各级预算应当根据年度经济社会发展目标、国家宏观调控总体要求和跨年度预算平衡的需要，参考上一年度预算执行情况、有关支出绩效评价结果和本年度收支预测，按照规定程序征求有关方面意见后进行编

制”“各级政府、各部门、各单位应当对预算支出情况开展绩效评价”。2020年发布的《中华人民共和国预算法实施条例》，进一步细化预算绩效管理要求，强化了预算绩效管理结果应用，明确了部门职责，为我国预算绩效管理的全面推进奠定了良好的法理基础。

在党的战略指导层面，从党的十六届三中全会到党的十七届二中全会，再到党的十九届五中全会，党中央多次就预算绩效管理改革进行统一部署，尤其是党的第十九次代表大会提出的“建立全面规范透明、标准科学、约束有力的预算制度，全面实施绩效管理”，已成为我国预算绩效管理迈向新阶段的重要标志。2018年发布的《中共中央 国务院关于全面实施预算绩效管理的意见》（中发〔2018〕34号）则进一步提出，要构建“全方位、全过程、全覆盖”预算绩效管理体系的改革任务。

在政府政策层面，国务院近年来发布多个文件，如《国务院关于深化预算管理制度改革的决定》（国发〔2014〕45号），《国务院关于实行中期财政规划管理的意见》（国发〔2015〕3号），与中共中央联合发布的《中共中央 国务院关于全面实施预算绩效管理的意见》（中发〔2018〕34号），以及《国务院关于进一步深化预算管理制度改革的意见》（国发〔2021〕5号），都从不同角度对预算绩效管理的路线方针、实施内容、制度规范予以明确，从不同侧面对预算绩效管理改革的发展方向予以了规范。

党中央、国务院对预算绩效管理工作的高度重视，既体现了党和政府对预算管理改革的重视与关心，也为预算绩效管理工作的推进指明了前进的方向，奠定了制度规范基础。

（二）合理选择工作路线，由点到面并逐步推向全面实施

我国政府体系管理层级较多、行政事业单位规模庞大、涉及资金类型较多，为保障各层级各单位预算绩效管理改革顺利推行，我国在探索构建预算绩效管理体系时，都是从试点开始，经过反复的探索、论证、修改，再推向全国。

从预算支出类型来看，基于财政支出项目主管部门明确、工作内容单一，适宜开展试点工作，我国预算绩效管理各项试点大多从项目支出开始，试点后总结完善，再逐步扩大范围，并向专项支出、部门整体支出、政策支出等其他支出类型推广。从预算管理类型来看，一般公共预算资金规模大、社会

关注度高、影响深远，是我国财政预算资金最为重要的组成部分，因此我国预算绩效管理试点一般也先从一般公共预算资金开始，再逐步向政府性基金、国有资本经营预算、社会保险基金预算等其他三本预算延伸。从预算管理层级来看，由于层级较高的政府部门管理基础较好，人员素质较高，思维转变较快，推行较为容易，因此各地一般都是先从省市层级开始试点，待路径较为成熟后向基层单位推行。这种先试点、再总结经验铺开的做法，路线严谨，层次分明，符合我国政府预算改革的实际需求。

（三）鼓励地方自主创新，确保工作推进符合地方实际

纵观我国各级各地预算绩效实践，呈现出在统一改革思想指导下，以中央为统筹，各地自主研究，共同探索推进的特点。在参照中央部门具体的管理程序、管理内容、管理方法的基础上，地方结合各自管理需求不断探索创新，使地方实践呈现出百花齐放、百家争鸣的态势。预算编制环节，广东省细化绩效目标管理，在绩效目标表的基础上，增加总体情况表、工作程序和制度保障表，预算申报不仅要明确绩效目标，还要明确工作计划如何落实、绩效目标如何实现，为预算部门申报预算和执行预算增加了一个“紧箍咒”，促使各部门谨慎申报预算。北京市创新开展了事前绩效评估，并发挥人大、政协民主监督、参政议政的作用，以更加公开、透明的方式分配公共资金。预算执行环节，北京、河南等省市扩大跟踪监控次数、范围，增加监控内容，监控程度更加深入。绩效评价环节，上海、江苏、浙江等地选择不同的对象、运用不同的方式开展评价和结果应用，使绩效评价真正符合各地预算管理实际。

（四）注重管理机构和专业机构建设，组织领导力和专业支撑力不断增强

预算绩效管理是一项专门性、系统性工程，内容丰富庞杂，需要有专门的机构和人员付出一定的时间、精力去研究和探索。在我国预算绩效管理改革过程中，各部门都十分重视组织机构建设。截至目前，已有更多的中央部门和地方财政厅（局）成立了预算绩效管理领导小组和专门组织机构，并积极争取扩大人员安排，为该项工作的推进提供了良好的组织领导和人员保障。

预算绩效管理也是一项专业性强、技术复杂的工作，尽管在工作流程上大同小异，但技术难度较大，需要专业力量给予支撑。为此，各地在推行预

算绩效管理过程中，都十分重视对第三方中介机构的培养和借助行业专家学者的力量。在专家使用上，不同地区、不同部门借力专家的方法不同，如：部分中央部委、北京市、广东省等预算绩效管理工作由第三方机构遴选专家，为解决专业难题给予支持；财政部预算评审中心组织专家组对第三方机构的关键成果把关，第三方机构落实主体工作时可就相关问题咨询行业专家意见；一些中央部委和部分地方省市直接委托专家开展预算绩效管理相关工作；浙江等省针对专家参与预算绩效管理工作也制定了专门的管理办法。第三方机构和专家的参与，既弥补了当前预算绩效管理工作量大、行政事业单位人员不足的问题，又为工作中解决专业性技术难题提供了支持，保证了我国预算绩效管理工作高质量推进。

（五）评价结果从内部通报到向社会公开，范围不断扩大

在相当长一段时期，预算绩效评价结果的公开以政府或有关部门内部通报为主，公开范围和应用程度比较有限。近几年来，绩效信息公开范围不断扩大。2021 年，中央层面公开决算的部门数量由 2011 年的 90 个增加至 101 个，公开内容继续深化，绩效得到重点突出，中央部门随决算公开的预算绩效信息从一般公共预算扩大到政府性基金预算，项目绩效自评结果、重点项目绩效评价报告公开数量持续增长。

广东省财政厅网站设立绩效管理信息公开专题，将所有被评资金信息与专业评价报告全文向社会公布，并已成为评价的刚性要求。广东省人大常委会出台预算资金支出绩效第三方评价实施办法，明确规定第三方评价报告应采取新闻发布会等方式向全社会公开，评价结果印送省政府研究处理，财政部门应在次年的预算草案中就评价报告应用情况作专项说明，省人大常委会对应用效果进行跟踪监督。北京市规定凡 500 万元以上的财政支出项目，绩效目标随部门预算向全社会公开。预算公开范围的扩大有效推动了绩效管理的实质性推进。

三、条件受限，预算绩效管理尚存不足

经过近 20 年的发展，预算绩效管理已取得显著成效，绩效评价实践经验不断丰富，评价范围日益扩大，但在法律制度层面、组织管理层面、激励机

制层面、保障条件层面等还存在一定的不足。

（一）法律制度构建层面

在法律制度层面，预算绩效管理面临的主要问题有：缺乏全面系统的预算绩效管理法律法规体系；制度文件变更较为频繁，体系构建不够稳定；文件制定的顶层设计不够清晰，部分文件间协调衔接不够紧密。

1. 缺乏全面预算绩效管理的法律法规体系

目前，我国预算绩效立法工作仍处于初级阶段，相关法律层级偏低，集中于部门规章制度、实施细则，尚无专门的绩效管理法，《预算法》相关条款规定也不够详尽全面。

（1）《预算法》绩效管理约束不够清晰

新《预算法》修正案于2014年8月31日经过全国人大四次审议由人大常委会通过。新《预算法》在预算总则里明确提出了讲求绩效的原则，并将开展预算支出绩效评价确定为各级政府、各部门、各单位的法定职责。但总体来看，《预算法》在绩效管理约束上还存在如下不足：

一是对绩效管理的规定不够系统完善。虽然《预算法》第十二条提出各级预算应当讲求绩效，第五十七条提出各级政府、各部门、各单位要开展绩效评价，但就全面实施预算绩效管理而言，《预算法》的相关规定仍是不够系统与完善的，例如未对预算绩效管理的内涵及外延做出清晰界定，对预算绩效管理包含哪些领域、涉及哪些内容、涉及哪些部门、各部门负有哪些职责、享有哪些义务、应该开展哪些活动、采取何种方式、如何进行激励与约束等，都未有明确规定，以至于各级各地的预算绩效管理改革一直处于“摸着石头过河”之中，试错的成本代价偏高。

二是相关约束力不足，《预算法》第三十二条规定，“各级预算应当根据年度经济社会发展目标、国家宏观调控总体要求和跨年度预算平衡的需要，参考上一年预算执行情况、有关支出绩效评价结果和本年度收支预测”。这是一种征求意见的表述方式，其中“参考”一词使预算绩效评价结果并不能真正作为政府编制预算时必需考量的重要依据，不具有法律强制性，使预算绩效评价结果运用的约束力受到限制。而在预决算审批阶段，人民代表大会审查预决算情况时，也只能提出完善预算绩效的建议，并未体现出与预算分配之间的刚性衔接。

（2）预算法未明确绩效问责

将支出绩效与财政问责联系起来是预算绩效管理的重要标志，两者联系的方式是根据绩效状况惩戒错误、调整支出、改变权限，但《预算法》并没有规定根据相应的绩效评价结果实施问责处罚的要求，《预算法》的法律规定仍然延续规范治理背景下的问责机制，即以是否遵循特定的规则作为问责依据，以传统的行政处分作为问责方式，这样的问责机制与绩效管理的结果导向存在较大差异。

（3）缺乏针对绩效信息公开的要求

绩效信息公开不仅可为绩效评价的开展提供基本素材，还可为社会监督创造条件。从当前的《预算法》来看，其中第 14 条、第 89 条规定经人民代表大会批准的预算、预算调整、决算、预算执行情况的报告及报表，财政转移支付安排、执行的情况以及举借债务的情况，经本级政府财政部门批复的部门预算、决算及报表，部门预算、决算中机关运行经费的安排、使用情况等重要事项，政府审计部门依法对预算执行和其他财政收支的审计工作报告等，应当向社会公开。但其中并未明确规定绩效信息公开内容，导致绩效评价结果公开情况不佳。例如，当前公布的绩效评价报告多为节选本，通常仅公布绩效评价良好的结果，回避绩效评价差的结果，对于重点支出项目，只公布绩效评价的结果指标，未公开详细的投入指标，以及预算与指标的联系，社会公众难以知晓预算分配实际情况，无法发挥绩效监督作用。

2. 制度设计有待进一步完善

预算绩效管理制度应包含组织体系构成、绩效规划制定、工作流程设计、绩效信息收集、绩效评价实施、绩效报告撰写、绩效结果应用、绩效审计开展、激励约束实施等一系列规定。总结近年来的改革实践，制度供给不到位是影响我国预算绩效管理改革有效推进的一个重要原因。

在当前预算绩效管理工作中，财政部出台的规章和各地方发布的规范性文件仍是主要依据。但不少规范性文件仍为指导性意见，更多停留在大方向和政策上的原则性规定，以至于制度虽多，但具体的操作办法和管理办法偏少，相关配套措施不够明确，对地方和部门的指导缺乏系统性和有效性，难以满足具体工作需求。

（1）绩效评价指标体系无明确规范，开展绩效评价既可采用财政部 2013 年发布的共性评价指标框架，也可采用 2020 年发布的绩效评价指标体系，使评价结果可纵向衡量、可横向比对存在一定的困难。

（2）政策调整过于密集，彼此内容重叠、交叉重复，时有冲突，导致执行层面难以适从。近年来，中央层面发布的预算绩效管理政策文件有6~7个之多，这些文件叠床架屋，在评价指标、评价权重、评价标准等方面存在明显的差异，给绩效评价工作开展带来一定的困难。

（3）部分管理办法与当前的绩效管理核心要求出现一定的差异，无法满足中央文件精神的要求。以《关于印发〈预算绩效评价共性指标体系框架〉的通知》（财预〔2013〕53号）为例，2013年发布的指标体系框架关注资金投入的规范性，如资金到位率、到位及时性，忽略了对预算资金投入是否合理、是否科学、是否有效等对于财政预算资金决策效果来说极为重要的关键性评价要点。党的十九大报告明确指出，政府预算改革应"标准科学，约束有力"，其中的标准科学就是指预算编制要有明确的预算编制标准，要进行严格的成本核算，要充分体现预算编制对成本的控制取向。仍在使用之中的《预算绩效评价共性指标体系框架》，使对项目的成本控制缺乏抓手，党的十九大报告提出的"标准科学"的改革方向难以落实，也使当前的绩效评价指标体系与政府预算改革的要求出现了脱节与不适应的现象。

（4）不尽完善的制度规范给地方预算绩效管理带来一定困扰。一是绩效评价的应用约束力不强，多数地方存在绩效评价应用形式不一，随意性、随机性较大，对预算管理的硬性约束力较小的现象，在实际操作过程中还存在预算与绩效"双软约束"的现象。二是预算绩效管理规范性不足和质量不高。现行相关制度确定了预算绩效管理的基本流程，但尚无统一具体的操作办法，非标准化和非规范化操作势必会影响绩效管理成果的科学性、权威性。三是地方对预算绩效管理的定位、模式和工作重点考量不一，在没有统一推进与部署的情况下，各地很难协调一致，全面均衡地推进绩效管理工作。

同时，由于预算绩效管理各级各地模式不统一，也难以实现上下联动、横向比较。由此，亟须从制度构建的层面对当前的政策性文件进行统一梳理，对相互矛盾、前后不一致的，与当前管理要求不符的进行重新规制。

（二）组织管理实施层面

参与主体多元，职责分工不够明确；缺乏权威性核心部门，预算决策统筹不足；预算绩效管理发展进程不够协调，边远地区及基层单位发展滞后等，是当前预算绩效管理在组织层面存在的问题与不足。

1. 参与主体多元，功能定位不够明确，参与不够充分

我国的基本政治制度是中国共产党领导下的人民民主专政的社会主义国家，人民行使国家权力的机关是全国人民代表大会及其地方人民代表大会，国家行政机关由人民代表大会产生，对其负责，受其监督。我国预算绩效管理的参与主体据此可划分为领导、执行、问责以及其他层级。其中，（1）领导层：即党中央、各级地方党委，以及国务院和各级地方政府。（2）执行层：由两类部门组成，一是财政、发改、审计等依法具有预算资源分配、政策规划和政府内部预算审计监督职能的核心行政部门，这些部门对职能部门履职进行统筹协调、指导、辅助和监督，但不承担具体的社会管理或公共服务供给职责；二是具体使用财政资金，承担社会管理或公共服务供给职能的部门和单位。（3）问责层：包括具有宪法赋予的监督政府预算及其执行权力的各级人民代表大会及其常委会；依法履行审判和法律监督职能的司法机关；负责党内监督和问责的组织部门、纪委和监察部门。（4）其他主体：如具有制定行业规范和标准权力的各类行业协会和专业团体，基于采购、承包合同或其他合作契约的各类政府合作伙伴，如服务提供商、PPP框架下的私人企业等伙伴组织，以及公共服务交付对象、财政补贴对象等（见表1–2）。

表1–2　中国预算绩效管理参与主体

领导层	党中央及各级地方党委
	国务院及各级地方政府
执行层	核心行政部门：财政、发改委、审计等依法具有预算资源分配、政策规划和政府内部预算审计监督职能的部门，对职能部门履职进行统筹协调、指导、辅助和监督，不承担社会管理或公共服务供给职责
	职能部门和单位：具体使用财政资金，承担社会管理或公共服务供给职能的政府预算部门和下属预算单位
问责层	权力机关：各级人民代表大会及其常委会，具有宪法赋予的监督政府预算及其执行的权力
	司法机关：包括法院和检察院，依法履行审判和法律监督职能； 组织、纪检、监察机关：负责党内监督和问责的组织部门、纪委和监察部门
其他主体	专业机构：各类行业协会和专业团体，依法具有制定行业规范和标准的权力
	伙伴组织：各类基于采购、承包合同或其他合作契约的政府合作伙伴，如服务提供商、PPP框架下的私人企业等
	用户：公共服务交付对象、财政补贴对象等

资料来源：任晓辉. 全面实施预算绩效管理的推进机制研究［J］. 财政监督，2018（19）：12–15.

从上表可以发现，虽然我国预算绩效管理的参与主体多元，实施层面多级，但从目前推进的具体情况来看，还以财政部门指导为主，改革更多停留在技术层面，未能与其他主体形成合力。

（1）预算绩效管理的政策文件多为财政部门发布的操作规则，无法在一级政府层面形成对包括预算部门在内的各相关主体的刚性约束。《中共中央 国务院关于全面实施预算绩效管理的意见》的颁布，一方面标志着我国预算绩效管理改革在顶层设计方面实现了重大突破，另一方面也对这一顶层设计的落实提出了细化要求。

（2）预算职能部门和单位的绩效责任主体意识未完全确立。预算部门倾向于将绩效目标编制与申报、绩效评价等预算绩效管理工作看作是完成财政布署的任务，缺乏内在动力和积极性，使预算绩效管理工作的推进仍面临较大的困难。

（3）审计部门与财政部门分工不明，未能形成合力。随着审计工作由传统财务审计、合规性审计向绩效审计、效益审计延伸，客观上使审计部门的审计工作与财政部门主导的预算绩效评价形成一定程度的交叉重合，既造成评价资源的浪费，也增加了被评价单位的工作负担。

（4）权力机构的外部监督弱化。按照宪法、预算法和监督法的规定，各级人大及其常委会依法对一府两院的工作实施法律监督，行使审查批准预算、决算和监督预算执行的职权，预算监督是人大及其常委会监督政府工作的重点。但是，由于我国人大在预算资源配置过程中的权力有限，对政府预算缺乏实质性审查，预算绩效监督参与有限，无法形成对政府预算绩效管理的有效监督和控制。

（5）其他相关主体的参与度不高。受限于预算信息公开和绩效信息共享不充分，我国其他相关主体参与预算绩效管理的程度不高，使预算绩效的外部问责和社会监督有所欠缺。

2. 缺乏权威性核心部门，预算决策统筹不足

缺乏权威性核心部门是中国政府预算管理存在的一大缺陷，也是导致我国战略决策与预算配置脱节、部分资金游离于绩效监控之外、预算决策统筹规划不足、预算投入交叉重复等问题产生的主要原因。

（1）缺乏权威性核心部门，导致战略决策与预算配置脱节

对于任何一个政府来说，执政的首要任务就是确定施政纲领、明确战略

目标，以解决当下最紧迫的社会经济问题，实现施政承诺。战略与纲领虽然事关重大，只有被融入预算才能发挥积极作用：当预算将战略与政策转换成具有可操作性的支出决定时，战略与政策才具有了实现的可能。离开了预算资金的支持和保障，任何战略与政策都将是空洞而无法实现的。由此，注重加强战略与预算的衔接，以战略引导和约束预算，以预算反映和支撑战略，成为各国政府实施预算管理的核心。

然而，预算与战略及政策脱节的现象目前还是较为普遍。虽然党和政府提出了良好的施政理念、崇高的施政目标，制定了正确的施政纲领，但因预算体系陈旧的基础框架和技术手段，使稀缺的财政资金难以被准确导向政府的施政重点和优先方向。一方面，稀缺的财政资源被浪费在一些华而不实的活动之中，难以对国家和社会做出实质性的贡献；另一方面，政府施政和国家战略着重强调的优先领域，特别是民众偏好强烈的基础医疗卫生、社会保障领域等，却难以获得财政资源的充分支持。

导致预算决策与政策相脱节的根本原因在于，缺乏一个具有权威性的核心机构承担起联结政策与预算的使命。预算决策与政策相脱节既包括政策无法影响和引导预算资金的配置，也包括政策的制定不受预算的约束。我国目前的政策制定仍是一种零碎化的威权体制，党委、政府以及政府相关部门的负责人对政策的制定都具有决定性影响，在这种体制下很难形成统一的战略计划并用来影响和引导资金的分配。同时，不受预算约束的政策制定使预算限额不断被突破，使不少地方赤字丛生、债务高企，严重干扰了财政的可持续发展。

（2）预算决策权限分散，部分资金游离于绩效管理之外

财政部门在我国并非唯一一个拥有预算决策权限的机构，各级政府首脑及发改委等部门都拥有一定的预算分配权限，各分管领导及部门在其分管领域内享有较大的影响力而形成“政策领地”，进而在“政策领地”的预算分配中形成固化的预算权限，并以各种正式或非正式的方式影响着预算资源的配置。近年来，预算配置中的自由裁量权不但没有得到应有的遏制，反而出现扩大的态势，在很大程度上肢解了政府预算管理的统一性，也降低了预算绩效管理的有效性。

在这种情况下，以财政部门为主导的预算绩效管理，很难对这部分由各级政府首脑或发改系统做出的预算决策开展绩效管理与监控。政府首脑或发

改系统做出的预算既不需要财政部门进行成本审查，以财政部门为主导的预算绩效管理过程也无法约束政府首脑及相关部门的预算决策。

这种预算决策权限的分散化，使大量预算资金游离于预算绩效管理之外，也使预算过程充满了不确定性，大量“三拍”工程因此出现，不少实施结果不尽如人意的政策及项目即产生于此类决策之中。

（3）缺乏权威性核心部门，预算决策缺乏统筹规划

政策制定的分散化，使部分重大政策及项目的决策及实施缺乏统筹管理。在近年来的绩效管理过程中，此类决策不在少数，以某地“节能减排与环境保护”政策为例，为贯彻落实国家《大气污染防治行动计划》，进一步改善空气质量，该地每年安排专项资金用于落实国家及地方节能减排和环境保护政策。基于节能减排与环境保护专项资金涉及环保部门、发改委、财政局、交通委、住建委、规划委、新农办、科委、经信委，该地制定了《节能减排及环境保护专项资金管理办法》，明确提出要建立“专项资金的重大决策会商制度”，以协调财政、发改、环保、相关行业主管部门和项目单位的职责与任务。但是，非常可惜的是，会商制度建立了，但却没能得到很好的执行。按照《节能减排及环境保护专项资金管理办法》规定，专项资金重大决策联席会议负有顶层设计的职责，负责制定每年节能减排及环境保护专项资金的支持内容和投入方向。然而，联席会议并未发挥明确资金使用方向和投入领域的顶层设计作用，各子项目资金的分配依然沿用传统方向，未根据需要适时调整，致使各子项目资金投入及分配固化现象严重。同时，又因前瞻性不足，对项目任务考虑不够充分，战略决策出现缺位，致使部分子项目立项时间过晚，约有近一半的资金一直未能明确投入领域和使用方向，至第二年年底仍滞留在账户之上，严重影响了财政资金的使用效益，同时，还出现了资金挤占挪用现象，使该项财政资金的政策性、规范性和效率性均受到了影响和挑战。

（4）缺乏权威性核心部门，预算投入交叉重复现象突出

缺乏权威性核心部门，各部门沟通协调不畅，以至于在财政支持领域出现交叉，在投入方向出现重合，不少的企业、单位或项目从不同的部门、不同的政策多次获得财政资金支持，以至于个别项目得到的财政补贴资金超过项目所需经费总额，这种现象在不少领域普遍存在。同样，以某地区“创新环境及平台建设”专项政策与“自主创新示范区创业服务平台支持”政策绩

效评价为例，这两项政策在支持目标、支持对象和支持方式上出现了大量重合。

①支持目标重合

在支持目标方面，“创新环境及平台建设”专项政策将其政策目标确定为：“引导孵化机构延伸服务内涵、打造服务链条、创新服务模式、提升专业服务能力”。而“自主创新示范区创业服务平台支持”政策将其目标确定为：“鼓励各类创新主体兴办各具特色的创新型孵化器、产业孵化平台和海外人才创业服务机构，完善创业项目和初创企业的挖掘、识别、培养和孵化机制，提供从创业项目植入到成果转化再到产业化的全过程服务。”从上述两项政策的支持目标可以发现，这些政策的核心目标均在于引导孵化机构提升专业服务能力。

②支持方式和支持依据重合

在支持方式方面，不论是“创新环境及平台建设”专项政策，还是“国家自主创新示范区创业服务平台支持”政策，均采用了先考核后补贴的无偿补助方式。

此外，通过对两项政策考核评审指标进行对比分析可发现，“创新环境及平台建设”专项政策以及“自主创新示范区创业服务平台支持”政策的项目评审指标中，有 70% 以上的评审要求是相同或相近的（详见表 1–3）。

表 1–3　“创新环境及平台建设”与“创业服务平台支持”政策评审指标体系

序号	创新环境及平台建设	创业服务平台支持
1	服务团队设置合理性及竞争力	服务人员数量与在孵企业总数的比例
2	收入结构情况	创业服务收入占总收入比例
3	基础服务开展情况	专业服务能力
4	投融资服务能力	年度投资对接成功的项目数量
5	人才培养与聚集情况	创业导师数量
6	经济社会发展贡献力	企业价值
7	运营模式及特点	商业模式、技术创新
8	品牌和服务输出	服务企业的数量
9	公共技术服务平台建设运行情况	创业环境
10	科技企业培育情况	毕业企业占在孵企业总数的比例
11	其他专业服务开展情况	年度在孵企业获得的投资总额

续表

序号	创新环境及平台建设	创业服务平台支持
12	企业流动性	举办创业活动次数
13	项目设置与申报机构现阶段发展需求匹配的合理性	创业服务活动支出占总支出的比例
14	项目实施内容与实施方式匹配的科学性、可操作性及预期效果的可实现性	累计入选金种子企业的数量
15	国际化服务能力	种子基金

③支持对象重合

在支持对象方面，“创新环境及平台建设”专项政策与“自主创新示范区创业服务平台支持”政策，在前后两年都出现了24家重复支持的单位。

这些重复支持的对象和资金占据了相关政策资金的较大比重，例如，第一年，“创新环境及平台建设”政策重复支持的机构占总支持机构比重为47.1%，重复支持的经费占总经费比重为43.6%，第二年该项政策重复支持的机构占比进一步上升到60.0%，重复支持的经费占比则提高到54.5%（详见表1–4）。

表1–4 “创新环境及平台建设”与“创业服务平台支持”重复投入情况

年份	数据类型	支持机构（个）	支持经费（万元）
第一年	重复支持机构数量	24	960
	创新环境及平台建设当年支持机构数量	51	2200
	当年重复支持机构占比（%）	47.1	43.6
第二年	重复支持机构数量	24	1150
	创新环境及平台建设当年支持机构数量	40	2110
	当年重复支持机构占比（%）	60.0	54.5

科技政策投入中过高的重复支持率，不仅影响了政策公平性及普惠性的实现，还使重点支持领域未能得到有效的支撑。以“创新环境及平台建设”政策为例，该政策规定：政策“资金的实施应能够满足社会绝大多数群体享受政策效益”，但事实上该项政策的资金覆盖率不足60%，其中，对创服机构的政策支持力度仅为32.1%（见表1–5）。

表 1–5 “创新环境及平台建设”政策覆盖率

类型	政策支持覆盖率			潜在受益对象支持率		
	申报数（个）	支持数（个）	政策支持覆盖率（%）	累计支持数（个）	潜在受益对象数（个）	潜在受益对象支持率（%）
产业技术创新战略联盟	105	72	68.57	109	200	54.5
科技企业孵化机构	91	51	56.04	90	280	32.14
战略性新兴产业科技成果转化基地	10	8	80	17	29	58.62
技术研发创新平台	—	—	—	448	930	48.17

从对重点项目的支持力度来看，不论是支持数量，还是支持规模都有待进一步增强。例如，“创新环境及平台建设”政策规定，应重点对国家级重点实验室（工程技术研究中心）带动地方重点实验室（工程技术研究中心）协同创新予以支持，但“创新环境及平台建设”政策一共只启动了两家国家级重点实验室（工程技术研究中心）带动地方重点实验室（工程技术研究中心）协同中心建设，总支持金额不到专项资金总额的 3%，支持数量和支持金额均明显偏低。

由此，加强顶层设计，统筹决策机制，强化政策间的沟通协调，才可有效克服当前预算管理中存在的预算决策和发展战略脱节、财政支出绩效低下、预算投入交叉重复等方面的问题，促进国家发展战略的有效落实。

3. 预算绩效管理发展不够协调匹配

（1）预算绩效管理发展区域不够均衡

我国预算绩效管理总体情况良好，但发展进程不够均衡。从全国层面来看，尚未实现横向到边、纵向到底的要求。对于预算绩效管理的推广，各地认知水平存在差异，重视程度高低不一，工作难以均衡推进。

一是实施层级方面。中央、省、市等层面开展程度深、覆盖范围广，事前、事中、事后各个环节的绩效管理工作都较为成熟，形成了较为完整的绩效管理链条。但区县级预算绩效管理开展相对滞后，绩效管理基础薄弱，绩效管理涉及环节较少、覆盖范围较窄。

二是横向比较方面。东部省份的预算绩效改革工作开展较早，对所有部门和财政资金实现了试点范围的全覆盖；而中西部地区起点不高、工作进程较慢，试点部门和资金尚未形成一定规模。主要表现为：一方面，预算绩效管理起步时间前后差距较大。如北京市、广东省等地区探索绩效评价工作起始于2002—2003年左右，已历经近20年的发展，而一些边远地区绩效评价工作开展相对滞后，尚在起步阶段。另一方面，预算绩效管理能力高低不一，如北京市注重预算绩效管理改革创新，2010年开始探索事前立项绩效评估，2015年开始进行政策绩效评价，2016年开始探索基金、债务绩效评价，2018年开始进行成本效益预算绩效改革，2020年开始探索市对区综合绩效运行评价，而大多数省份还处于基础绩效管理的推进阶段，还未实现预算绩效管理的全面覆盖。

（2）绩效管理发展进程不够协调，与预算管理未能实现有效融合

预算绩效管理是一种全过程管理机制，由绩效目标管理、事前绩效评估、绩效运行跟踪监控、事后绩效评价、绩效评价结果应用等环节组成，贯穿于预算编制、预算执行、预算监督之中，在结果导向基础上实现对预算过程的管理，体现了全过程的特征。但从当前预算绩效管理的实践来看，还存在重评价轻应用、重事后轻事前，绩效评价结果应用不足，绩效管理与预算管理脱节等方面的问题。

因我国的预算绩效管理起源于项目完成后的绩效评价，以至于目前在全国各地广泛实施的还是事后绩效评价，虽经不断优化与完善，同时也强化了预算编制环节的绩效目标申报，但事前绩效评估的实施还较为薄弱，仅有部分地区将事前绩效评估作为常态化管理流程，贯穿于预算绩效管理过程之中，更多的地区还未推行事前绩效评估，或事前绩效评估仅仅作为预算绩效管理的一个组成部分，以小范围试点的形式实施，其影响力及覆盖范围都极为有限，使绩效管理与预算编制和决策之间的联结弱化，不具有实质性的影响。

同样，事后绩效评价与预算管理也未能实现有机融合，由于绩效评价结果应用不佳，既未与部门整改有机结合，也未与预算编制形成挂钩，使事后绩效评价游离于预算编制和预算决策之外，两者呈现出松散和割裂的状态，预算绩效评价越来越成为形式化的例行工作，使预算绩效管理提高部门管理水平、降低部门运行成本、增强部门支出责任、优化预算资源配置的目的难以达成。

为此，《中共中央 国务院关于全面实施预算绩效管理的意见》明确提出，要“创新预算管理方式，实现预算和绩效管理一体化”。《国务院关于进一步深化预算管理制度改革的意见》进一步指出，要“推进预算和绩效管理一体

化”“推动预算绩效管理提质增效”。由此，如何通过强化事前绩效评估、加强绩效评价结果应用，打破绩效管理与预算管理的篱藩，促进绩效管理与预算管理融合，提高财政资金分配效率、抑制部门无效低效支出需求，成为预算绩效管理需要认真解决的核心问题。

（三）激励机制构建层面

有效的制度既要通过惩罚机制将个人行为限定在合理范围之内，同时更要依靠激励机制来提供发展动力与合理预期。

1. 预算管理呈现出典型的不相容逆向激励态势

我国当前的预算激励机制是一种典型的不相容逆向激励。节约成本、提高效率虽可促进社会效益的提高，却不利于部门效益增进。节约成本、提高效率带来的资金结余，意味着部门不需要更多的资金，将导致部门预算被削减，部门利益直接受损；而“花掉所有资金”，哪怕是浪费性支出，表明部门资金不够使用，反会使部门预算不断扩张，抑或不增加但也不至于受损。这种导致部门利益与社会利益不相容的预算激励机制，使预算资源申请者仅关注“多少”（即部门攫取的预算资源越多越好），而忽视“多好”（即追求预算资源的使用效益），使当前的预算管理难以担负有效激励的重任。

2. 评价结果利用不够充分，问责机制尚未建立

预算绩效管理是环环相扣的完整体系，任何一个环节出现细微的问题都会对整体产生巨大影响。目前我国对绩效结果的应用、问责还在起步阶段，在实际工作中存在着“重绩效评价过程，轻绩效评价结果”的现象。其原因一方面在于，预算绩效管理工作在绩效目标管理、绩效运行监控和绩效评价等环节的有效性不足，评价结果的可操作性不足；另一方面的原因则在于，绩效评价一般发生在项目结束后的第二年，评价结果应用则在第三年，时间跨度较长，评价结果的可应用受到明显抑制。与此同时，由于缺乏绩效评价结果应用的刚性要求，未能形成实质性的绩效评价结果应用约束，也导致绩效评价结果应用不佳。

与此同时，问责机制也未建立，无论是《中华人民共和国预算法》《中华人民共和国预算法实施条例》（国务院令第 186 号），还是《财政违法行为处罚处分条例》（国务院令第 427 号），都未对绩效问责做出明确规定。就连一些地方专门性管理规定，对问责的界定也不够准确与严密，其关注的重点依

然是规范性责任，而对绩效责任未予明确。例如《河北省预算绩效管理办法（试行）》（冀政〔2010〕138号）、《上海市预算绩效管理实施办法》（沪财绩〔2014〕22号）、《重庆市巴南区人大常委会关于加强预算绩效管理工作的决定》（巴南人发〔2016〕43号），其绩效问责事由主要还是不按规定编制预算绩效内容、预算执行未按预定目标同步实现或发生偏离、未达到预期的目标或规定的档次，以及违反《财政违法行为处罚处分条例》或相关法律、法规、规章规定，体现的仍然是以传统的投入控制为主的规范性财务责任，尚未提升到绩效管理层面的责任。如何实现由财政支出的合法性问责向绩效性问责转换，仍是落实政府预算绩效责任的关键。①

此外，在当前的绩效问责中还存在责任承担主体不够明确的问题。结果导向的预算法律责任不仅表现为预算主管部门或单位的整体性责任，还必须将责任落实到享有预算管理职权，并独立进行预算决策与实施具体预算行为的政府官员。当前我国绩效预算问责的责任主体仍主要局限于预算部门或单位，如《北京市预算绩效管理问责办法（试行）》（京财预〔2011〕2413号）就规定“主管部门、预算单位在预算绩效管理工作中出现预算违法行为的，对其实行绩效问责”，而对于具体的负责人并无明确的追责规定，由此导致预算绩效问责主体缺失，使问责缺乏应有的威慑力。

（四）保障条件建设层面

在预算绩效管理的保障条件建设层面，当前的问题主要集中于：预算绩效管理的意识有待增强，预算透明度需要不断提升，社会主体参与尚显不足，绩效信息收集与管理重视不够，专业人才匮乏等方面。

1. 预算绩效管理的意识有待进一步增强

我国对预算绩效管理工作探索晚、时间短，各个部门对此的认知不够全面深刻，部分预算单位尚未牢固树立以结果为导向的管理理念和部门支出责任意识，还保留着过去“重资金分配、轻项目管理”的传统，尤其是基层部门尤为明显，持有观望、等待的态度，主动性不强，甚至当作额外任务草草敷衍，绩效工作开展主要依赖于财政部门的推动。

此外，不少部门错误地把绩效管理当作财政支出控制，把开展绩效管理

① 程国琴. 参与式预算的经济学分析［J］. 当代财经，2014（12）：36-46.

理解为财政部门加强控制的手段，这显然错误理解了开展预算绩效管理的真正意义。对此，还应加大相应的宣传、教育与培训。

2. 预算透明度亟待进一步提升

提高预算透明度的深度和广度是实行预算绩效管理的客观需要，也是加强评价结果应用、推进评价结果公开的重要载体。根据有关资料显示，按照预算公开的标准要求，政府预算体系中一般公共预算、政府性基金预算、国有资本经营预算和社会保险基金预算各类报表应该公开 75 张表格，2021 年度中央预算公开 30 张表格，地方各级政府预算公开的表格更少，与要求相比差距甚大。

清华大学公共管理学院推出的《2021 年中国市级政府财政透明度研究报告》显示，2021 年中国市级政府财政透明度得分高于 60 分的城市只有 55 个，仅为参与评估 294 个城市的 18.7%，其中得分在 60—70 分之间的城市有 38 个，得分在 70—80 分之间的城市有 14 个，得分在 80 分以上的城市有 3 个。得分在 60 分以下的城市有 239 个，占比为 81.3%，其中得分在 50—60 分之间的城市最多，有 85 个；其次是得分在 40—50 分之间的城市，有 77 个；得分在 30—40 分之间的城市有 52 个；得分在 30 分以下的城市有 25 个。这样一种得分情况显然不够良好，而且相比 2017 年出现了一定程度的下降。2017 年，中国市级政府财政透明度得分在 60 分及以上的城市共有 84 个，得分在 60—70 分之间的城市有 42 个，得分在 70—80 分之间的城市有 37 个，得分超过 80 分的城市有 5 个。与此同时，最高分也出现了明显下降，由 2017 年北京市的 84.6 分下降到 2021 年广州市的 80.8 分，而且 2021 年前三名的分数都仅略高于 80 分。

致使 2021 年中国市级政府财政透明度得分明显下降的原因在于，2021 年中国市级政府财政透明度评估新增了与预算绩效管理有关的第四部分，将各城市预算绩效管理公开情况列入财政透明度的考察之中。新增加的第四部分“预算绩效 / 项目绩效目标公开情况”有四个方面的内容：其一，部门绩效考核的目标、方法、指标体系公布情况；其二，项目绩效考核的目标、方法、指标体系公布情况；其三，进行部门绩效考核的“内部”自我评价和“第三方”评价的部门数量；其四，进行项目绩效考核的“内部”自我评价和“第三方”评价的项目数量。由于全国各地预算绩效与项目绩效评价尚处于推进阶段，还在探索过程中，因此城市间的公布情况有较大的差异，预算绩效 / 项目绩效目标公开总体得分情况不佳，使各市财政透明度的绝对分值与往年相比出现了一定程度的降低，而广州市则因在“预算绩效/项目绩效目标公开情况”中表现最优，获得最高分，成为全国所有市级政府预算公开的标杆①。

上述材料表明，虽然近年来我国在预算公开方面迈出了重要步伐，但总体上透明度还较低，预算绩效管理领域的公开还有待大幅度提高。

3. 社会主体参与度尚显不足

（1）预算的公民参与较为有限

发展中国家近年来分权治理的理论与实践表明，公民参与是改进政府治理的一种重要机制。公民参与治理作为一种“自下而上”的责任机制，通过增强公民在地方治理中的参与性，提高政府对居民诉求的回应性，促使政府施政更加有效和负责。

发展中国家公民参与治理的典型模式当属“参与式预算”。在全球范围内，随着公民力量的加强，“参与式预算”逐渐兴起，成为化解一系列棘手经济社会问题的有力武器，有助于改善基层政府治理，使基层政府能够更加有效地配置公共资源，缓解公共支出的结构失衡，同时促进地方政府强化治理责任，使政府支出更好地体现“民生为本”的公共财政特征，推动基层政府由“增长型财政”向“公共财政”转变。

但目前我国公民的预算参与显然还不够充分，特别是一般公众，还没有足够的机会、渠道参与到预算过程之中。由此带来的一个直接后果是，政府预算缺乏民意基础，预算反映的是“政府的偏好”，而不是民众的需求与偏好。

造成这种局面的主要原因在于，一是参与式预算缺乏制度化的保障机制。我国当前推行的预算参与实践，还没有纳入制度内有序规范之中，缺乏法律保障，稳定性较差。参与式预算在地方的开展主要源于领导的推动和研究者的支持，具有较大的随机性和偶然性，容易出现“人走政息”的现象。因此，在参与式预算的实践中，亟须通过制度规范将预算民主固定下来，构建具有长期稳定性的“道路规则”。

二是参与式预算容易受到地方经济发展水平的限制。我国参与式预算最初兴起于比较富庶的江浙一带，这些地区改革开放较早，民营经济相对发达，

---

① 网易研究局.清华市级政府财政透明度报告：广州绩效预算表现突出［EB/OL］.（2021-09-29）https：//www.163.com/money/article/GL3HGEAE 00258105.html.

民众生活水平较高，民主意识较强，政府已经开始意识到，在公共预算决策中要想“依法用好百姓的钱”，就需要充分吸纳老百姓的参与。但对于经济欠发达地区来说，在民生问题妥善解决之前，参与预算民主的实践活动对于普通民众来说，在一定程度上仍旧属于“奢侈品”或处于“奢侈品”向“必需品”过渡的阶段。

三是基层民众的预算专业知识匮乏。现代预算系统涉及诸多技术性环节，其编制和实施过程涉及众多领域，具有很强的专业性。由于专业知识的欠缺，公民参与中的“不作为”和“非规范性作为”都成为制约预算参与有效性的障碍。

（2）第三方机构能力有待进一步提升

在预算绩效管理工作中，评价机构以独立第三方的身份对财政资金绩效开展评价，发挥着“智囊团”与“催化剂”的作用，在帮助预算部门优化预算编制，提高资金支出效率，深化预算绩效管理改革，增加预算编制、财政支出的公开透明度，提升公共服务质量等方面发挥着积极作用。

但第三方机构受委托开展绩效评价，同时也就获得了财政评价权，这一财政评价权的转移，使第三方机构成为被评价单位的攻关对象，面临信息保密、道德风险和廉洁信用等方面问题。与此同时，第三方机构也存在着专业性不够强、评价结论不具有权威性等方面的实际问题。

4. 绩效信息不足，绩效管理基础薄弱

我国各级预算绩效管理普遍缺乏信息的联通共享，预算绩效信息系统的开发尚未跟上预算绩效管理实践的步伐，限制了绩效管理信息的流通，制约了预算绩效管理的推进与发展。

5. 工作量庞大，专业人才匮乏

预算绩效管理工作具有专业性强、范围广泛的特点，要求从事相关工作的人员既要熟悉预算流程，又要掌握财务管理、绩效评价等方面的专业知识。目前，尽管部分省财政部门已设独立机构，但在职责上亟待完善，市县级财政部门从事预算绩效管理的专业人员相对更少，专业素质与技术能力也亟待进一步增强，懂管理、精业务、熟操作的复合型人才的不足，直接限制了预算绩效管理工作在基层的全面推进。

总体来看，尽管我国预算绩效管理工作已取得初步成效，但与全面实施绩效管理、加快建立现代财税体制的要求相比还存在一定差距，还需各方协同，解决问题，化解矛盾，促进党的十九大报告提出的改革目标早日实现。

第二篇

预算绩效管理改革的中国路径选择

财政是国家治理的基础与重要支柱，预算是财政的核心和国家治理的重要手段。预算绩效管理的改革和创新是构建现代财税体制的基础，也是政府管理的重心，事关国家治理的有效性。如何从我国实际出发，更深层次地推进预算绩效管理改革，进一步探索绩效预算在我国推行的可能性，为促进我国国家治理体系现代化奠定基础、创造条件，是现阶段预算绩效管理改革需要探索的重要内容。

第四章　预算绩效管理改革的路径与方向

全面实施预算绩效管理应聚焦解决当前管理中存在的突出问题，对全面实施预算绩效管理进行顶层设计和统筹规划，从中长期及近期两个层面构建我国预算绩效管理的总体方案。

一、厘清思路，创造条件，明确预算绩效管理改革方向

从长远来看，我国政府预算改革还应以全面实施预算绩效管理为契机，合理构建改革架构，实现预算绩效管理适时向绩效预算的过渡与转换。

20 世纪 90 年代，在继承以往预算改革经验并进行创新探索的基础上，以美国、澳大利亚和新西兰为代表的 OECD 国家纷纷推行以结果为导向的“新绩效预算”，其核心主张是政府预算必须与国家的中长期战略相结合，强调以政府职能的整体目标为导向，以绩效目标为约束手段，以绩效责任换取管理自由，在强调高层机构对支出总量进行控制的同时，将预算资金自由使用的权力赋予中低层管理者，在预算制度中实现政策（目标和结果）与管理（产出和激励）的有机融合。从 OECD 成员国推行新绩效预算的实践来看，新绩效预算在促进政府职能转变，减少财政资源浪费，实现财政收支平衡等方面取得了明显成效。

数十年来，绩效预算改革虽历经反复，甚至遭遇失败，但实践证明，绩效预算所倡导的“效率、绩效”的理念符合预算改革的发展趋势和方向，不仅对其他国家具有指导意义，也可为我国的政府预算改革所借鉴。

绩效预算改革是一个渐进过程，寄希望于通过国际经验的移植推广一蹴而就，显然是不现实的。对于多数国家而言，绩效预算改革进程缓慢，以美国为例，从 20 世纪 50 年代开始探索绩效预算，到 90 年代绩效预算重新成为潮流，前后历时 40 多年，并仍在不断地改革与创新之中。类似地，澳大利亚

从引入中期预算、部门预算、项目预算和项目评估，到修订相关法律、夯实绩效预算的法律基础，也历时超过20余年。这样一种改革的渐进推进，其根本原因在于预算管理是政府管理的有机组成部分，预算改革和政府转型紧密相关，而政府的改革又与各国独特的政治经济文化密不可分，使绩效预算改革的制度构建不可能在短时间内完成。

我国开展预算绩效管理改革的起点构筑在社会主义市场经济体制框架初步搭建，各项规章制度尚不完备，预算管理科学化、规范化程度较低等客观事实之上，在这样的起点推进绩效预算改革，意味着要跨越发达国家数十年走过的历程，涉及制度重构、能力建设、文化调试以及社会环境的创新，是一项复杂的系统工程。如此庞大的工程显然还需要从制度、组织、管理、技术、操作、人员等方面进行充分准备，以最终推进由预算绩效管理向绩效预算的转化。

二、遵循核心命题，厘清预算绩效管理改革思路

对于任何一个国家来说，政府预算的核心命题都是：在总体层面构建总额财政（预算限额）制度，严肃财政纪律；在政府核心层面基于政策优先性配置财政资源；在支出部门层面确保公共资源得到有效运用。由此，这三大领域也构成我国政府预算改革的主要方向。

（一）建立总额财政（预算限额）制度，约束财政总量

从中长期来看，政府预算一个十分重要的任务就是确定财政收支、赤字、债务的总体规模，实现财政、经济、社会等一系列风险的综合平衡，保证国家财政的长期可持续发展。财政总额的确定还需要通过硬约束予以实现，财政纪律就是预算总额得以保障的有力工具。

（二）基于效率和公平的优先性配置

在财政总量既定的基础上，政府预算需要面对的是资源优先性配置问题，即如何在部门间和规划间合理配置预算资源。与私人部门不同，公共部门需要面对众多经济、社会和政治目标，这些目标常常相互冲突。面对有限的财政资源和无限可能的支出用途，政府预算必须以国家战略和公共政策为导向，

基于效率和公平建立适当的优先性排序，以确保稀缺的财政资源能被优先用于更具价值的地方。

优先性配置会对财政结果产生显著影响。偏离国家战略和政策重点的预算资源配置，即使财政总量适当，也将导致预算资源浪费在低价值的用途之上，如形象工程、政绩工程支出过多，就会致使惠及民生的基本公共服务、社会安全网和基本医疗卫生供给不足。

（三）基于支出层面的有效运营

在解决总量和结构问题后，政府预算需要面对的就是运营效率。运营效率取决于政府部门的预算管理能力和相关技术因素，即预算资源管理者通过对预算资源的妥善管理，以较低的成本为社会公众提供更为充足的高质量服务。计量运营效率的关键指标包括投入、产出和成果。在理想情况下，投入—产出—成果应密切联结：投入应能支持产出，产出应能保障预期的成果显现。

预算改革的上述三个核心命题密切相关，财政总量控制与长期可持续性是实现政府预算绩效的基础，预算资源的优先性配置是保障稀缺的财政资金被用于更具价值领域的核心，部门的运营效率则是保障政府部门能够高效运用财政资金的前提。正因为如此，部门运营效率构成了我国当前预算绩效管理改革的主要方向，而总量控制和资源优先性配置则指明了我国预算改革的未来方向。

由此，我国近期绩效预算改革应集中于全面预算绩效管理的推进，在将来则要逐步转入以总量控制和资源优先性配置为核心的中期财政支出框架，即我国中长期政府预算改革宜以构建总量控制和资源优先性配置为核心的中期财政支出框架为目标，近期改革方向则为建设全方位、全过程、全覆盖的预算绩效管理体系。

三、不断提升，适时转向以结果为导向的中期预算

由预算绩效管理走向绩效预算，是实现预算管理现代化的必由之路，同时也是构建现代政府预算制度，促进国家治理体系现代化的重要手段。

（一）全面实施预算绩效管理为绩效预算实施奠定基础

当前我国还处于全面实施预算绩效管理阶段，预算绩效管理是在预算管理尚未完全法治化、规范化的背景下，引入绩效的理念和方法，通过逐步建立贯穿预算编制、执行、监督全过程的绩效管理机制，规范预算管理、提升财政资金使用效益的一种过渡性预算改革。与绩效预算相比，两者虽然都以提高财政支出的经济性、效率性、效益性和公平性为目的，在具体评价方法和管理理念上有共通点，在发展路径上有交集处，但由于改革目标及推行路径的不同，预算绩效管理与绩效预算在实质内涵上还存在一定差异。

1. 绩效预算与预算绩效管理的改革着眼点不同

绩效预算的着眼点是预算管理，要求围绕政府行政目标和部门职责组织预算编制、执行、监督各环节，强调绩效在预算管理中的主导作用，是对传统预算管理理念、机制和模式的一种变革。多数市场经济国家将改革预算收支分类和预算编制模式作为改革的第一步，引入了预算项目分类以及基于预算项目—活动的预算编制模式，同时要求根据部门职责活动将政府长期目标细分为部门战略目标、年度绩效目标，以及相应的项目绩效指标。相比之下，受到体制机制及管理模式、水平的制约，预算绩效管理将着眼点放在预算的绩效管理之上，要求在现有预算管理架构上将绩效理念和方法融入预算编制、执行、监督各环节，强调在既定预算下更加关注财政资金的产出和效果，强化预算支出的责任和效率，其实质是将绩效管理作为一种技术工具，对传统以投入控制为主的预算管理进行改进和改造，可以说只是绩效预算的初级阶段。

2. 绩效预算与预算绩效管理的路径与模式不同

绩效预算不仅是一个涵盖预算编制、执行和监督的全过程管理机制，而且延展至整个政府治理过程。市场经济国家在推行绩效预算的同时，大多实施了中期预算、政府财务报告制度等配套改革，形成了以政府战略规划为起点，以制订年度绩效计划、编制绩效预算、预算执行绩效监控、绩效评价或绩效审计、评价结果应用为主要环节的完整管理体系。预算绩效管理则表现为以绩效评价为重点的局部推进。虽然我国很早就提出要逐步建立“预算编制有目标、预算执行有监控、预算完成有评价、评价结果有反馈、反馈结果有应用”的预算绩效管理体系，但由于各地在推行中制度设计整体规划不足，评价结果应用、绩效问责等配套措施不明确，加上预算管理不尽规范，中期预算、政府财务报告等制度尚未建立，各环节的重点以绩效评价为突破口，使绩效预算与预算绩效管理存在全方位布局与局部重点推进之间的差异。

3. 绩效预算与预算绩效管理的主线不同

绩效预算是一个以绩效信息为主线的预算管理过程，绩效信息在各环节衔接紧密、快速传递、有效应用，形成了持续改进、螺旋上升的良性管理循环。如美国《政府绩效与结果法案》明确提出，应依据“战略规划—年度绩效目标—项目绩效报告”的绩效预算准则，将年度预算决策与年度绩效目标、评价指标及标准、年度绩效评估结果紧密联系，几个年度内的预算和绩效信息前后衔接，以确保部门围绕使命和职责提高绩效。

预算绩效管理仍然以资金为主线，只是将“绩效因子”嵌入预算过程，但是否嵌入，嵌入多少、嵌入多深，弹性空间非常大，完全取决于各部门的认识与意识，导致绩效管理推动各级不一、各地不一、各部门不一。此外，以资金为主线，使预算执行仍侧重支出进度监控和日常规范性监督，对绩效目标执行情况监控力度不足，评价结果的应用与预算过程缺乏有效衔接。

虽然存在上述差异，预算绩效管理改革与绩效预算并不矛盾。预算绩效管理改革实际上进一步夯实了绩效预算应用的基础条件。虽然我国在预算信息采集及其分析能力、财经纪律、法治观念、预算透明以及支持绩效预算的环境等方面还存在一定的不足，但绩效评价复杂而庞大的工作提高了部门预算信息采集与分析能力，强化了跟踪问效机制，增强了绩效管理意识，同时，绩效评价要求参与各方关注绩效反馈与回应，使预算透明度进一步增强，也使朝向绩效预算迈进的步伐不断向前。

由此，针对预算绩效管理与绩效预算之间存在的上述差异，还应在《中共中央 国务院关于全面实施预算绩效管理的意见》指导下，以规范的绩效预算要求为基础，以政府、部门单位、政策和项目为载体，以绩效管理为主线，通过全方位、全过程、全覆盖的绩效预算管理体系的构建，适时实现向绩效预算的演化与推进。

（二）适时实现预算绩效管理向绩效预算的更迭

从国际经验来看，绩效预算改革是一个渐进式过程，与政府转型紧密相连，而政府改革又与国家独特的经济、政治、文化密不可分。基于绩效预算改革需配以大量的制度构建，但整个国家的制度构建却不是短时间内能完成的，使绩效预算改革在总体上呈现出渐进性特征，期望一蹴而就是不现实的。

作为渐进式改革，预算绩效管理必然会、也应该在适当的时间被超越、被突破。但在此之前还需要进一步理清思路，积极创造条件，不断将预算绩效管理改革推向前进。

四、全面推进，逐步实现预算绩效与政府绩效的有机融合

政府绩效管理与预算绩效管理虽然存在一定的差异，前者以政府职能的履行为评价的核心，后者以财政预算资金的投入、产出和结果为主要的依据，但都是对预算资金的领用部门进行的考核，是对同一评价对象基于不同侧面和维度的考量，其目的在于通过评价转变政府职能、规范政府行为、提升政府决策水平、增强政府公共服务能力，以实现对政府部门的重塑与再造，两者需要实现结合与有机互动。

（一）政府绩效管理核心

绩效管理是现代政府管理的有机组成部分。绩效管理有着悠久的历史，较为系统的绩效管理的思想和理论可追溯到泰罗的科学管理理论，20 世纪 80 年代以来，在企业管理中被广泛使用的绩效管理理念和方法被运用于政府管理之中，绩效管理作为新公共管理运动的标志性内容，成为提升政府治理经济性、效率性和有效性的重要制度安排。

新公共管理范式是对科学管理传统的回归，是管理主义的现代形式。与经典范式所倡导的管理主义不同，新公共管理倡导市场化、社会化和民营化，“强调在公共部门引入企业导向的管理方法及市场导向的激励机制；要求公共部门树立明确的绩效标准和评估标准，并根据绩效结果进行管理；提倡加强公共部门之间的竞争；要求公共部门对资源的使用具有更高效率，强调对部门产出、效益而非过程进行控制；进一步强化公共部门的受托责任”。[①] 就绩效管理而言，新公共管理在继承管理主义强调效率和产出的基础上，倡导结果导向，具体包括以下几个方面：

---

① Hood，C. A Public Management for All Seasons?［J］.Public Administration，1991（69）：3 - 19.

第一，结果导向。结果是一个与产出不同的概念。“产出”指的是个人、组织或项目直接生产的产品或服务。“结果”则是这些产品和服务对特定受众群体所产生的价值、效用或影响，结果反映了产出与政策目标或工作重点的相适应程度。

传统的政府管理大多关注投入而非产出，过度的规章制度限制了政府的创造力、灵活性、效率及效益。1993 年美国《国家绩效评审》(NPR) 发布了联邦政府第一阶段改革的总体报告《从繁文缛节到结果为本：创造一个工作更好而花钱更少的政府》(即《戈尔报告》)，该报告提出政府官员应对结果负责，而不仅仅是对过程负责，其目的在于把公务员从繁文缛节和过度规制中解脱出来，发挥他们的积极性和主动性。①

第二，以经济、效率与效益为核心。新公共管理将经济、效率和效益作为衡量政府绩效的基本维度，使其成为政府绩效管理指标体系构建和绩效信息收集的基本框架。经济指标一般指资源和投入的比例关系，效率指标是投入与产出的比例关系，效果通常指产出满足公众需求或政策目标的程度。其后又增加了公平指标，即接受公共服务的团体和个人应享受平等的待遇，或社会弱势群体能享受到政府更多的公共服务。

第三，强调顾客导向，高度重视受托责任。新公共管理倡导像经营麦当劳那样经营政府，“顾客”的需求和满意是公共管理的最终目标，公共管理过程应该以顾客为导向，高度重视政府与公众的受托责任关系，包括政策责任、项目责任、绩效责任、正当责任与合法性责任等，比如英国 1991 年的“公民宪章运动”，就要求行政机关承诺满足公民需求，并接受公民的监督。美国国家绩效评审委员会 1994 年、1995 年发布的两份报告《顾客至上：服务美国民众的标准》和《顾客至上：1995 年服务美国民众的标准》，将政府部门服务的内容、标准和责任等公之于众，以便监督。②

第四，作为行政改革的元工具。新公共管理倡导的合同外包、绩效合同、执行机构化、地方分权等配套制度都高度依赖于绩效的测量与评估，绩效管理成为其他制度建立的理性基础，成为行政改革的元工具之一。比如加拿大政府在 1985 年提出“加强部门权威和责任”的动议，就是一个灵活的绩效文

---

① 蔡立辉 . 西方国家政府绩效评估理念及其启示 [J] . 清华大学学报，2003 (1)：76–84.

② [美] 戴维 · 奥斯本，[美] 特德 · 盖布勒 . 改革政府——企业精神如何改革公营部门 [M] . 周敦仁译，上海：上海译文出版社，1996：48–50.

件，号召逐步减少中央规则和控制，给各部门更多的灵活性，换取各部门具体的绩效承诺、指标和目标，使其对结果承担更为明确的责任。①在新公共管理范式下，绩效评估主体多元化、绩效评估信息化、绩效评估法治化也得到长足的发展。

（二）市场经济国家政府绩效理论与绩效预算理论的融合

政府绩效管理活动包含预算绩效、政策绩效和组织（职责机构）绩效，其中预算绩效（预算行为和结果）是主导，将组织绩效与政策绩效衔接在一起②。塔尔博特（Colin Talbot）③将OECD国家绩效管理模式划分为：以美国为代表的立法推动与战略导向模式，以英国为代表的行政主导和渐进发展模式，以日本为代表的政策评价引领模式。

1. 美国的立法推动与战略导向模式

美国国会先后通过的《政府绩效与成果法案》（1993）和《政府绩效与成果现代化法案》（2010），成为美国绩效管理的法律主导。这两个法案前后一脉相承，确立了由立法部门、管理与预算办公室（OMB）、联邦人事局、绩效促进委员会、政府问责署组成的协同管理机制，明确了以战略为核心，以预算为纽带，以绩效计划、绩效报告、绩效测量、绩效评价为关键要素的绩效管理体系，并要求将部门履职、政策实施和人事绩效纳入统一的绩效计划框架。④

2. 英国的行政主导和渐进发展模式

英国的绩效管理与行政改革紧密结合，由首相直接推动，虽然没有形成统一的法律，但每个阶段的绩效管理都以问题为导向，与行政改革密切配合，先后经历了效率优先阶段、质量优先阶段、协同政府阶段和持续改进阶段。在英国实施绩效管理的过程中，逐渐形成了政策和预算绩效由内阁、财政和

---

① ［美］戴维·奥斯本，［美］彼德·普拉斯特里克．摒弃官僚制：政府再造的五项战略［M］．谭功荣译，北京：中国人民大学出版社，2002：112–114.

② Talbot，C.Performance Regimes and Institutional Contexts：Comparing Japan，UK and USA［R］. International Symposium on Policy Evaluation，2006，6（24）：58–61.

③ Talbot，C.Performance Regimes and Institutional Contexts：Comparing Japan，UK and USA［R］. International Symposium on Policy Evaluation，2006，6（24）：72–73.

④ 方振邦等．美国联邦政府高级公务员绩效考核体系及借鉴［J］．国家行政学院学报，2016（2）：128–132.

审计部门主导，人事绩效考核下放给部门的模式。[①]

3. 日本的政策评价引领模式

日本国会制定的《关于行政机关进行政策评价的法律》，强调中央和地方都要建立政策、措施、事业（相当于我国的规划、计划和项目）三层级的政策评价框架，要求事业层面的预算要按照政策和措施目标进行编制汇总，促进了政策与预算的融合。日本公务员的考核将业绩和能力作为主要内容，业绩考核与部门的目标紧密相关。[②]通过“国家战略专员”“政务专员”等高级职位的设立，提高政府的战略规划能力。[③]这些举措形成了日本以政策评价带动预算绩效和人事绩效的模式。[④]

（三）促进我国预算绩效理论与政府绩效理论有机结合

从世界范围来看，政府真正的绩效管理是预算绩效管理。预算在政府绩效管理过程中具有连接政策、规划、项目、行动的纽带作用，通过全面设计绩效预算体系的目标和实施步骤，确保绩效目标质量，促进预算与政府战略目标衔接，为绩效预算发展创造必要的基础条件；同时，通过跟踪预算资金与政策效果之间的关系，加强绩效信息运用，制定适当的激励措施鼓励绩效导向的行为，以加强独立评估和绩效监督，实现绩效结果与绩效改进的有效融合。

由此，作为国家治理现代化工具的政府预算绩效管理，应积极探索与政府绩效管理的整合路径，将理论与实践紧密结合，开创政府绩效预算管理的新时代。

---

① 佟宝贵．对英国现行公务员绩效评估制度的考察［J］. 法学杂志，2011（1）：47–49.

② 方振邦，黄玉玲．日本中央政府高级公务员考核研究及其启示［J］. 日本研究，2015（1）：51–58.

③ 朱光明．日本公务员制度改革述评［J］. 中国行政管理，2010（1）：38–39.

④ 第 38 届 OECD 预算高官会 .OECD 国家绩效预算改革最佳实践［R］. 里斯本，2017（6）：9–12.

第三篇

构建预算绩效管理基础理论与制度框架

预算绩效管理改革是一项系统工程，需要从理论上进一步厘清其与各项改革之间的关系，并将其置于国家治理现代化的框架体系之下，作为现代财税体制建设的物质基础和重要支柱，以及各个领域改革的交汇点和率先推进的突破口予以关注与研究。

第五章　探索新时代预算绩效管理基础理论

新时代国家治理创新和现代财税体制建设的一个重要特征就是要着力保障和改善民生，加强和创新社会治理，重视人民群众的切身利益和实际获得。“公共财政的本质是以国家为主体的财富收支系统，体现着国家治理的动态过程和静态结果，将宏观抽象的国家意志转换为可以衡量和管理的体系，将国家职能转化为实际的国家行为，在规范政府行为、建立责任政府、优化资源配置和促进政府、经济社会协同发展方面发挥着重要作用。[①]”在国家治理创新和现代财税体制建设中，科学有效地推进预算绩效管理改革，不但可系统反映国家治理创新的核心理念和实践效果，同时也可不断健全与完善现代财税的体制机制建设，以确保现代财税体制建设能够充分体现“以人民为中心”的思想。

国家治理创新及现代财税体制建设的上述核心诉求，也成为全面推进预算绩效管理的价值追求，深刻体现并反映在预算绩效管理理论构建之中。

一、国家治理现代化提出改革新要求

党的十八大以来，我国提出一系列新理念新思想新战略，取得了历史性成就，实现了历史性变革。为此，党的十九大报告明确提出，中国特色社会主义开始进入新的时代。这是基于国内国际形势做出的重大判断，是对中国发展阶段的科学定位。

新时期产生新思想，新思想指导新实践，新时代中国特色社会主义经济

① 何文盛．国家治理现代化视角下预算治理的理念嬗变与演化兴起［J］．上海行政学院新报，2019（6）：10–21.

思想为我国做好社会经济工作，也为预算绩效管理的研究提供了根本遵循和行动指南。

（一）新时代提出国家治理发展新要求

从全面建成小康社会到基本实现现代化，再到全面建成社会主义现代化强国，这是新时代中国特色社会主义发展的战略安排。在这个新时代发展的新阶段，我国社会经济发展显示出一系列阶段性新特征，准确把握这些新特征，是做出新判断、提出新思路、制定新战略、落实新举措的重要基础。

新时代是高质量发展的时代。党的十九大报告指出："中国特色社会主义进入新时代，我国社会主要矛盾已经转化为人民日益增长的美好生活需要和不平衡不充分的发展之间的矛盾。"面对新时代的新矛盾，如何实现中国经济高质量发展的新使命，考验着中国的智慧与勇气。推进经济高质量发展，不仅关系到人民群众的"获得感"，更关系到我国经济地位的不断提升。

新时代是人民"获得感"更多的时代。着力保障和改善民生水平，更加重视人民群众的切身利益和获得感，不仅重视人民物质文化需要，而且也重视人民在民主、法治、公平、正义、安全、环境等方面的全方位要求，人民的"获得感"既表现在物质生活方面得到满足、享受、安全、幸福，也表现在精神和价值方面有尊重感、认同感、成就感、参与感，这就要求国家治理更加科学化、合理化与民主化。

新时代强调提质增效。新时代发展的一个重要特征就是不再满足于大而不强的粗放型增长模式，要坚决贯彻新的发展理念，不断建设现代化经济体系，在经济总量不断扩大的基础上更加注重发展质量，更加注重公平正义、更加注重协调发展，更好地满足人民的需要。

为此，党的十九届五中全会对我国"十四五"规划和2035年远景目标作出了重要部署，强调要以推动高质量发展为主题，推进国家治理体系和治理能力现代化，为全面建设社会主义现代化国家新征程开好局、起好步。

"推进国家治理体系和治理能力现代化"，这一提升至国家顶层设计的改革目标，意味着中国政治经济的历史性变革，是一场国家、社会、公民从着眼于对立对抗到侧重于交互联动，再到致力于合作共赢善治的思想革命；是一次政府、市场、社会从配置的结构性变化引发现实的功能性变化，再到最终的主体性变化的国家实验；是一个改革、发展、稳定从避免两败俱伤的负和博弈、严格限制此消彼长的零和博弈，再到追求和谐互惠的正和博弈的伟大尝试。

对于这样一场伟大的变革性尝试，中华民族肩负着不可推卸的历史责任，这不仅是基于国家治理体系建设的自身需要，更是基于这种根本性的国家层面的变革将深刻地影响着国家的每一个组成部分，积极推动国家相关领域改革，成为建构强大国家治理能力的必由之路，也成为新时期我国推动高质量发展的新思路和新方法。

（二）新时代国家治理理论的内涵与发展

国家治理是国家政权的所有者、管理者和利益相关者等多元行动者在一个国家范围内对社会公共事务的合作管理，即由政府、市场、社会等多元主体在相互依存的制度环境中共同治理社会公共事务的模式，其目的是增进公共利益，维护公共秩序。

1. 基于善治的国家治理现代化

与传统意义上的国家统治相比，国家治理最大的区别就在于治理虽然也同样需要权威，但这种权威并非一定来自于政府，而统治的权威则只来自于政府。治理是国家与社会合作、政府与非政府组织合作、公共机构与私人机构合作、强制与自愿协作，在双向的沟通和互动过程中实现社会公共事务秩序化的过程，它与统治模式中公权力运行的单向性具有明显的不同，呈现出不同的特征：治理以多元主体间的合作求得公共利益最大化为取向，强调的是使冲突或不同的利益得以协调并采取联合行动的持续过程，在规则基础上的多元互动、协调与合作，在逻辑基础上的“善治”导向，即“政府与公民对公共生活的合作管理，是国家与社会的一种新颖关系，是两者的最佳状态”。

“善治”可被看作是治理的衡量标准和目标取向，即将治理看作一种达成和服务于某种好的目标模式的国家构建过程和方式。就此而言，善治是基于治理理论而衍生出来的理想目标，强调的是公民对公共事务的参与和合作，没有公民的自愿参与，至多只是实现了善政。基于此，只有将治理置于“善治”的考量与限制之下，治理才具有了良好的目标取向，才不会轻易回到传统统治困境之中。“善治”之于治理犹如宪法之于法律，前者构成了后者的价值评价标准和指导原则。

2. 基于共治的国家治理发展内涵

国家治理是作为政治统治的国家通过合理分配和运用公共权力体现政治价值的行为。国家通过治理制度和有效架构形成稳定的理念，施行对社会事务的引导、支配和调控，构建政府、市场与社会的平衡机制，形成良性互动，促进公共利益最大化，达到善治状态。

国家治理包含多层内涵：第一，国家治理的兴起是市场经济发展的必然趋势；第二，国家治理中的主体是政府，但社会及公民也是国家治理的有机组成部分，为政府的治理提供保障与补充，政府、市场以及公民是国家治理中的三角架构，政府是最重要的治理核心；第三，国家治理的客体是社会公共事务，通过国家权力的配置对其进行管理和控制；第四，国家治理主体权威的来源不仅包括法律，还包括各种非国家强制的契约，权威的性质既可以是强制性的也可以是协商性的；第五，国家治理的权力运行向度是上下互动的，其方式更多的是政府与公民的互动以及公民参与政府的决策；第六，国家治理的目的是实现善治，即国家与社会都处于最佳状态，推动公共利益最大化。由此，国家治理是适应市场经济发展，充分调动各个治理主体的参与性，运用国家公共权力实现政府与公民的合作治理。

3. 基于多元参与的国家治理发展趋势

任何国家在推进国家治理现代化、最终实现善治这一理想目标的进程中，都要遵循某些普遍的趋势：一是，从一元治理到多元治理，即国家治理主体从一个到多个，逐渐形成社会共治的格局；二是，从集权到分权，这种分权化的进程几乎同时在三个维度展开：中央向地方分权，政府向企业分权，国家向社会分权；三是，从人治到法治，公共权力日益受到法律的制约，个人权力在公共治理中的作用逐渐弱化，宪法和法律的作用明显增强；四是，从管制到服务，即国家治理中政府管制的成分日益减少，公共服务的比重日益增多，最终完成从管制型政府向服务型政府的转变；五是，从封闭到开放，国家治理现代化的过程既是一个政治信息从封闭走向公开与透明的过程，也是一个决策过程从封闭走向开放的过程，最终形成公众的参与式治理。

（三）国家治理现代化及中国道路选择

国家治理是主权国家的执行者及其国家机关为了实现社会发展目标，通过一定的体制设置和制度安排，协同经济组织、政治组织、社会团体和公民一起，共同管理社会公共事务、推动经济和社会其他领域发展的过程，是针对国家的软弱无力和国家构建失败提出的有针对性的策略，是克服传统统治模式弊端的对应性策略，是多层管理主体共同管理社会事务、处理社会冲突、协调不同利益的一系列制度、体制、规则、程序和方式的总和[①]。

国家治理体系现代化是一种全新的政治理念，即以现代治理理念重构公共权力，实现国家治理范式的转换，是“从传统国家向现代国家转变过程中，多主体共同规范权力运行及维护社会公共秩序而形成和建构的一套制度规则、治理工具及执行能力”[②]。国家治理现代化包括国家治理体系的现代化与国家治理能力的现代化两个部分，二者相互支撑、彼此依赖，共同构成国家治理现代化。

国家治理体系现代化是国家治理体系的制度化、科学化、规范化以及程序化，是对国家现有的制度设计和具体安排进行优化的过程。国家治理体系的现代化，需要从治理主体、治理机制和治理效果三个方面入手，对国家现有的制度设计和具体安排进行优化；而国家治理能力的现代化则是一个系统性工程，包含着思想观念的现代化、体制机制的合理化、方式与手段的科学化。

国家治理现代化的实质就是运用正确的治理手段及治理方式来提升治理的结果，而这个结果是以“现代化”为衡量标准的。以此逻辑推导，国家治理体系现代化是国家治理能力现代化的基础，而国家治理能力现代化则是国家治理体系现代化的目标和归宿。国家治理体系现代化与国家治理能力现代化是同一个过程的两个方面，是以现代化作为国家治理新的价值维度，通过优化治理体系与提升治理能力，科学配置和使用公共权力和资源，对国家的各项公共事务实现优质而且高效的管理和调控。

基于中国近代以来的历史遭遇，打造一个具有强大制度实施能力的国家体系成为中国走向民族复兴、国家富强的必然选择，“如果没有高效的执行机构切实加以落实，‘顶层设计’即便有着精致完美的规划方案，也不会形成广泛的社会实效。[③]”面对新时代众多内部危机与外部挑战，在走向现代国家的

① [美]弗朗西斯·福山.国家构建：21世纪的国家治理与世界秩序[M].黄胜强译，北京：中国社会科学出版社，2007：71-72.

② [美]弗朗西斯·福山.国家构建：21世纪的国家治理与世界秩序[M].黄胜强译，北京：中国社会科学出版社，2007：71-72.

③ 徐晓冬.制度体系现代化：理论经纬和技术细节[EB/OL].(2013-12-18)http://theory.people.com.cn/n/2013/1218/c112851238789 202.html.

征程中建构起强大的国家体系以保证制度的执行力，同时通过汲取“国家构建”和“政府再造”制度建设经验，以制度的力量凝聚国民意志、争取内外部支持，建设有活力的“国家治理体系”，成为中国国家治理现代化道路的不二选择。

1. 国家治理现代化的中国策略

国家治理体系和治理能力现代化建设的最主要特点在于其治理的整体性与系统性，因涉及政府、社会组织、私营部门以及公民在内的所有主体以及全部的政治、经济和社会过程，势必导致其过程充满复杂性。因此，通过分权、放权、授权等方式，给予各级政府及多元主体更多的改革和创新的权利，通过调动全社会的力量和智慧，推动国家全方位的改革和创新，成为未来国家治理体系和治理能力建设的重要策略之一。

需要指出的是，在全面推进国家治理体系和治理能力现代化的进程中，如果过度强调分权放权或自愿合作，忽视硬性的制度规定和强制性监督建构，很可能导致多元主体间责任边界不够明确，诱发相互推诿扯皮、争功避责，削弱共识与合力。在当前制度体系尚需进一步健全和完善，社会规则意识和责任意识尚未完全建立，认识还没有完全统一的情形下，过度强调自愿合作、自我约束、自主创新，可能会加剧责任体系的混乱，不利于理想效果的达成。由此，事前的强制性约束以及清晰的责任划分，虽然可能会削弱整个过程的灵活性、参与性与适应性，但却可以保障其可持续性以及适用性，会更符合推进治理体系和治理能力现代化的要求。

2. 国家治理现代化的全面性目标

推进国家治理体系和治理能力现代化从本质上来说是为了发展和完善社会主义制度，也是为了完善社会主义市场经济体制、推进社会主义民主建设、促进社会主义文化繁荣、保护生态环境、创新社会建设以及增强党的执政能力等一系列目标的实现。这就要求国家治理体系和治理能力建设不局限于一个领域或几个领域，而是推进对所有领域的治理。由此，对中国国家治理体系和治理能力的建设，需要从全局出发进行科学的顶层设计，对不同改革目标之间的联系与冲突进行具体的分析，避免因发展目标之间的冲突而导致治理资源的分散和浪费。

从宏观来看，推动国家治理体系的现代化，需要在党的领导下，既要改革不适应社会发展需要的各种体制、机制、法律、法规，又要不断创新，促进各方面制度更加科学完善，实现国家的治国理政制度化、规范化、程序化。从微观来看，参与治理的各方应在法定的治理路线图、治理规划或者治理责任的约束下，明确治理的目标及其各自权利、义务，制定完善的绩效评估方法、评估标准、评估主体，确保全面改革过程中的利益、目标以及行为方式得到及时有效的处理，建立明确、公正的奖惩机制和责任追究制度，为统一全党意志、统一全社会的思想、形成国家治理体系和治理能力现代化的合力奠定制度基础。

此外，还需要对事后的治理效果进行全面的评价，检验现有国家治理体系的科学性以及国家治理能力的合理性。绩效评价作为一种反馈机制，可以帮助治理责任主体客观地把握社会管理过程中的相关信息，为改进薄弱环节、排除隐性成本、提升国家治理水平提供依据。绩效评价作为一种沟通机制，有助于治理主体和社会公众之间信息的交流与沟通，使治理活动赢得社会公众的支持、理解和信任。绩效评价作为一种教育机制，始终传达着成本意识、公共责任和顾客至上理念，有助于治理活动参与者整体素质的提升。构建客观、多元的绩效评价机构，尤其应注重非政府机构以及公民的参与，同时公开评价标准与过程，加强公众、媒体和相关组织的监督。

二、现代财税体制建设明确发展新内涵

随着中国特色社会主义进入新时代，以财税体制被赋予全新的定位并担负起全新的使命为标志，中国财税体制改革也进入了新时代。一个时代有一个时代的主题，一个时代有一个时代的使命，立足于我国发展新的历史定位，我国新时代财税体制改革也打上了鲜明的时代烙印，有着鲜明的时代特征。党的十八届三中全会以来，新时代财税体制改革的前行方向和战略目标已经发生了历史性变化，其基本内容和行动路线已经做出历史性调整。

（一）由经济范畴提升到国家治理范畴的现代财税体制

改革开放以来，我国财税体制改革有力促进、配合和引领了经济体制由计划经济向社会主义市场经济的转型，自身也实现了向公共财政的不断转型。党的十八届三中全会确定全面深化改革的目标是完善和发展中国特色社会主义制度，推进国家治理体系和治理能力现代化。党的十九大确定了到2035年

基本实现社会主义现代化、2050年建成富强民主文明和谐美丽的社会主义现代化强国的目标。与之相适应，我国财税改革的目标也转向构建与国家治理现代化相匹配的现代财税体制。

现代财税体制伴随着现代国家产生，伴随现代国家的成熟而逐步形成，与现代国家建构相适应，同时促进国家政治经济体制的发展和成熟。党的十八届三中全会提出“财政是国家治理的基础和重要支柱，科学的财税体制是优化资源配置、维护市场统一、促进社会公平、实现国家长治久安的制度保障”。党的十九大报告提出，建设现代化经济体系要加快完善社会主义市场经济体制，要“加快建立现代财政制度，建立权责清晰、财力协调、区域均衡的中央和地方财政关系。建立全面规范透明、标准科学、约束有力的预算制度，全面实施绩效管理。深化税收制度改革，健全地方税体系。”这意味着，面向现代化的财税改革，就是要建立面向国家治理体系和治理能力现代化、现代化经济体系的现代财税体制，从而也改变了以往关于财政的定位：使财政由经济范畴提升为国家治理范畴。

由经济范畴提升至国家治理范畴，财政跻身于国家治理层面，成为可以跨越国家治理所有领域、覆盖国家治理所有活动的综合性因素。作为一个具有基础性和支撑性意义的国家治理范畴，财政的活动边界延伸至国家治理的全过程和各领域，成为治国理政的一个重要抓手，其满足的已不仅仅是政府的收支活动，更在于不同经济社会主体之间的公共利益——社会公共需要，使其所关注和对接的领域成为国家治理层面的基本问题。

（二）现代财税体制建设基本原则

财政是庶政之母，是政府实行现代治理的工具。推进财税领域突破性改革，加快建设现代财税体制，是提高服务型政府、责任政府、法治政府现代治理能力的必由之路。

财政是运用公共权力对资源进行分配的行为，不同的财政制度通常与不同的国家治理制度相联系，并意味着不同的国家治理水平。在国家治理体系和治理能力的建设过程中，应该抓住财政这个关键环节，通过财政改革来引导国家治理制度转型。构建现代财税体制需遵循如下六项原则：

一是法治原则。基于契约论的国家理论认为，国家是公民之间自由达成契约的结果，财政是体现国家和公民经济关系的一个关键制度安排，对现代国家起着支撑性的作用，是政府履行公共服务职能的前提条件，并在逻辑关系上反映着国家公共权力与公民个人权利之间的关系。以法律规范财政行为，政府的行动和征税权必须受到法律的限制，这一原则得到越来越多人的认可，真正做到财政资金“取之于民、用之于民、造福于民”。

二是公平原则。公平是人类自古以来永恒的追求，也是财政的基本功能之一。从历史上来看，财政在维护社会公平方面的职能是不断扩展的。首先是机会公平。机会公平是生存和发展权力的公平，是起点公平，是一切公平的基础。但机会公平并不天然产生，需要通过公共财政的安排，构建统一流动的市场，提供必要的公共服务，保障人人享有共同发展的基本能力，促进区域之间公平发展。其次是规则公平。有效市场能够实现资源的优化配置，但是不能实现合意的公平状态。而且，市场失灵的普遍存在，也影响资源实现最优配置。因此，公共财政通过提供公共产品、校正外部性、弥补信息不对称，提高市场有效性，实现规则公平。最后是结果公平，财政是调节收入分配的重要途径，从税收方面可以通过调节税基和税率来调整各类群体的税收负担，从支出方面可以通过提供公共服务和转移支付补贴低收入者，达到结果的公平。

三是国家能力原则。国家是合法的暴力垄断者，国家能力是社会稳定和秩序的基本保障。保持国家在维护秩序中的基本职能，是推动国家治理能力现代化过程中不可或缺的。国家只有具备一定的财政资源，才能履行管理宏观经济、提供公共服务、引导社会预期、应对重大风险的职能。国家治理能力强则经济社会发展进步快，相反，那些陷入“贫困陷阱”的国家往往缺乏国家应有的治理能力。财政是国家治理能力的重要基础，财政改革应当有助于增强国家治理能力，提高治理效能，推动国家治理体系和治理能力现代化。

四是可持续原则。公共财政涉及国家、集体、个人的利益分配，既涉及当期和未来的利益分配，更关系国家的长治久安。一方面，公共财政资源要能满足当代人对公共产品和服务的需要，但又不能妨碍对下代人需求的满足，这不仅需要保障财政本身的可持续性，更要实现财政收支的长期总体平衡；另一方面，还须通过财税改革保障经济社会可持续发展，我国经济步入新常态，财税改革也要与之适应，通过财政加大对基础研究、技术创新、民生短板、环境保护等领域的投入，增加整体经济社会的发展后劲和动力。

五是效率原则。效率是市场经济的本质要求，现代财政要平衡好公平与效率的关系，谋求社会福利的最大化，做到:（1）促进要素和产品的流动，构建统一市场。税收的统一性、严肃性是生产要素和产品自由流动的前提，建立公平统一、合理高效的财税体制，有助于优化资源配置、维护市场统一、促进公平竞争。（2）有利于扩大开放。根据平等互利和对等原则争取税收上的互惠优待，根据本国的需要和自力更生的要求，规定差别关税税率，可增强本国产品在国际市场上的竞争能力，维护国家主权，增加财政收入。（3）有利于激励全社会发展活力。通过财税政策鼓励创业创新、诚实劳动，抑制投机等不合理收入，可充分激发调动各方积极性，共同为国家治理和经济社会发展贡献力量。

六是善治原则。一般而言，善治包括法治、透明、参与、制衡等基本原则，即善治是使公共利益最大化的社会管理过程，其本质是政府与公民对公共事务的合作管理，是政府与市场、社会的一种新型关系。财政作为国家治理的基础，充分体现善治的各项原则。财税制度通过法律确定，维护严肃性和稳定性；推进财税过程公开透明，接受社会监督；财税制度应充分体现政府对社会和公民的责任，及时回应社会和公民的发展要求；财税制度要体现国家、社会和个人之间的制衡，鼓励公民表达公共利益，将有序的公民参与纳入财政决策之中。

（三）现代财税体制建设的主要内容

现代财税体制的建设必然涉及税收制度、政府间财政关系、预算管理制度的调整与完善，而且这三项制度在不同的时空条件下具有不同的特性。随着我国经济发展迈入相对成熟阶段，经济发展的主要矛盾与矛盾的主要方面发生了变化。此外，国际局势风云变幻，经济全球化、信息化时代的到来等，客观上要求现代财税体制的建设要与时俱进，从更加长远的角度和发展的眼光审视现代财税体制的建设。

1. 推进预算管理制度改革

预算制度是财税体制改革的重要组成部分，是现代财税体制的构建基础。在现代财税体制的基本框架下，与国家治理体系和治理能力现代化相匹配的预算制度改革，应包含公开透明、内容完整、编制科学、执行规范、讲求绩效等核心内容。所谓公开透明、内容完整是指政府的全部收入和支出都应纳入预算，以全面反映政府收支总量、结构和管理活动。所谓编制科学是指应明确预算安排的基本依据，深入推进支出标准体系建设，应发挥标准对预算编制的基础性作用，提高预算编制的科学性。所谓执行规范是指严格落实预算法等相关法律法规的规定，强化预算单位的主体责任；防范化解地方债务风险，健全规范的地方政府举债融资机制。所谓绩效导向是指所有公共部门、所有财政资金和所有预算过程都要纳入绩效管理，实现预算绩效管理体系构建的全方位、全过程及全覆盖。

2. 完善税收制度改革

现代税收制度的建立“要围绕优化税制结构，加强总体设计和配套实施，推进所得类和货物劳务类税收制度改革，逐步提高直接税比重，加快健全地方税体系，提升税收立法层次，完善税收法律制度框架”。为此，须着力完善直接税体系，建立综合与分类相结合的个人所得税制度，按照“立法先行、充分授权、分步推进”的原则，推进房地产税立法和实施。对工商业房地产和个人住房按照评估值征收房地产税，适当降低建设、交易环节税费负担，逐步建立完善的现代房地产税收制度。

此外，要健全间接税体系，积极稳妥推进直接税改革步伐。现阶段我国税制结构表现为较为典型的商品与劳务税（间接税）为主体的税制结构，伴随着我国经济发展迈入高质量发展阶段与国家治理能力的逐步提升，以商品与劳务税为主体的税制结构缺点日益凸显：超额负担，对市场的扭曲作用明显，具有累退性，无法体现税收量能负担原则，存在税负转嫁，降低了税收公平性等突出问题。基于此，应在降低宏观税负的前提下，实现税制结构优化，以期更好凸显现代财税体制有利于实现社会公平正义的制度特征。

3. 规范政府间财政关系

“建立权责清晰、财力协调、区域均衡的中央和地方财政关系”是现代财税体制的基础，它要求明确各级政府间职能的划分依据和划分原则，对相关支出责任，尤其是现阶段分工混乱模糊的支出责任进行划分，并进行动态调整，直至各级政府间的支出职责划分达到帕累托最优。此外，还应充分考虑各级政府的财力保障能力，只有拥有充裕的财政资金，各级政府才有能力提供其职能范围内的公共物品。应从本级自有财政收入、上级转移支付收入和债务收入等方面完善各级政府的收入来源体系建设。

为此，应着力推动政府间财政关系法治化，实现政府间事权划分制度与收入划分制度相适应。我国政府间财政关系的调整主要建立在分税制财政管理体制之上，法律基础略显薄弱。分税制已实施近30年，除新版《预算法》第十五条的规定外，绝大部分实施依据均是国务院及相关部门的行政性决定或办法。这种立法程度不高的财政体制具有不规范、不稳定等缺陷，也使政府间事权划分与收入划分难以匹配。因此，应健全政府间财政权限划分的法律规范，通过立法科学合理界定政府间的事权与支出责任范围，使政府间财政关系进入法治化、制度化的权利分享阶段。①

总体来看，建立现代财税体制，既需要勇气，突破既得利益格局，又需要智慧，具有高度专业性。在制度探索过程中，应注意借鉴已有经验。只要对我国国家治理体系和治理能力现代化有利的财税制度安排，就应借鉴学习。现代财税体制的建立，只有在充分协调各方利益矛盾的基础上才能得以顺利推进。

三、新时代推动预算绩效管理理论发展与创新

预算绩效管理改革是一项系统工程，需要从理论上进一步厘清各项改革之间的关系，并将其置于国家治理现代化的框架体系之下，作为现代财税体制的物质基础和重要支柱，以及各个领域改革的交汇点和率先推进的突破口进行研究。

（一）国家治理现代化对预算绩效管理理论的价值引导与制约作用

国家治理是国家政权的所有者、管理者和利益相关者等多元行动主体，在一个国家范围内对社会公共事务开展的管理合作，其目的在于增进公共利益、维护公共秩序。国家治理的现代化转型大多以预算改革为突破口，通过建立现代政府预算制度得以实现。理性化、民主化、透明化、法治化、可问责是现代预算制度和现代国家治理制度共同遵循的价值取向。现代预算绩效管理体系是实现现代国家治理的重要舞台，与国家治理现代化共同推动着社会体系的演化与发展。现代预算绩效管理的制度结构、制度安排决定了国家治理的形态和治理能力，体现了国家治理的实现过程。

国家治理现代化程度的高低，虽然有多种衡量标准，但根本一点，就是

① 张强．现代财政制度建设之路［J］．中央财经大学学报，2019（3）：11-22.

要以公共利益最大化为基准标杆。良好的治理应该是满足社会公众需要而不是政府需要的治理，是以结果为导向、有使命感的治理，是讲求实际效果的治理，是各主体积极参与、协作的分权式治理。现代化的国家治理是符合经济、效率、效益、公平、合法、负责、信任、公开、透明原则的国家治理，是以"结果为导向"和以"人民为中心"的国家治理，亦即，推进国家治理体系和治理能力现代化的出发点和落脚点应该是积极回应民众的诉求，充分满足民众需求，让社会公众的利益在国家治理的过程中实现最大化，使国家治理的价值前提和事实前提得到充分满足。

传统的政府预算模式属于政府对公众"自上而下"的管理，对于预算的绩效管理也主要围绕政府的利益来开展，公众对预算绩效管理的关注往往被忽视。同时，在预算执行实践中，预算往往被视为权力主体实现其社会目标的工具，整个预算体系依据权力主体的需要改造，导致预算权力主体利用和操纵预算过程实现非正义目的，破坏了社会公众对政府预算的价值认同和目标诉求。

在国家治理现代化的要求下，预算管理转向以绩效为核心，将预算过程中对投入的控制转变为对目标和结果的追求，要求形成一个通过适度的放权以获得可预期结果的绩效评价体系，要求各个层级的预算主体分别编列绩效计划，对公共服务的具体结果和明确目标进行清晰的说明，并要求预算管理的绩效指标可以测量。这种以结果为导向的绩效管理体系，以各预算执行主体最终执行结果为客观考核标准，以此来检验政府预算对人民需求和偏好的回应能力，并以绩效评价结果为基准，对相应预算责任主体进行监督、问责与激励，最终将预算运行引入持续提升和不断强化的可持续发展轨道。

从这一意义上来说，预算绩效管理成为国家治理现代化框架下政府预算积极回应社会公众的需求和愿望、实现预算效率最大化国家治理目标的最好工具，同时，也完美契合了国家治理现代化以更高的行政效率、更低的行政成本、更好的公共服务实现公共利益最大化的价值追求。其核心价值导向为：

1. 讲求对公民意愿的回应

国家治理现代化要求政府预算关注对公民意愿的回应，强调与社会公众和团体协商，注重预算主体的多元化，改变传统的以政府为主导的单方权力运作，将社会公众纳入预算活动中来，实现预算治理由国家的"一元之治"转向国家与社会公众的"多元共治"。这一要求使社会公众和社会团体可以有效地参与到预算治理的全过程，对于打破国家对预算活动的垄断，实现预算治理主体由一元向多元、由被动向主动转变具有重要意义，可有效促进社会公众对预算活动的接受程度与认同感，也使预算绩效管理需要充分遵循民主化、多元化的价值取向。

2. 关注治理工具的多样化

治理工具是推进国家治理现代化的重要手段，其质量高低直接决定着国家治理改革目标的实现程度。作为稀缺财政资源分配与选择的工具，预算绩效管理为政府部门达成其施政目标和政治任务提供了行之有效的工具。传统预算主要基于“政治—行政”二分理念和“官僚制”理论基础，多采用命令手段，体现单边意志，凸显预算决策的权威性与强制性，要求预算治理对象无条件遵守与服从。预算管理权限过多集中于行政管理体系的顶层，预算管理机构与支出机构之间实质上是一种管理与被管理、监督与被监督的关系。

以“目标—绩效—责任”为核心的现代政府预算，充分借鉴和利用绩效管理的手段和方法，充分采用预算协商参与、听证辩论、理性对话等手段与方式，体现了预算主体间的权力共享与多元合作，夯实了预算绩效管理的正当性与合法性，同时也增强了预算绩效管理对象的认同感和归属感。这一治理工具的多样化，不仅强化了预算部门的支出责任，提高了财政资金配置和使用效益，也为预算绩效管理的价值遵循奠定了重要基础。

3. 关注治理工具与价值理性的和谐共荣

预算绩效管理与国家治理体系和治理能力之间天然地存在内在的联系和外在的契合，国家治理体系和治理能力现代化也对新时代预算绩效管理的价值遵循提出明确的要求：一是国家治理现代化不仅为绩效预算评价注入了诸如效率、秩序、透明、责任等良法的基本价值，同时也为预算绩效管理提供了依法治理、分权治理、协作治理等善治的思考理念，使预算绩效管理实现了治理工具与价值理性的和谐共荣；二是国家治理现代化不仅明确了绩效预算管理的目标定位、权力结构配置、评价指标及结果应用等治理体系，而且提高了绩效预算管理运用法治思维与法治方式来实现善治的治理能力，实现了预算绩效管理在治理体系和治理能力现代化的统一。

（二）现代财税体制对预算绩效管理理论的价值引导与制约

党的十八届三中全会指出，“财政是国家治理的基础和重要支柱，科学的财税体制是优化资源配置、维护市场统一、促进社会公平、实现国家长治久安的制度保障。必须完善立法、明确事权、改革税制、稳定税负、透明预算、提高效率，建立现代财政制度，发挥中央和地方两个积极性。要改进预算管理制度，完善税收制度，建立事权和支出责任相适应的制度”。党的十九大报告强调，要“加快建立现代财政制度，建立权责清晰、财力协调、区域均衡的中央和地方财政关系。建立全面规范透明、标准科学、约束有力的预算制度，全面实施绩效管理。深化税收制度改革，健全地方税体系。”《中共中央关于制定国民经济和社会发展第十四个五年规划和二〇三五年远景目标的建议》进一步指出，要“建立现代财税体制。加强财政资源统筹，加强中期财政规划管理，增强国家重大战略任务财力保障”。基于此，建立现代财税体制已成为中国特色社会主义制度的重要组成部分，成为实现国家治理体系和治理能力现代化、实现中国梦的重要保障，也为预算绩效管理理论的构建指明了方向。

1. 社会共同需要是现代绩效管理的基础

现代财政的职能不仅是弥补市场失灵和宏观经济调控，更重要的是提供公共产品和服务，满足社会公众的需要。政府正是借此获得政治上的合法性地位，成为人民满意的政府。由于这种共同需要，政府、市场、社会形成了一个利益共同体，成为协同治理的逻辑起点。在协同治理的框架下，现代财政的收支活动必须充分揭示和表达公众对公共产品的偏好和需求，达成社会公众一致同意的预算，通过集体决策避免行政决策带来的片面性，提高公共产品供给效率，优化财政支出结构。

预算绩效管理涉及的财政“资金往哪儿流”“流向怎么定”“钱怎么花”三个主题，都与现代财税体制中的社会共同需要高度相关。全面实施预算绩效管理，以公民满意度为落脚点，减少“低效无效资金”，是保证预算绩效管理能够顺利推行的根本，也是增强政府公信力和执行力，推动社会迈向现代化的重要内容。

2. 财政资金决策机制的改变促使预算安排遵循结果导向

政府预算是通过政治程序决定的，无论在实践中如何演绎，在实际过程中都表现为财政部门与预算部门之间就有限财政资源的博弈，不可避免会有偏离制度约束的现象出现。《中共中央 国务院关于全面实施预算绩效管理的意见》指出，各部门、各单位要结合预算评审、项目审批等，对新出台的重大政策、项目开展事前绩效评估。各级财政部门要加强新增重大政策和项目预算审核，审核和评估结果作为预算安排的重要参考依据。这一要求实际上涉及预算决策机制的重大变革，它与问责机制相结合，将会改变长期存在的花钱决策上的“长官意志主导”“拍脑袋”决策等问题，也会助推预算决策中的科学预测、民主决策。

与此同时，在以结果为导向的预算绩效管理中，预算过程从绩效目标的设置开始，即将绩效目标作为预算安排的前置条件，绩效目标审核通过后与预算同步批复下达，预算执行完成后对照绩效目标进行执行结果的绩效评价，同时建立起评价结果与预算安排和政策调整的挂钩机制。这样一个围绕绩效的闭环系统极大地改变了以往的预算分配机制，使预算的安排遵循资金使用的结果导向。

3. 治理主体多元化拓展预算过程参与的主体

协同治理要求政府作为社会的一个有机组成部分，通过干预经济与社会来实现公众利益。在此，政府像企业一样只是社会经济中的一个内在成员，只不过政府是有别于普通企业的特殊组织，政府、市场和社会的界限日趋模糊，政府不再只提供公共产品，市场不再只提供私人产品，社会公益团体也逐渐成为公共产品的主要提供者，使原来只能由政府提供的公共产品和服务，现在可以由市场、社会提供，甚至还可以三方共治，即共建机制、共担风险与责任、共享利益。这就意味着现代财政的治理主体是多元化的，地位是平等的，不仅政府组织，其他社会组织和行为个体都可以参与社会公共事务治理。

现代财政的多元化治理主体打破了以政府为核心的权威治理，搭建起社会公众参与绩效管理的途径和平台，促进治理主体多元化，通过参与主体的增强，强化信任与合作，提高社会公共事务治理效率，成为现代财税体制下预算绩效管理多元主体的基础。

4. 依托明确的激励机制为发展提供可靠的动力

以预算主体最终执行结果为客观考核标准，检验政府对民众偏好的满足与回应程度，并以绩效评价结果为基准，对预算主体进行激励与约束，最终将政府运行引入不断完善与持续提升之中，诱导部门在自身利益最大化的同时选择最优社会行为，实现社会效益与部门利益的共同增进，是新时代预算绩效管理需要关注的问题。

总体来看，全面实施预算绩效管理不仅有利于为政府履行职能提供坚实的物质基础和体制保障，督促各级政府认真履职尽责，提高行政效率，增强政府公信力和执行力，加快实现国家治理体系和治理能力现代化，更在于提升民众的满意度，确保全体人民在共建共享中的获得感稳步提升。

（三）国家治理与现代财税体制下促进预算绩效管理理论发展

在国家治理体系创新与现代财税体制建设框架下，预算绩效管理改革已逐步由注重经济与效率、追求投入产出最大化，向综合注重效益、服务质量和顾客满意度以及公民导向方向发展。在此框架下，预算绩效管理应着重关注：以法治化与制度化为核心，构建预算绩效管理的法理基础与制度框架；以激励与约束为核心，完善预算绩效管理体系结构；以目标性与优先性以及效率性与有效性为核心，强化预算绩效管理重心；以责任感与义务性以及参与性与权力共享为核心，构建预算绩效管理有效性的评判基础。

1. 以法治化与制度化为核心，构建预算绩效管理的法理基础与制度框架

预算本身就是在一套严格界定的程序下年复一年、日复一日完成运作的。这套程序复杂而又重要，以至于现代社会大部分公共政策都依照此程序制定和推动，并成为社会有效运行最重要的“元素”之一。社会各界都以某种方式参与到预算程序之中，使预算成为最为复杂的集合体和最大的利益争夺舞台，法治化与制度化便成为其中最基本的要求，也成为预算绩效管理改革应关注的重要基础。

2. 以激励与约束为核心，完善预算绩效管理体系结构

合理的激励约束机制应使“预算实施者在履行合约责任后所获实际收益不低于预期，并促进预算实施者在选择行为模式时，能够在满足自身利益最大化的同时，实现预算委托者的收益最大化”，以达成预算委托与实施双方目标函数的协调一致，实现激励与约束的相容。为此，还需从“改变预算编制基本单元、再造预算绩效管理流程、完善预算奖惩机制入手，构建相容性预算激励机制，促使政府部门在谋取自身利益最大化的同时，选择最优社会行为，以实现社会整体效益与政府部门利益的共同增进”①。

---

① 童伟．基于编制本位和流程再造的预算绩效激励机制构建［J］．财政研究，2019（6）：46–56.

3. 以目标性与优先性以及效率性与有效性为核心，强化预算绩效管理

与私人部门不同，公共部门经常需要面对众多经济、社会和政治目标，而且这些目标常常相互冲突。面对有限的资源总量和无限可能的支出用途，政府预算必须以国家战略和公共政策为导向，基于效率和有效性建立起适当的优先性排序，以确保稀缺而宝贵的财政资源被优先用于更具价值的地方。为此，构建一套行之有效的管理机制，并确保这套管理机制和价值体系能够很好地融入预算程序之中，成为预算绩效管理的基础，使目标性和优先性以及效率性和有效性成为评判这套机制与体系效用的核心，也使目标性和优先性以及效率性和有效性成为构建预算绩效评价指标体系的基础。

4. 以责任感与义务性为核心，构建绩效管理责任机制

在民主社会，政府得自人民的资源，理应按人民的意愿使用，并产生人民期望的结果。由此，为了确保政府为人民服务，人民在将权力授予政府的同时，也将责任一并交付，政府权力的合法性即来自人民这一责任的受托。为促进政府的合法性和可信性，政府必须就资源的来源、使用和使用的结果承担起人民赋予的受托责任。作为一个阐明政府法定义务和法定职责的工具，政府预算在促进政府向人民履行受托责任方面发挥着关键性作用。责任感与义务性也因此成为预算绩效管理的基础与核心。

5. 以参与性与权力共享为核心，促进绩效管理多元共治

国家治理的主体是政府，但社会及公民也是国家治理的有机组成部分，为其提供着重要的保障与补充。预算绩效管理应充分体现国家治理各主体间的权力共享与多元合作，以增强预算绩效管理的认同感和归属感。

总体来看，新时代全面推进预算绩效管理改革，不仅有利于为政府履职提供坚实的物质基础和制度保障，督促政府认真履职尽责，提高行政效率，增强政府公信力和执行力，更在于提升民众的满意度，确保全体民众在共建共享中的获得感稳步提升。为此，在推动新时代预算绩效管理改革的进程中，还应着力通过国家治理创新以及现代财税体制建设，规范预算绩效管理制度、完善预算绩效管理体系、扩大社会公众参与、提升预算绩效透明度，为预算绩效改革的全面推进提供价值遵循和现实指引。

第六章 完善预算绩效管理制度建设

党的十八届三中全会提出“财政是国家治理的基础与重要支柱”，构成了我国当前和未来相当长时间内财税体制改革的战略坐标。党的十九大报告进一步指出，要“加快建设现代财政制度，建立全面规范透明、标准科学、约束有力的预算制度，全面实现绩效管理”，为未来建设现代财税体制提出了新要求和新期望，即要将全面实行预算绩效管理纳入现代财税体制并发挥应有的作用。

国家治理创新及现代财税体制建设的上述核心诉求，也逐步演变为全面推进预算绩效管理的价值诉求，深刻体现并反映在预算绩效管理制度构建、体系设计与标准设定之中。由此，在预算绩效管理过程中，通过法治化、制度化、理性化、民主化、透明化、可问责的国家治理现代化努力以及现代财税制度构建，规范预算绩效管理制度、完善绩效管理体系、扩大社会公众参与、促进预算管理透明度和可问责性，提高政府的执行力和公信力，成为现代预算绩效管理制度构建的基础。

从政治学的角度来看，“制度 + 结构 + 绩效”是国家治理能力现代化的主要标识。其中，精良的制度是基础；合理的结构是支柱；充分的绩效是特征。在此框架下，预算绩效管理尤应以法治化与制度化为核心，构建预算绩效管理的法理基础与制度框架。

一、强化预算绩效管理制度供给能力

制度是国家治理能力建设的关键和核心，是国家治理的有效工具，制度化是国家治理能力现代化的基本表征。正如诺斯所提出的“制度是一个社会的博弈规则，或者更规范地说，它们是一些人为设计的、型塑人们互动关系的约束”，[①] 要维护政治秩序的稳定，必须加强制度建设以保证各种力量参与政治的规范化和有序性。对此，制度作为一种规则，不仅是经济发展的保障，也是国家治理的重要工具。

（一）制度是国家治理的基础和有效工具

国家治理需要对发生在国家共同体内部和外部的各项事务（尤其是各种问题和麻烦）进行有效的管控。对某种事务或某种行为进行有效管控的关键就是“制度供给”，即定规则、定规章、定规矩，为行为提供自由的边界，使任何个人、组织和团体的行动都受到必要的约束和限制。实际上，国家治理就是通过有效的制度供给，克服或避免国家生活出现混乱局面。

“制度提供基本的结构，在整个人类历史上，人们通过这个基本结构来创造秩序并减少交换中的不确定性。它与所采用的技术一起，决定了交易费用和转型成本，进而决定着从事经济活动获利的可能性与可行性。制度将过去、现在与未来连接在一起，从而历史在很大程度上就是一个渐进的制度演化过程，在这一过程中，历史上经济绩效只能被理解为一个连续过程中的一个个片段。制度是理解政治与经济之间的关系以及这种相互关系对经济成长（或停滞、衰退）之影响的关键。[②]”“任何政体的稳定都依赖于政治参与水平和政治制度化程度之间的关系。[③]”

随着我国改革向纵深领域发展，社会主体更加多元化、组织形式更加多样化、社会关系更加复杂化，客观上要求威权型国家管理向法理型国家治理转型，同时，充分发挥制度在治理规范和程序建设、利益表达和利益整合方面的作用。通过构建层次分明、功能完备、科学规范、运行有效的制度体系，以“规则和程序之治代替人治”，规范国家政权的所有者、管理者、利益相关者的行为，限制和约束公共权力，使个人、局部、部门利益与国家利益趋向一致，通过体制机制的创新保证制度实施的完整性、有效性，减少国家治理的风险和不确定性，实现国家治理效能的提高。

---

① ［美］道格拉斯·诺斯. 制度、制度变迁与经济绩效［M］. 杭行，译. 上海：上海人民出版社，2014：151–154.

② ［美］道格拉斯·诺斯. 制度、制度变迁与经济绩效［M］. 杭行，译. 上海：上海人民出版社，2014：151–154.

③ ［美］萨缪尔·亨廷顿. 变革社会中的政治秩序［M］. 王冠华，等译. 上海：华夏出版社，1998：247–249.

（二）基于国家治理能力的制度能力

在福山（2007）看来，国家治理能力主要包括制定和实施政策以及制定法律的能力，包括高效管理的能力，控制渎职、腐败和行贿的能力，保持政府机关高度透明和诚信的能力以及（最重要的）执法能力。福山强调，对于国家构建而言“最佳的改革路径是缩减国家职能范围的同时提高国家力量的强度”[①]。基于此，国家治理能力被解析为国家治理体系的制度形成能力、制度实施能力、制度调适能力、制度学习能力和制度创新能力等五个方面。

1. 国家治理体系的制度形成能力

国家的制度形成能力是国家治理能力的基础，也是国家治理能力其他方面的重要规范前提。现代国家的治理以法治为前提和手段，而国家的制度形成能力则为这种前提提供了基础规范，“唯有依靠制度，才能将权力整合至一个统一的治理通道中。[②]”

2. 国家治理体系的制度实施能力

国家的制度实施能力是国家治理能力的中心环节和客观表现，在国家治理能力体系中居于重要位置。现代国家作为社会暴力的唯一合法垄断者，在推行和实施国家法律制度与政策方面具有天然优势，从根本上克服了其他任何主体行为可能存在的“搭便车”现象，特别是对于市场和私人无法有效供给的公共产品，能够发挥稳定而有效的作用。国家通过其对社会资源有效汲取而掌控的巨大财政力量，不但能为社会的发展和秩序的形成提供有效的激励机制和惩罚机制，同时也能为社会阶层中地位最不利者提供有尊严的基本生活保障。这就决定了国家既是制度实施的最佳能动主体，又是促进现代社会经济发展，满足公民基本权利发展需求的责任主体，同时国家还必须具有强有力的能力，才能够在全球竞争体系中获得优势地位。中国近代以来的历史遭遇提出的一个基本要求就是，中国必须更好地实现现代化，才能从根本上克服“救亡”魔咒，将救亡的全部压力在全球化语境下转化为朝向现代化发展的“时间压力”。

---

① ［美］弗朗西斯·福山．国家构建：21 世纪的国家治理与世界秩序［M］．黄胜强，译．北京：中国社会科学出版社，2007：87–89.

② ［美］弗朗西斯·福山．国家构建：21 世纪的国家治理与世界秩序［M］．黄胜强，译．北京：中国社会科学出版社，2007：87–89.

3. 国家的制度调适能力

国家的制度调适能力是国家在面临内部需求和外部环境变化的压力下，通过各种制度手段或制度形式，主动推动法律制度和国家政策变迁，以适应社会经济形势发展和外部挑战的制度化能力。亨廷顿在《变动社会中的政治秩序》一书中将调适性列为衡量政治秩序制度化的指标之一，并将组织存活的时间、领导精英的继承以及功能的变化作为调适性的测量指标。

4. 国家的制度学习能力

国家的制度学习能力是国家的一种核心能力，是国家构建软实力并发展硬实力的重要基础。对于当下中国来说，要尽快建成现代化强国，实现民族复兴的中国梦，不断向制度发达国家学习是一条快捷的路径，在相当程度上也构成了制度创新能力的基础。作为现代化建设经验不足，且具有悠久文化传统、国内情况多样的大国，中国的现代化建设应是一个制度学习和制度创新的过程。学习，就是学习世界上建设成功的经验和有效的制度；创新就是在学习的基础上，结合本国的实际情况，建立起适合自身的制度。学习和创新是同步进行的，互相促进，缺一不可。

需要明确的是，制度学习的目的并不是模仿或照搬制度先进国家的制度体系，而是通过学习获得自主设计本国先进制度的能力，最终建立起发达完善的国家治理制度体系。中国近代以来社会发展的历程充分证明制度学习对于中国现代化的决定性影响。中国自身深厚且统一的文化传统在制度经济学派看来并非是天然的劣势和负担，诺斯非常关注文化在制度学习与制度变迁中的作用，认为文化的功用在于它是信息载体，生长在同一文化传统的人们共享着它所负载的信息，交易成本由此而降低。在此视角下审视我们的文化传统可发现：从积淀了数千年的传统文化到近代受西方文明冲击而包含了新文化基因的近代文化，再到党领导下的社会主义新文化，所有这些层次文化，或厚或薄，都是改革或制度创新所需要的土壤。

5. 国家的制度创新能力

国家的制度创新能力在国家治理能力体系中居于枢纽地位：国家的制度学习能力需要转化为制度创新能力，才能够为国家治理提供有效的制度供给；国家制度调适能力的强弱在很大程度上同样依赖于制度创新能力，国家要对新出现的政治、经济、社会变化适时作出体制性反应，其变革源泉来自自身的制度学习和创新能力；具体领域和具体程序方面的制度和机制创新，则能推动制度实施能力的提升。可以说，“创新是一个国家发展的不竭动力，创新最重要的是制度创新。制度创新是改革的红利之源，是根本性问题[①]。”解决制度落后和短缺的根本途径是以制度创新的方式扩大制度的实际有效供给，制度创新构成了整个国家制度能力的中心环节。

二、明确预算绩效管理制度框架与定位

（一）制度层次框架划分

制度依据其在国家治理中提供规范的普遍适用性，对国家生活规范的重要性，以及规则适用的时效性，可以被划分为不同的层级，例如元制度、基本制度、具体制度和操作规则。

所谓元制度包括宪法、市场经济制度和民主制度等。元制度作为国家治理制度体系的根基，既要求相关法律和制度体现国家治理的基本内涵，又要求国家治理制度体系与宪法、市场经济和民主制度的基本精神相契合。在宪法中要确立法治化的理念，并推动国家治理体系的法治化进程。

所谓基本制度规定了国家经济、政治、文化以及社会生活的基本方式，明确了行为主体的权力职责和行为规则，以及各行为主体之间的相互关系，包括基本立法、相关程序法和实体法。基本立法是国家某一领域活动的基本规范和准则，以明确相关领域活动的基本原则、管理体制、管理职能等基本事项。同时，相关程序法和实体法也是指导某一领域建设的基本制度，以财政预算领域为例，《预算法》《税收征收管理法》《个人所得税法》等都属于此范围之列。

所谓具体制度则是在更加微观的层面对相应制度的实施程序、条件等领域做出规定。对于财政预算领域来说，包括财政组织制度、财政收入制度、财政支出制度，以及包含预算绩效管理在内的政府预算管理制度等领域。

所谓操作规则对于财政预算来说，是在具体财政领域和具体工作中的实施规范，是制度的最基本单元。相对来说，预算绩效管理相关制度构建就属

① 成思危．制度创新是改革的红利之源［EB/OL］．（2013-12-31）．http：//theory.people.com.cn/n/2013/1231/c40531-23992178.html.

于操作规则层级的制度。

（二）预算绩效管理制度检视

何为有效的制度以及如何评估制度的有效性，是一个复杂的问题。基于国家制度体系的构成是多元而复杂的，对制度的有效性进行评估的标准和方法也必然是多样的。总体来看，可以从两个方面考察制度有效性：一是制度供给，二是制度执行。

制度供给反映的是规则是否存在以及规则是否完善，制度执行反映的是规则实施的状况。例如，要评估一个国家或一个地区的法治水平，首先要看其"法制度的供给"，其次要看其"法制度的执行"。"无法可依"指的是法制度供给不足，"有法不依"说的是法制度执行无效。从行人自由穿越马路，到行人必须走斑马线，这就是法制度供给，但如果这个规定不能很好地执行，人们依然自由穿行，那么，这一制度就会形同虚设，则法制度执行不力。现实的问题通常是，一方面，法制度规定存在问题，或者不完善，留有"空白"，或者不合理，存在"霸王条款"，或者停留在原则层面，不具有现实可操作性。另一方面，法制度执行存在问题，不能及时发现、及时惩治和及时校正违规者，使跟进及随从者众，久而久之，规则被分为"显规则"和"潜规则"，守规则成为"傻子"，不守规则是"机灵"。在这种情况下，漠视规则的机会主义行为最终会演变成较为普遍的行为选择。

总体来看，制度供给和制度执行两个要素决定着国家治理效能及其制度有效性。能否有效解决现实社会问题，是检验国家制度体系和治理能力的根本标准。由此，依据制度供给的目标和执行状况可以形成制度评估的基本原则，例如，制度制定的合法性、制度规则和体系的完备性、制度执行的可操作性、制度实施的成效性（制度实施的有效性和制度实施的成本）。据此对既有预算绩效管理制度进行全面梳理可发现，目前虽然主管部门及部分地区已出台一系列有关预算绩效管理的法律规范、管理制度和实施办法，但还存在如下问题：缺乏全面系统的预算绩效管理法律法规体系；制度文件变更较为频繁，体系构建不够稳定；文件制定的顶层设计不够清晰，部分文件间协调衔接不够紧密，缺乏统一的规制。这一系列预算绩效管理制度规范的缺失，使强化预算绩效管理规制成为必要。

三、优化预算绩效管理制度建设路径

针对预算绩效管理制度存在的上述问题，应对照党的十九大报告提出的关于现代政府预算制度构建，以及《中共中央 国务院关于全面实施预算绩效管理的意见》指示精神，对现行相关办法、规章进行全面梳理，提炼其中经过实践证明行之有效、规范可取之处，废除其间自相矛盾且与改革精神不符之处，完善预算绩效管理制度体系。

（一）以法治化奠定预算绩效管理法理基础

法治化是国家治理的重要基础，意味着必须将宪法、法律确认为社会的最高权威，以国家法定权力与法律责任相统一为基本前提，实现国家治理过程中法治思维与法治方向的转变，并以之约束从立法、司法、执法，到法律监督的全过程，最终使“善法”达到“真治”。

法治化同样也是预算绩效管理的基础，是预算绩效管理权威性的保障，法理上的有力支持可降低预算绩效管理推进难度，突破改革约束，推动预算绩效管理依照既定的道路前行。法治化也是世界各国推进绩效预算的普遍做法，例如美国 1993 年通过的《政府绩效与结果法案》（GPRA），是全球第一部关于政府绩效的管理法，使政府绩效管理首次在法律层面上得以确立，并强制要求政府部门根据部门使命呈报战略规划、编制年度绩效计划、提交绩效报告。2010 年，美国国会通过了《政府绩效与结果现代化法案》（GPRAMA），对《政府绩效与结果法案》的框架做出进一步的补充与修订，使绩效预算改革以法律的形式予以确立，不会因行政首脑的换届停滞不前。

法国于 2001 年颁布《财政组织法》，提出了以结果为导向的预算模式，规定从 2006 年开始全面实施[①]。波兰绩效预算的法律基础是由 2009 年的《公共财政法》奠定的，该法要求审查机构监督绩效计划实施，规定内阁在提交年度绩效报告的同时引入三年期财政框架[②]。新西兰的预算绩效改革始于20世

① Performance Forum. La genesis de la LOLF [EB/OL]. (2012-07-25) [2018-01-30].https://www.performance-publique.budget.gov.fr/performance-gestion-publiques/gestion-publique-axee-performance/essentiel/ fondamentaux/ genese-lolf#. WnMcs3aWaUk.

② Moynihan, D., Beazley, I. Toward next-generation performance budgeting: lessons from the experiences of seven reforming countries [R]. Washington DC: World Bank, 2016: 51-54.

纪80年代末，一个突出特点就是通过一系列立法来推动改革的进程，如先后颁布《国家部门法》《公共财政法》《财政责任法》[①]。澳大利亚通过《预算诚实宪章》和《财政管理及问责法》等法律法规，规范了支出机构的预算管理[②]。

总体来看，成功实施新绩效预算改革的国家几乎都有相应的法律基础，一系列法律法规的颁布为这些国家绩效预算改革的推行提供了强有力的法律支撑，保障了绩效预算改革的顺利推进。为此，在全面实施预算绩效管理的过程中，应完善相关法律法规，提升预算绩效管理法律位阶，一是应对《预算法》相关内容进行拓展，在《预算法》中明确预算绩效管理相关内容；二是强化预算绩效管理单行立法，补充完善有关预算绩效管理方面的立法内容，对预算绩效管理的目的、目标、程序、制度、管理主体及其权责进行法律诠释与法定规范。发达市场经济国家的改革经验说明，只有逐步建立起依法开展预算绩效管理改革的法律框架，各项制度安排才能得以规范。

（二）出台统一规范的预算绩效管理制度

应制定相对规范统一的绩效管理规程，例如，在原有制度框架基础之上，出台“1+N综合管理”体系。所谓的1是指应在梳理既有文件的基础上，出台《关于全面实施预算绩效管理总体办法》，该办法应涵盖全方位、全过程、全覆盖预算绩效管理体系构建的所有内容，对预算绩效管理的政策目标、遵循原则、实施范围、主体内容、透明度要求和相关责任等予以全面界定，所谓的N是指应针对预算绩效管理的流程、实施方法、技术手段、第三方管理、激励问责等，制定明确的实施细则，以保障《中共中央 国务院关于全面实施预算绩效管理的意见》的准确落实。同时，应保障制度体系的稳定性，避免制度频繁更迭给部门及地方相关工作带来困扰。

（三）明确职能划分 构建多主体联动机制

预算绩效管理的全面推进绝不仅仅是财政部门一家的事，更需要党委政府、权力机关以及各个部门的支持与配合，需要建立起包括党委政府、权力机关、财政部门、审计部门、预算单位在内的职责明确、协调配合、透明开

① 苟燕楠．绩效预算：模式与路径［M］．北京：中国财政经济出版社，2011：78–81.

② Hawje，l. Performance budgeting in Australia［R］. OECD Journal on Budgeting，2007，7（3）：35–46.

放、运转有序的综合组织管理制度。

1. 明确党委政府的预算绩效管理职责

按照《意见》的描述，全面实施预算绩效管理的整体组织架构已基本成型：各级党委领导预算绩效管理工作；地方各级政府和部门单位是预算绩效管理的责任主体，部门领导对相应预算绩效负责。

但总体来看，各级党委政府的具体职责分工还不够清晰，应尽快出台《意见》贯彻落实的具体方案，通过权威性组织网络和机制的构建，促进预算绩效管理制度化领导体系建设。

2. 明确权力机关的预算绩效管理职责

人民代表大会是我国的权力机关，人大及其常委会是政府预算和预算绩效管理的外部监督主体，人大应充分发挥各专业委员会和预算工委的制度潜力和监督活力，通过开展预算信息联网、政策和项目绩效听证、预算绩效管理满意度测评等手段，搜集、反映、传递民意，以重点监督政府部门政策或项目为载体，对政府预算绩效管理的有效性进行评价和监督，倒逼政府提高公共服务质量。

此外，人大及其常委会作为权力机构，还可以授权审计部门或独立机构，对政府整体预算绩效、跨行业或跨部门重大政策、项目等，开展重点评估，并将结果与预算审查、重大政策、项目审查相衔接，对部门提出质询和问责。

3. 明确财政部门的预算绩效管理职责

财政部门作为政府预算管理的职能部门，在引导和推动预算绩效管理方面发挥着重要作用。财政部门的预算绩效管理职责应集中于：（1）制定预算绩效管理办法，发布相关政策，对政府各部门预算绩效管理进行监督、指导和控制，审核各部门汇总报送的绩效报告，确保绩效结果的公正真实，在一定范围内公开部门绩效管理状况，接受社会监督；（2）制定并提供预算绩效管理标准和技术指引，按照资金功能、用途、管理特征和组织特点分类建设指标库和标准体系；（3）组织做好试点改革工作，将成功经验推广到各个领域，结合部门预算绩效管理，提出调整预算分配、提高预算资源配置效率的建议；（4）在预算编制、执行、监督三位一体的基础上，强化财政预测、分析功能，提高对部门中期规划预算和年度预算审核的有效性；（5）综合政府财务数据和绩效信息，编制和发布绩效导向的政府整体综合财务报告；（6）建立财政部门内部预算绩效管理沟通协调工作机制，为上下级政府间管理联动提供组织保障。

4. 明确审计部门预算绩效管理的职责

审计部门依照法律规定独立行使预算的审计监督权，是预算绩效管理的政府内部监督主体。在全面实施预算绩效管理背景下，审计部门除聚焦政府活动的财务责任外，还应更多关注政府的绩效责任：（1）审计部门除对政府整体预算执行和收支情况进行审计外，还应重视对同级政府和部门编制的绩效导向财务报告进行审计，提供更具独立性的审计报告，保证资源使用的过程符合适当、透明程序，合乎预期目标，并对相关绩效信息的准确性、可靠性和相关性进行检验和复核，维护和促进政府整体的公共责任；（2）接受人大、党委和政府委托，对重大宏观政策落实情况和具有重大风险的项目、政策等开展财务和效益审计，并对重大专项进行综合评估形成审计报告，为财务责任和绩效责任问责提供依据；（3）结合领导干部经济责任履行情况审计和离任审计，落实绩效“问责到人”，同时对重大项目责任人进行终身责任追究。

5. 明确预算部门的预算绩效管理职责

预算部门是预算绩效管理改革的核心。预算部门最为了解本部门的职能特点与权责内容，也是部门预算的组织载体，将其作为改革的核心主体，既客观合理又有利于调动部门改革的积极性。

预算部门的主要职责是按照财政部门关于预算绩效管理改革的统一部署和要求，制定适合本部门的具体实施办法与工作流程，组织所属基层预算单位开展工作，与基层预算单位共同研究科学有效的管理方法与考核标准，不断改进部门绩效水平，审核部门所属基层预算单位报送的绩效报告，向财政部门汇总报送，提出加强本部门预算管理工作的建议。基层预算单位的主要职责是执行上级部门制定的绩效管理方案，研究预算绩效管理所需要的各种技术和分析方法，开展预算绩效管理工作，对重大政策、项目决策开展事前绩效评估、落实绩效目标填报及审查、对绩效目标及预算资金支出进度实施监控、对重大政策及项目实施情况开展事后绩效评价，配合财政部门公开绩效评价相关信息，同时将评价结果运用于预算决策和管理的改进之中。

从可持续发展的角度看，预算部门还应高度注重自我评估和报告能力，改变过度依赖第三方机构所引发的绩效管理运行成本高、质量难以保障的局面，提高绩效管理自身的绩效。

第七章　规范预算绩效管理激励约束机制

合理的激励约束机制应使预算实施者（预算部门）在履行合约责任后所获实际收益不低于预期，并促进预算实施者在进行行为模式选择时，能够在满足自身利益最大化的同时，实现预算组织者（财政部门）的收益最大化，以达成预算组织与实施双方目标函数的协调一致，实现激励与约束的共荣。

一、预算绩效管理激励约束机制构建基础

波特和劳勒综合激励理论认为，激励由“构建期望→付出努力→实现绩效→兑现奖励→达成满意度→持续努力”等一系列因素组成，在对付出怎样的努力可达成预期目标，达成预期目标之后会获得怎样的奖赏，获得的奖赏是否能够满足预期、是否具有足够的吸引力[①]等问题进行深入思考后，责任主体会做出相应的行为选择，即目标是否值得努力，应该如何努力。为此，应从期望、努力、绩效、报酬和满意度等方面构建激励流程，且这几者间呈正相关关系，即期望值提高↑→努力程度提高↑→绩效提高↑→报酬提高↑→满意度提高↑→持续努力积极性提高↑[②]。

从上述分析可见，综合激励理论的核心在于责任主体对报酬的主观预期，亦即，要达到有效的激励必须处理好期望→努力→绩效→报酬→满意度之间的关系，只有这样，才能充分调动责任主体的积极性，建立有效的激励机制，其大致流程如下（见图 7–1）。

① 刘轩宇，方有云．关于建立公共预算激励约束机制的粗略构想［J］．预算管理与会计，2015（8）：14–16.

② Lyman，W. Porter，E. Lawler，E.Perspectives on Behavior in Organizations［M］. New York：McGraw–Hill book Companies，1977：221–223.

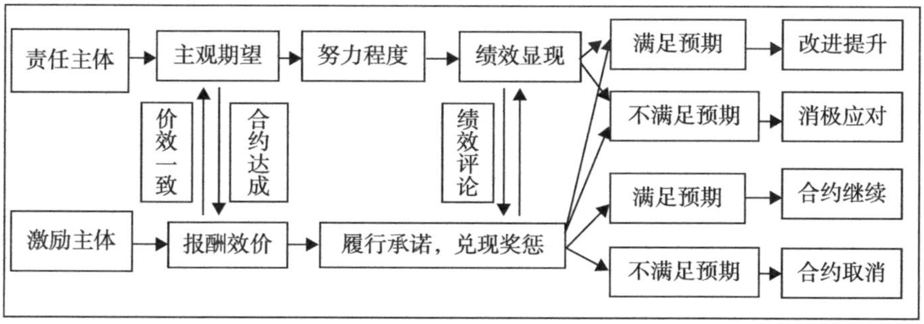

图 7–1　基于主观预期的绩效激励机制

预算天然具有激励效应，预算过程中的资金配置规模及拨付时效都会对部门行为产生影响，但却不一定能起到正向激励作用。因为绩效目标设置是否科学合理，绩效考评实施是否公平公正，绩效奖惩制度设计是否具有吸引力等，都会对预算激励效应产生显著影响。要构建与预算绩效管理相适应的激励机制，还应从目标预期、结果评判以及奖惩兑现等方面入手，将激励机制内嵌于预算绩效管理流程之中。

其中，“目标预期”是指责任主体对目标投入价值的判断以及对目标实现可能性的预期，目标投入价值判断越高，责任主体投入的努力程度会越高；所谓“结果评判”是指对责任主体目标达成程度的评价，既包括评价的方法，也包括评价的标准和指标体系，该方法与标准不仅应相对稳定，还应在投入价值中予以事先体现与规范，以保障评价结果的可预期；所谓“奖惩兑现”是指依据评价结果实施奖励和处罚，当奖励与处罚结果符合责任主体的预期时，会激励责任主体改进行为模式、提升行为绩效，当奖励与处罚结果不符合责任主体的预期时，则责任主体会消极怠工，失去努力的动机。

基于此，对照预算绩效管理流程，合理的激励机制应包括：（1）用于投入价值判断的绩效目标；（2）实施结果评判的评价指标体系以及评价方法；（3）依据评价结果对责任主体进行奖励与处罚的奖惩措施。这三大领域的制度规范，可有效保障预算组织方（财政部门）和预算实施方（预算部门）就绩效报酬的价值达成一致，通过预算实施方对目标投入报酬价值的合理预期，激发其努力工作的内生动力，并通过预算组织方公平公正的绩效评价，奖惩承诺的充分兑现，促进预算实施方持续不断改进预算行为、提高部门效率。其运行机理如下（见图 7–2）：

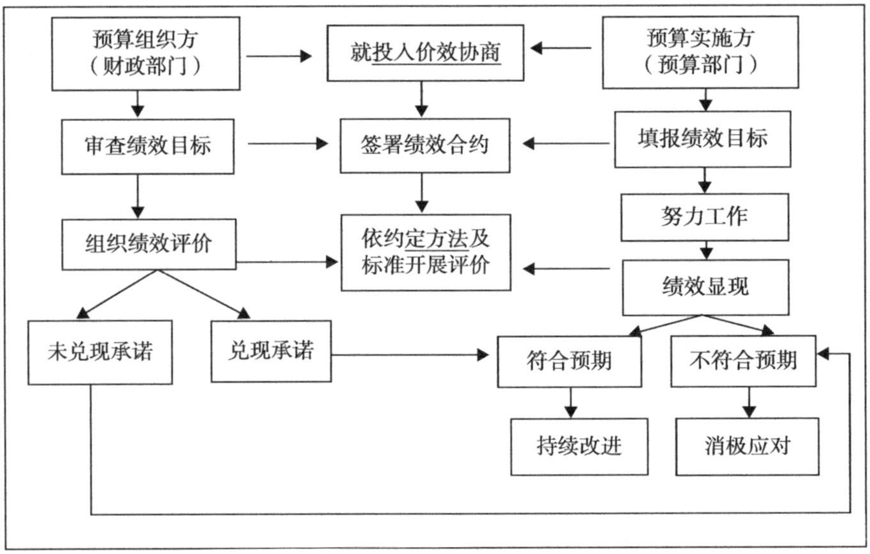

图 7-2　预算绩效激励机制运行流程

二、预算绩效管理激励约束机制不相容特征突出

合理的激励机制，既要通过一定的惩罚措施将部门行为限定在合理范围，更要依托明确的奖励措施鼓励改革与创新，为发展提供可靠的动力。我国当前的预算绩效管理在激励机制构建方面，与这一要求相比还存在着明显的激励本位错位、激励流程失当、奖惩措施失效等方面的问题。

（一）以部门为本位的预算单元加剧激励不相容

目前，我国的预算编制仍以部门为基础，预算资源申请者只要是政府部门，提出申请资源的数量和用途说明，就可以获得预算资源，并以一定基数不断增长。在这种预算编制模式下，每个部门都在想方设法攫取更多的预算资源，却并不关心资源使用效益与使用结果，因为节约成本、提高效率虽有利于社会整体效益的增进，却无益于部门利益的提升：节约成本、提高效率带来的资金结余意味着部门不需要更多的资金，将导致部门预算被削减，部门绩效评价也会因预算执行率下降被扣分。而花掉所有资金、哪怕是浪费性支出，则表明部门工作量庞大、资金不够使用，反而会使部门预算不断扩张，抑或不增加但也不至于受到损害，绩效评价也不会因此而降级降分。

与此同时，以部门为单元的预算资源配置本位，还促使部门只关注自身利益，不关心公共利益，使预算编制与国家战略脱节、与民众偏好脱节。尽管预算资金的申请者也希望预算的分配能够反映国家的战略目标、民众的需求与偏好，却拒绝放弃已经获得的利益，致使大量预算资金长期滞留在效益低下的地方，国家重点战略领域、民众需求强烈领域投入不足，公共服务质量下降，成本不断上升。而这正是预算管理激励错位的不良后果。

（二）现代问责面临实施困境

问责是政府行政管理的一种手段与方法。当下关于问责的规章制度和手段方法越来越多，但叠床架屋的问责制度并没有必然地带来良好的治理绩效和责任政府的构建，反而面临制度虚置的困境。例如，针对官员不作为的懒政治理面临执行层面的现实困境。当前的问责多基于惩戒错误的追责式问责，过于强调有错问责，而忽视无为问责。对于无为或者不积极作为的懒政治理，其责任认定和追究尺度不明，造成追责困难。在这种情况下，基于预算绩效结果启动问责，通过绩效管理强化政治责任与管理责任，将无为问责与有错问责融合在一起，即可构筑起合理的问责机制。

新绩效预算要求下放权力，给予部门管理者更大权力。经济学基本原则之一即是“权力与责任相对等”。既然让部门管理者对预算结果负责，部门管理者即当拥有控制投入的权力。如果绩效预算管理还像传统预算那样既控制预算投入，又要求部门对结果负责，显然不科学。由此，结果控制的治理模式在赋予部门管理者治理责任的同时，要求将更多的自由裁量权以及由此而来的实际控制权授予给部门管理者，以形成激励与约束兼容的局面，也使以目标责任制为载体的绩效问责，成为政府降低执政风险的工具。

同样，基于“权力与责任相对应”，权力的下放也应当以强化问责机制为基础。权力下放给部门管理者，部门管理者就应当承担起相应的责任，对部门结果负责，赋予权力后，没有实现绩效目标，就要承担相应的责任。下放权力而无问责机制，就有可能造成部门管理混乱。

事实上，问责一直存在于行政管理之中。在压力型体制下，上级政府向下级政府下达指标任务，实施量化考核，最后根据结果实施奖惩。这种考核方式不仅急功近利，强化了短期的问责，牺牲了长期的政府生产力与管理力的提升，还使激励机制出现变异，部门管理者的自由裁量权被压缩、权力约束被加大，“放手做事”转为“束手做事”，这种无限责任与低自由裁量权的控制模式，以及有错必纠、犯错必责的问责高压，使部门管理者容易滋生“多干多错、少干少错、不干不错”的心理，并试图通过“少办事少担责”来规避任何可能产生不确定结果的行为。正是问责机制对责任认定和追究的不恰当，导致懒政频发。

（三）结果应用不佳，不利于绩效意识的树立与良好预期的形成

《中共中央 国务院关于全面实施预算绩效管理的意见》指出，针对绩效评价结果应用，应着力加强与预算安排的挂钩，绩效好的应优先保障，绩效一般的应督促改进。但实际上，能否得到预算的优先保障，绩效评价结果并非唯一依据，更主要取决于被评价对象与战略、政策的关联度，与民众需求和偏好的紧密度，重要的支出领域即使绩效评价结果不佳，预算资金也会按时按量予以重点保障。这也使部分重点支出领域对绩效评价结果并不在意，因为所谓的预算资金配置与绩效评价结果挂钩，不会对重点部门及重点项目产生根本性影响。而对于非核心部门和非核心项目来说，在内部控制越来越严格、预算支出越来越困难、部门懒政怠政时有发生的情况下，削减预算资金、取消项目立项，并不会对部门产生实质性触动。

这样一种绩效结果与预算的挂钩，使工作努力的部门未得到应有的奖赏，工作懈怠的部门未受到应有的处罚，绩效评价结果应用的有效性也因之大打折扣，并由此形成对预算绩效激励的不良预期与影响。

三、构建相容性预算绩效管理激励约束机制

有效的激励机制应能抑恶扬善。为抑恶——应构建严格的处罚机制；为扬善——应构建激励相容的奖励制度[①]，这是保证预算绩效管理顺利推进的前提条件。由此，合理的激励机制应使预算实施方在履行合约责任后所获实际收益不低于其预期，并促进预算实施方在进行行为模式选择时，能够在满足

① 马蔡琛．全球公共预算改革的最新演化趋势：基于21世纪以来的考察［J］．财政研究，2018（1）：92-100.

自身利益最大化的同时，实现预算组织方收益最大化，以达成预算组织与实施双方目标函数的协调一致。

（一）构建预算绩效管理问责机制

政府预算是政府履行受托责任的载体，既体现了政府是合法的受托人，有权代表纳税人和公民使用公共资金，同时也反映出政府的公共政策选择和将要提供什么样的公共服务，提供多少，提供给谁等问题。这其中，为督促政府管理者负责任地使用公共资金，防止决策者和管理者随意改变公共资金用途或用于私人目的，就必须在政府预算中建立起相应的问责机制，以确保公共资金的使用安全以及最大化地实现公共目的。

1. 从“权力问责”向“制度问责”转变

当前我国各地都在推行问责制，但是问责过程乱象频发，粗放式的问责不仅难以发挥有效的威慑作用，甚至反过来纵容了权力的滥用。为此，应提高问责的制度规范和标准，通过制定详尽的操作规程和要求，使问责有法可依。同时强化问责的执行，使问责能够得到真正的落实，充分体现其应有的威严与震慑力。

2. 从“同体问责”向“多元问责”转变

目前我国问责的主体单一，主要以同体问责为主，即问责主体多为被问责者的直接上级或在行政机关内部进行调查。在这种“内部关系”“上下级关系”之下，问责结果的公正性受到一定程度的影响。由此，在问责中引入多方参与，强化异体问责，不仅可使政府权力的运行更加透明，有效弥补同体问责带来的缺陷，还可加快推进我国问责制度建设，提高政府行政效能和政府公信力。

党的十八大报告明确指出，要建立决策问责和纠错制度，强化领导责任、减少决策失误、及时纠正错误决策和挽回损失。党的十八届四中全会提出，要综合党内监督、人大监督、民主监督、行政监督、司法监督、审计监督、社会监督、舆论监督等多种监督形式，建立纠错问责机制，健全问责方式和程序，形成监督合力，提高监督效果。党的十九届四中全会进一步指出，要推进纪律监督、监察监督、派驻监督、巡视监督统筹衔接，健全人大监督、民主监督、行政监督、司法监督、群众监督、舆论监督制度，以党内监督为主导，推动各类监督有机贯通、相互协调。这一系列文件的发布为异体问责的发展与完善创造了良好的政治环境。

基于此，从中国特色社会主义政治文明建设出发，不断推进异体问责机制创新，实施多元异体问责，使问责主体多元化、制度化、常态化，也成为推进预算绩效管理问责机制的有效路径。

3. 从“运动式问责”向“治理型问责”转变

我国的问责制无论从立法上还是实践上都还处在发展之中，自上而下的官员问责事件常常如疾风骤雨般，来去匆匆。当发生重大安全性事件时，一大批官员被免职和处罚，但事件平息之后，一些官员又“悄然复出”，导致一方面问责风暴频起，另一方面事故仍然不断发生。这种“头痛医头、脚痛医脚”的治理方式没有戳到痛处，为此，应切实将“运动式问责”转变为“治理型问责”，将“风暴问责”的经验制度化、常态化，让问责从“风暴”走向“常态”。

此外，还应构建起与行政问责配套的保障体制，包括改革人事制度、建立和完善公民参与问责的机制、建立更加科学的绩效评价机制等。只有实现常态化的“治理型问责”，问责才能具有持久的生命力。

（二）构建以个人为主体的问责机制

对预算绩效进行问责，其对象不仅为部门，还应逐步转向部门负责人，一个有效的问责机制，其责任主体一定是个人。在我国当前的预算决策及执行过程中，部门领导发挥着极其重要的作用，而且对部门负责人进行问责也是世界各国的通行做法。例如，美国审计总署以绩效评价结果为依据，对被评价部门的行政长官实行任免和奖惩[①]；澳大利亚《财政管理与责任法》明确提出主管首长要担负起特别责任，对有效并符合道德地利用预算资源负责[②]。

《中共中央 国务院关于全面实施预算绩效管理的意见》也明确提出，“各级党委和政府主要负责同志对本地区预算绩效负责，部门和单位主要负责同志对本部门、本单位预算绩效负责，项目责任人对项目预算绩效负责”。由此，还应充分借鉴国际经验，逐步构建起以个人为主体的问责机制，例如建

① Robinson Marc. Budget Reform Before and After the Global Financial Crisis [R]. OECD Journal on Budgeting, 2016 (1): 27-39.

② De Jong, M. and Ho A, T-K. Sequencing of Performance-Based Budget Reforms [M]. PFM Blog by the International Monetary Fund, 2017, 1 (26): 54-67.

立公务员功绩制，对公务员开展定期绩效评价，评价结果作为公务员培训、奖励、重新分配、晋升、降级的依据，工作绩效和工作表现较差者必须改进工作，情节严重者将予以解除职务。同时，建立绩效工资制度，将公务员分为高级公务员和事务类公务员，为高级公务员设立绩效奖励制度，为执行主管提供绩效奖励，并提供高级行政服务执行奖和杰出职业高管奖，对于事务类公务员也以绩效进行激励，将考核结果作为晋升、降级等的重要依据①。

（三）强化绩效视角的问责

在现代社会，公众对公共政策和公共服务有着越来越多的需求和期待，持续改进政府绩效成为现代政府的责任体现，问责不仅需要对相关责任人进行处罚，还需通过问责促进政府改进绩效，使学习成为实现绩效持续改进的重要机制，也由此构成绩效视角的问责机制。

1. 构建有利于激发学习与合作的问责机制

通过激发政府部门学习实现绩效提升的问责，是一种更加长期、动态和系统的问责方式。传统的问责在合规性的控制导向下，关注发现问题和错误，并通过对错误的惩罚强化控制，这样的问责可能会让责任主体产生抵触和防御行为，强迫责任主体证明他们行为的合法性和合理性，促使他们掩盖与预期目标的差距，甚至诱发欺骗和歪曲，规避任何可能带来不确定性的行为。而为了学习和持续改进的问责不仅仅满足于惩戒错误的短期目标，发现错误和问题不是其最终目的，在发现问题的情况下鼓励开展具有针对性的持续学习，追求政府管理效率和效益的提高，实现“发现问题、改进问题、提升绩效”动态循环过程，才是更为有效的问责机制。

在学习的关怀下，成功或失败的原因是关键，为了得到“为什么”的答案，需要系统地检查行动主体、资源、过程，这个过程复杂、耗时，相比传统的控制取向的问责，学习和改进取向的问责在原本封闭的行政体系中促进开放和灵活性，让决策者反思最初指导政策的规则、承诺和理念，评估所采取的行动和选择，使问责不再是一种对抗性的机制，而是一种发现问题、解决问题的合作关系。②

① 徐芳芳，刘旭涛．美国公务员绩效激励机制之经验借鉴［J］．公共管理理论，2018（7）：28-37.

② 王柳．理解问责制度的三个视角及其相互关系［J］．经济社会体制比较，2016（2）：184-194.

2. 构建激励约束相容的容错问责机制

问责推动政府部门尽职尽责，进而促使其提高效能，但引导、推动政府部门规范运行的并不仅仅在于问责，实际上还在于容错纠错。“在管理工作中只有约束，没有激励，管理目标也不能顺利实现。容错就是激励的一种方式。①”

问责与容错之间既存在显著区别又是辩证统一的。就区别而言，主要体现为：其一，侧重点不一样。问责强调的是约束，容错主张的是激励。即问责就是对失职行为予以追究责任，既然追究责任，就是一种约束。无论是从政治学还是心理学的角度来看，问责必然会从行为举止和心理震慑等方面给人带来约束。容错则不一样，它主要通过允许试错、免于责任追究的方式来实施激励，进而促进组织及个人目标的实现。

其二，适用情形不一样。虽然问责和容错都是指向权力行使者，但是在具体适用情形方面则不尽相同。二者的出发点一致，都是着眼于权力的规范、有效运行，只不过容错是从积极方面入手，问责是从消极层面入手，最终落脚点和归宿都是为了推动公共权力的规范运行。由此，二者互为补充、不可分割。只强调问责而忽视容错，容易抑制人们干事创业的积极性；只强调容错而忽视问责，则容易导致滥作为。由此，二者需要相互支撑、相互耦合。

（四）构建符合部门期望的激励机制

预算的奖励要建立在部门的期望之上，奖励应与部门目标、部门满意度正向相关，使部门在实现社会效益的同时能够得到相应的奖励，促使部门责任意识不断增强。由此，在构建符合部门期望的绩效奖励办法时，应突出奖励与部门目标、部门满意度的结合，以及部门预算管理权限的扩大及其灵活性的增加。

绩效预算是一种结果导向型预算，其目的在于通过绩效责任换取管理自由，将使用预算资金的权限赋予资金管理者，在预算管理中实现战略目标与管理结果的有机融合。为强化部门预算管理责任，增加部门管理灵活性，美国出台了《1993 年政府绩效与成果法案》，该法案规定，当机构绩效任务完成情况良好并获得一定的绩效美誉度时，作为对机构责任感的回报，机构在

① 洪向华．为什么要同时强调问责与容错［J］．人民论坛，2017（9）：52-54.

编制绩效计划时可享有更多的管理权限，例如可以在一定限度内不经批准扩大人员编制数量、提高工资补贴额度、在部分预算科目间调剂资金等。新西兰出台的《公共财政法》也明确指出，支出部门享有不经议会批准在产出类别间调整预算资源的权限。澳大利亚赋予部门的预算管理自主权限更大，在促进目标结果与管理有机融合方面，澳大利亚支出部门可以灵活选择实现绩效目标的途径和方法。

我国当前的预算管理强调规范性，对预算调剂不仅予以严格限制，挤占挪用还属于极为严重的违规行为，会受到严厉处罚。这一管理模式显然与绩效预算的结果导向有违。由此，还应在强化预算部门绩效管理职责的同时，扩大其预算管理权限，预算管理者应可根据部门特点及环境变化，对项目内及项目间的预算进行调配，以选择对公共服务供给最为有利的投入方式。与此同时，预算部门还可享有利润分享的权利，即部门合理范围内的预算结余可结转到下一预算年度，使部门不必担心预算被收走而年底突击花钱。利润分享部分还可用于员工奖励，以激励部门节约资金、减少浪费，使奖励与部门的期望及满意度一致，最终实现部门利益与社会利益的互利互惠、激励相容。总体来看，全面实施预算绩效管理，还需从改进预算绩效评价结构、完善预算奖惩机制入手，构建相容性预算激励机制，促使部门在谋取自身利益最大化的同时，选择最优社会行为，以实现社会整体效益与部门利益的共同增进。

（五）引入规划预算，完善预算绩效管理激励基础

引入规划预算，改变预算编制流程，是实现预算绩效管理激励约束的基础。规划是政府部门为实现某一目标而开展的一系列活动，规划的设立以社会活动目标的实现为基础，与公共服务的供给者分属哪一部门无关。这一预算模式将预算管理的重点从财政支出的购买对象（即提供公共服务的部门）转向财政支出的目的（即向社会提供的公共服务），使预算编制的单元由部门转向规划，为打破预算资源竞争中根深蒂固的部门本位主义，促进预算资源配置优化奠定基础。基于规划制定的强制性要求，规划预算使公共部门从关注部门可获取多少预算资金，转向关注部门如何更好地完成规划任务，使政府部门及其每一位员工更加清晰地认知本职工作与部门产出的关系，与国家战略及民众需求的关系，将个人利益与部门利益以及社会利益紧密联系在一

起，从而实现个人利益、部门利益及社会利益目标函数的相容与一致。

此外，与按部门编制预算不同，规划预算编制时应设立明确的规划目标，该目标应与国家战略及民众需求相关，同时还应构建相关评价指标体系。这一预算编制方式既可督促预算资金配置与国家战略及民众偏好相符，还可确保对规划结果进行考评，从而能够通过评价发现各个部门规划目标的完成情况，为更为精细地审查预算、减少无效低效资源配置提供更佳工具。规划预算在众多转轨国家得到实施，并取得了良好的效果，应广泛借鉴相关国家成功经验，适时引入规划预算。

第四篇

完善预算绩效管理技术方法与手段

绩效管理是将绩效的理念与方法融入预算编制、执行与监督全过程，用以改进预算管理的一种方法与手段，是对现有预算管理模式的完善。

第八章　推动绩效与预算管理一体化

创新预算管理方式，建设全方位、全过程、全覆盖的预算绩效管理体系，实现绩效管理和预算管理一体化，提高财政资源配置效率和使用效益，改变预算资金分配的固化格局，提高预算管理水平和政策实施效果，为经济社会发展提供有力保障，是中共中央、国务院提出的预算绩效管理改革的发展方向。

一、绩效是预算管理的创新模式与发展

预算绩效管理并不是与预算管理相割裂、相并行的一个单独体系，而是利用绩效管理理念、绩效管理方法等对现有预算管理模式的创新与提升，在本质上仍是预算管理，服务并服从于预算管理。预算绩效管理强调资金的使用效益，以增强预算支出效率，实现资源优化配置，提高财政管理水平为目标[①]。

（一）政府预算是调节社会经济生活的手段与方法

政府预算是政府的财政收支计划，是政府有计划地集中和分配资金，调节社会经济生活的财政手段和财政机制。爱伦·鲁宾认为，预算的实质在于配置稀缺资源，需要一定的决策过程以使预算平衡，即从不同角度来看，政府预算有多种理解方式，呈现出预算内涵的多视角理解。[②]

---

① 基层财政干部培训教材编审委员会．全过程预算绩效管理基本知识问答［M］．北京：经济科学出版社，2013：116–118.

② ［美］爱伦·鲁宾．公共预算中的政治：收入与支出，借贷与平衡［M］．曾崚，等译．北京：中国人民大学出版社，2001：221–223.

1. 政府预算具有丰富的内涵

政府预算是经法定程序批准，以满足公共利益、体现政府公共决策、反映政府配置公共财政资源和政府活动行为的公共财政收支计划，是一种法律性规范文件。

（1）从内容及形式来看，政府预算表现为年度财政收支计划，即政府预算是政府根据国家政治、经济、文化、社会、生态各方面的发展规划和当年的政策目标在财政年度内对政府财政收支规模、结构进行预计、测算和安排。政府预算涵盖部门或单位所有的收入和支出，不仅包括财政预算内资金收支，还包括各项预算外资金收支、经营性收支以及其他收支；既包括一般预算收支，也包括政府性基金收支、国有资本经营预算、社会保险基金预算，体现了“大收入、大支出”的原则。从支出角度来看，政府把从社会国民生产总值中集中起来的财政资金在全社会范围内进行分配，履行其公共职能，通过向社会提供公共产品和公共服务，满足社会公共需要。从政府收支来看，政府预算反映了政府财政资金的收入来源、规模和支出方向，反映公共财政参与国民生产总值分配与再分配的规模与结构。

（2）从决策程序来看，政府预算是人类在政治架构下的一种行为，预算过程就是一个政治过程，任何政治活动最终都通过预算过程来完成，任何形式的预算改革也都具有政治上的内涵，没有什么预算改革只是体现技术内涵。与此同时，预算是以公民偏好为前提，政府产出是这种偏好的反映和体现，虽然预算制定是由政府机构内部以及机构之间完成的，但这种预算制定也是基于一般利益集团或特定利益集团对公民偏好的反映，体现了公民的重要地位，由此，国家治理能力在很大程度上取决于其预算能力。

（3）从法律属性来看，政府预算是具有很强法律效力的文件。政府预算必须经过国家权力机关就其内容进行审核、批准后，政府预算才有效，政府才具有预算执行权，才能进行年度预算活动。政府预算法律性包括：政府预算级次划分、预算收支内容、预算管理权限划分要通过预算法进行规定；政府预算的编制、执行、决算要按预算法进行；政府预算编制经过国家权力机关审查批准才能公布和实施；政府预算执行必须严格按照法律规定进行；政府预算调整必须严格按照法定程序进行，未经法定程序审批，任何人无权更改预算收支指标；政府决算必须按照法律规定进行编制和报告。政府预算和决算都必须按法律规定进行公开，接受监督。

（4）从功能作用来看，政府预算是对各类公共资源进行配置，在配置过程中实现人类的目的，在本质上具有工具属性。政府预算通过对社会稀缺资源的配置，反映对社会各类未来支出项目进行比较与选择。在发展市场经济的条件下，市场配置资源方面也存在市场失灵的情况，以及市场无法保证社会的公平，为此需要政府借助相关工具进行宏观调控，以保证市场的平稳运行、经济社会的稳定发展和实现社会的公平正义，政府预算即是政府施行宏观调控的一个重要工具。

2. 政府预算管理的流程与环节体现了政府活动的范围和方向

政府预算周期包括预算编制、预算审批、预算执行、预算调整、预算监督、决算和绩效评价等众多阶段，由预算程序、分类系统、预算文件、会计与报告、激励机制等诸多要素组成，体现了计划年度内政府的财政收支指标及其平衡状况，以及政府活动的范围、方向和政策。

政府预算的科学性、合理性需以严格的预算程序、预算步骤为保证。政府预算管理以年度为周期，依编制、审批、执行、调整、决算、监督和评价等环节循环往复，各环节紧密相连。

（1）预算编制是预算周期中最为重要的环节，是政府年度工作重点和工作方向的全面反映，包括政府预算收支计划的拟定。为保证预算编制的科学准确，在编制政府预算前需充分调研，科学筹划，谨慎决策。

（2）预算审批是保证预算合法有效的环节，由各级立法机关对同级政府提出的预算草案进行审查和批准。经过立法机关批准的预算属于法律文件，具有法律效力，非经法定程序不得改变。

（3）预算执行是各级财政部门和其他预算主体组织收入和划拨支出的活动，是将经法定程序批准的预算付诸实施的重要阶段。我国《预算法》规定，各级预算由本级政府组织执行，具体工作由本级财政部门负责。在预算征收方面，预算收入征收部门必须依法及时足额征收预算收入，不得违法擅自减免或缓征，不得截留、占用或者挪用预算收入。在划拨预算支出方面，各级财政部门必须按照有关规定及时足额拨付支出资金，加强对预算支出的管理和监督。

（4）预算调整需立法机关批准，各级政府对于必须进行的预算调整，应当编制调整方案，由同级立法机构审查和批准。未经立法机构批准，任何部门不得擅自调整预算。

（5）决算是对年度预算收支执行情况的总结和最终反映，是预算管理不可或缺的环节，通过决算可以总结经验，发现不足，为财政统计和下年度预算科学编制奠定基础。

（6）预算监督分为预算编制监督和预算执行监督。预算编制监督主要为针对各级政府部门和财政部门预算编制行为的监督；预算执行监督主要为针对各级政府部门及财政部门的预算执行情况和决算开展的检查。

（7）绩效评价是财政部门和预算部门根据设定的绩效目标，运用科学合理的绩效评价指标、评价标准和评价方法，对财政支出的经济性、效率性和效益性进行客观、公正的评价，其目的在于规范和加强财政支出管理，强化支出责任，建立科学、规范的绩效评价管理体系，提高财政资金使用效益。

（二）预算绩效管理是结果导向全过程的预算管理

预算绩效管理是以绩效目标为向导，以绩效评价为手段，以结果应用为保障，以改进预算管理、优化资源配置为目的，覆盖所有财政性资金，贯穿预算编制、执行、监督全过程的预算管理模式，由绩效目标管理、事前绩效评估管理、绩效运行跟踪监控管理、绩效评价实施管理、绩效评价结果反馈和应用管理等环节组成。

1. 绩效目标管理

绩效目标管理包括绩效目标设定、绩效目标审核和绩效目标批复等三个方面的内容。

（1）绩效目标设定。绩效目标是预算绩效管理的基础，是整个预算绩效管理系统的前提，包括绩效内容、绩效指标和绩效标准。

预算单位在编制下一年度预算时，应根据国务院编制预算的总体要求和财政部门的具体部署、国民经济和社会发展规划、部门职能及事业发展规划，科学、合理地测算资金需求，编制预算绩效计划，报送绩效目标。报送的绩效目标应与部门目标高度相关，并且是具体可衡量，且在一定时期内可实现的。预算绩效计划要详细说明为达到绩效目标拟采取的工作程序、方式方法、资金需求、信息资源等，并有明确的职责和分工。

（2）绩效目标审核。财政部门应依据国家相关政策、财政支出方向和重点、部门职能及事业发展规划等对单位提出的绩效目标进行审核，包括绩效目标与部门职能的相关性、为绩效目标实现所采取措施的可行性、绩效指标设置的科学性、实现绩效目标所需资金的合理性等。绩效目标不符合要求的，财政部门应要求报送单位调整、修改；审核合格的，进入下一步预算编审流程。

（3）绩效目标批复。财政预算经各级人民代表大会审查批准后，财政部门应在单位预算批复中同时批复绩效目标。批复的绩效目标应当清晰、可量化，以便在预算执行过程中进行监控和预算完成后实施绩效评价时对照比较。

2. 绩效评估管理

绩效评估开展于预算编制阶段，是根据部门战略规划、事业发展规划、项目申报理由，对政策和项目实施的必要性，绩效目标设置的科学性，预算编制的合理性，实施方案的可行性等方面进行的评估。

绩效评估是政府预算决策的重要改革举措，其目的在于在预算编审环节引入社会监督，推行科学民主决策，建立“参与式预算”机制。

3. 绩效运行跟踪监控管理

预算绩效运行跟踪监控管理是预算绩效管理的重要环节，通过定期采集绩效运行信息并汇总分析，可对绩效目标实现程度和预算执行进度实行“双监控”，以便发现问题、及时纠偏，确保绩效目标如期保质保量实现。

4. 绩效评价管理

预算绩效评价是指预算执行结束后对预算资金的产出和结果进行绩效评价，重点评价产出和结果的经济性、效率性、效益性和公平性。实施绩效评价要编制绩效评价方案，拟定评价计划，选择评价工具，确定评价方法，设计评价指标。预算执行单位要对预算执行情况进行自我评价，提交绩效报告，要将实际取得的绩效与绩效目标进行对比，如未实现绩效目标，须说明理由。组织开展绩效评价工作的单位要提交绩效评价报告，认真分析研究评价结果反映的问题，努力查找资金使用和管理的薄弱环节，制定改进和提高工作的措施。财政部门对预算单位的绩效评价工作进行指导、监督和检查，并对其报送的绩效评价报告进行审核，提出进一步改进预算管理、提高预算支出绩效的意见和建议。

5. 绩效评价结果反馈和应用管理

通过绩效评价结果反馈，要求被评价单位根据评价结果改进管理、提升服务质量，根据评价结果安排预算，调整政策，使绩效评价结果得到充分应用，是政府部门提高管理水平、降低支出成本、增强支出责任的重要依据，也是实施预算绩效管理的核心目标。

（三）一体化要求绩效管理融入预算管理

绩效和预算管理一体化，是把绩效管理和预算管理两个系统融合为一个有机体的过程（见图 8-1）。

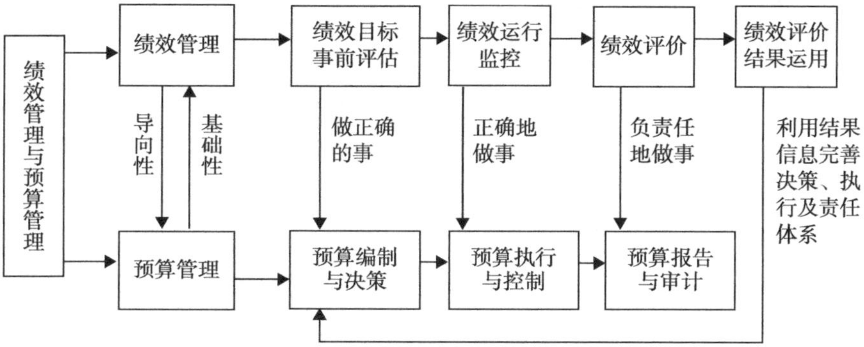

图 8-1　绩效和预算管理一体化

1. 预算决策阶段强化绩效目标管理和事前绩效评估

预算绩效管理起始于绩效目标管理和事前绩效评估，在预算编制与决策阶段，预算部门应根据部门战略规划、事业发展规划、社会现实需求、部门职能履行，明确绩效目标，确定目标实现的资金需求，提出立项理由，主管部门及财政部门对项目实施的必要性、可行性、目标设置科学性、预算编制合理性进行评估，以确定项目是否属于部门履职该做的事情，能否取得财政资金支持，以及可以获得多少财政资金的支持。绩效目标管理及事前绩效评估是政府预算决策的重要举措，旨在强化预算编审环节的社会监督，以优化公共资源配置，提高政府理财和公共服务水平，推进“责任政府”“阳光政府”和“服务型政府”建设。

2. 在预算执行环节开展预算绩效运行跟踪监控

预算运行跟踪监控是基于国库集中支付制度和财务管理的有关规定，以动态监控制度为平台，对财政资金支付全过程进行的监控，通过定期采集绩效运行信息并汇总分析，对绩效目标实现程度和预算执行规范性实行“双监控”，及时发现问题、及时纠正，对存在严重问题的，暂缓或停止预算拨款，督促整改，以确保财政资金支出安全、规范，绩效目标如期实现。

3. 在预算监督与决算环节开展绩效评价

在预算执行结束后，对预算资金的产出和结果进行绩效评价，重点评价产出和结果的经济性、效率性、效益性和公平性，将实际取得的绩效与绩效目标进行对比，认真分析研究评价结果所反映的问题，努力查找资金使用和管理中的薄弱环节，制定改进和提高工作的措施，提出进一步改进预算管理、提高预算支出效益的意见和建议。

4. 在绩效评价完成后强化绩效评价结果反馈与应用

在绩效评价完成之后，还应建立绩效评价结果反馈和应用制度，及时将绩效评价结果反馈给预算执行单位，要求其根据绩效评价结果完善管理制度、改进管理措施、提高管理水平、降低支出成本、增强支出责任。同时，将绩效评价结果作为安排以后年度预算的重要依据，优化资源配置，为政府决策提供参考，作为实施行政问责的重要依据，并通过绩效评价结果的公开，接受社会监督。

通过上述流程，绩效管理与预算管理融为一体，形成“预算编制有目标、预算决策有评估、预算执行有监控、预算完成有评价、评价结果有反馈、反馈结果有应用”的预算绩效一体化管理机制，以绩效引领预算、约束预算、服务预算，最终促进预算管理质量和水平的全面提升。

二、绩效管理和预算管理在实践中的脱节

绩效和预算管理一体化的关键环节在于源头的预算决策和事后的监督，但当下在这两个环节，绩效和预算管理“两张皮”现象还较为突出。

（一）预算决策环节

面对有限的资源总量和无限可能的支出用途，政府预算必须以国家战略和公共政策为导向，基于效率和有效性建立适当的优先性排序，以确保将稀缺资源优先用于更具价值的用途。为此，构建一套行之有效的管理机制，并确保这套管理机制和价值体系能够很好地融入预算程序之中，成为预算绩效管理的基础，使目标性和优先性成为评判这套机制与体系效用的核心，也使目标性和优先性成为构建预算绩效管理的源头。

当前，我国各部门在编制部门预算时，采用的还是传统的“基数 + 增长”

模式，在保留上年项目的同时，提出任务扩大化的预算需求，对于国家和地方党委政府提出的发展新要求，则以预算追加的方式回应，使部门预算呈现出刚性增长态势，也使财政支出需求不断扩大，财政收支矛盾突出。究其原因就在于，部门预算编制和决策环节未能和绩效目标管理和事前绩效评估很好地融合在一起，未能形成绩效目标、事前绩效评估对部门预算编制的制约与控制。

为此，必须强化预算决策环节的绩效管理，构建行之有效的绩效目标、绩效评估机制，并确保这套机制能够很好地融入预算编制与决策过程之中，借此抑制部门支出需求膨胀，缓解财政收支矛盾，促进稀缺而宝贵的财政资源能够优先用于最具价值的地方，提高财政资金决策效能。

（二）预算监督环节

作为绩效管理的基础工具和核心内容，绩效评价是绩效管理不可或缺的组成部分。但绩效评价不是为评价而评价，科学的绩效评价不仅可为绩效管理提供必要的信息支撑，帮助管理机构发现存在的问题，还能使管理者通过绩效评价的结果了解部门绩效优秀或绩效不佳的原因，为绩效改进提供依据。绩效评价的成功与否，直接影响绩效管理的水平。由此，将绩效评价结果应用于预算编制优化、部门管理改进、公共服务质量提升、激励约束问责，就成为预算执行完成后进行监督的基础。

但由于各部门对绩效评价的重视程度不足、业务部门配合不够、第三方机构水平参差不齐等原因，使绩效评价与预算监督问责、预算决策编制出现明显脱节。

三、强化绩效管理与预算管理一体化的融合

现代政府的基本经济职能包括稳定（宏观经济）、配置（提供公共物品）和再分配（收入），预算与此三者紧密相连，并强有力地影响着这些职能的实现。作为财政政策工具，政府预算通过对稀缺财政资源的分配，实现社会资源在公共部门和私人部门间的配置，向公众提供各种形式的公共产品和公共服务；通过对不同人群间利益的合理分配，促进社会公平，实现再分配职能；通过综合政策的作用，促进保障经济适度增长、高就业、低通胀，稳定宏观

经济职能等目标实现。政府预算就此成为反映政府战略重点和政策优先方向最重要的施政工具，也因此成为对政府决策行为进行评判的标尺。

（一）以目标性和优先性为核心，强化预算决策有效性

从传统绩效预算走向新绩效预算，代表了现代政府预算的发展方向。新绩效预算认为，应在一个长远的框架内以及总额约束条件下，根据核心使命确定战略目标及支出重点，再根据目标选择达成最优路径与活动内容，同时根据对活动结果绩效的测度分配资源，最终促使效益的全面提升。由此，新绩效预算将预算资源的配置与活动实施结果联结起来，力求最大程度实现公共资金的“货币价值”。①

尽管各国在新绩效预算实践中联结资源与绩效的方式不同，但基本上都强调，在总额约束的条件下根据政策目标战略性地将资源配置到更加重要的领域，并运用绩效信息引导预算决策依照政策的重要性排序。在这个过程中，必须确保在战略目标、结果和产出之间建立起密切的联系，并在此基础上分配绩效责任。

图 8–2 描述了战略与结果、产出目标之间的关系。每个战略目标至少有一个相关联的结果目标，而该结果目标也必须与至少一个（通常是多个）产出目标相联系。

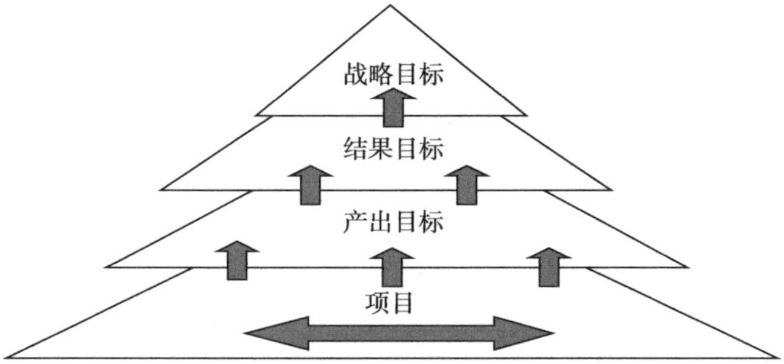

图 8–2　战略、结果和产出目标

需要注意的是，虽然新绩效预算的决策重点是支出实现的结果，但是仍然需要关于政府部门的投入产出的信息。而且政府部门的结果经常受环境的

① 马峻 . 新绩效预算［J］. 北京：中央财经大学学报，2004（8）：1–6.

影响，图 8–3 展示了政府部门活动的资源、投入、产出与结果之间的关联，以及外部环境对结果的影响。

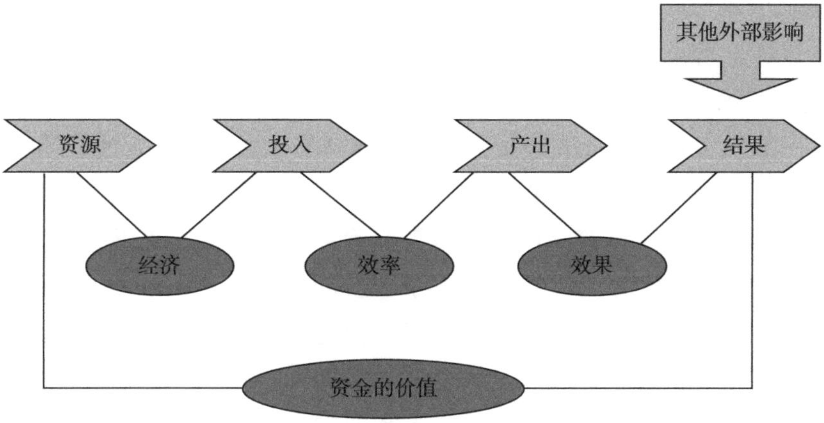

图 8–3　绩效链条及环境

新绩效预算有两个非常重要的环节：一是明确绩效目标，二是确定支出重点和优先方向。

1. 强调预算决策的绩效目标设定

一旦支出重点和优先方向确定后，项目的选择就明确了方向。在项目预算的过程中，一个至关重要的问题就是如何为确定的项目或活动设定明确而可行的绩效目标。在新绩效预算中，设定绩效目标具有十分重要的作用，即改进项目支出的效果（通过明确结果目标）或效率（通过产出目标），或者同时对两者进行改善。

新绩效预算遵循“目标→结果→产出→预算”的逻辑关系，明确各项预算支出的绩效目标，有利于提高预算资金的使用效益。传统预算招致最大的批评就在于预算支出缺乏明确的目标与结果指标，导致预算资金使用效益低下。新绩效预算的逻辑起点是政府意欲实现某一方面的公共利益目标，该目标实现需要由若干量化的公共服务结果加以体现，而公共服务结果的实现需要政府部门提供若干公共服务产出，公共服务产出的提供需要预算资金的支持。由此可见，新绩效预算不仅阐述了传统预算所描述的“花了多少钱”“钱花在何处”，更明确了纳税人最为关心的“政府花钱所产生的结果如何”的问题。

当然，仅仅是绩效目标还不能构成绩效预算，绩效预算的核心是将资金与结果挂钩。新绩效预算将绩效目标与预算整合起来，即将资金水平与设定的绩效目标相匹配，绩效目标越高，可能给予的资金越多，反之则越少。在广泛实施绩效预算的国家，一个部门或者项目能否得到预算拨款，能得到多少预算拨款，主要取决于是否设立合理且可以计量的绩效目标。

2. 强调预算决策的支出重点和优先方向

确定支出重点和优先方向是指在预算编制前明确政府关键性的战略目标、政策重点，进而确定支出重点和优先方向，重新配置资源。它要求政府战略性地制定政策，为实现跨年度的战略目标确定政策重点、支出重点和优先方向，将资源从不重要的领域重新配置到关键性的领域。OECD 国家采用了多种方式和预算制度来保障这一目标的实现，包括中期支出框架、各种财经纪律的规则、支出审查等。有些国家强调通过整体性地在政府层面制订战略计划，来确定政府的支出重点和优先方向，例如美国、加拿大以及韩国。另外一些国家则采取其他方法根据战略目标确定支出重点和优先方向，例如英国定期采取支出审查，并在此基础上要求部门制订未来三年的支出计划。绩效目标管理以及事前绩效评估也由此成为预算决策的重要组成部分。

（二）加强一体化闭环管理，实现评价结果与预算“强”挂钩

绩效与预算管理一体化进程很难一蹴而就，大致需要两个阶段：第一阶段是绩效影响预算安排，如绩效目标与预算编制更加匹配、评价结果影响未来预算安排等；第二阶段是绩效引领、约束预算，在预算管理中充分利用绩效信息，通过绩效管理来提升预算管理水平。在这两个发展阶段中，都需要加强绩效评估和评价的结果应用，并不断提升其应用水平。只有将绩效信息实质性嵌入预算管理过程，使绩效评估及评价结果与预算安排紧密挂钩，成为常态化的预算管理依据，才能促进绩效与预算的有机结合，否则仍然可能会出现绩效管理与预算管理“两张皮”的现象。关于绩效评价结果应用的具体内容见本书第十一章绩效评价结果应用。

第九章　完善绩效目标管理与事前绩效评估机制

绩效目标管理和事前绩效评估是预算编制和决策的重要内容，是优化公共资源配置，提高政府理财和公共服务水平，推进“责任政府”“阳光政府”和“服务型政府”建设的重要改革举措。

一、以战略规划为基础，强化预算决策目标管理

绩效目标是绩效评价的对象计划在一定期限内达到的产出和效果，是关于未来要做什么事？怎么做？需要多少资金？如何控制成本？如何安排时间进度？如何保障实施质量？预期达成怎样的效果，产生怎样的影响？以及如何对任务完成情况进行考核和评定等的一整套任务要求和有关思考，是整个预算绩效管理的起点、基础和前提，对预算编制、运行监控和结果评价具有深刻的影响。

（一）正确认知绩效目标的管理效用

虽然绩效目标的设定与审核已成为预算绩效管理的必要流程，但各界对于绩效目标的认知还处于不充分的状态，绩效目标填报缺乏积极性，绩效目标审核流于形式，以至于绩效目标管理成为预算绩效管理中的薄弱环节。

绩效是管理的核心，管理的效率来自于合理目标的设定。正如国际管理大师彼得·德鲁克所指出的那样，管理的核心就是确定“目标”，不是有了工作才有目标，而是相反，有了目标才能确定每个部门及每个人的工作，“部门的使命和任务，必须转化为目标”。美国的财政改革之路基本上代表了绩效目标管理的发展历程。1965 年，美国通过实施项目计划预算体系，将预期产

出与长期政策目标相联系，在不同的长期目标和实现方式之间进行选择，以优化政府财政支出决策效益。20世纪70年代，美国财政改革转为整体目标管理，将部门预算需求与设定的目标挂钩，部门需要为确定的产出和结果目标负责。20世纪90年代，美国实施“再造政府”计划，成立“美国绩效评估委员会”，出台纲领性文件《从重视过程到重视结果：创造一个花钱少、工作好的政府》，发布《政府绩效成果法》，期望改进政府内部管理、改善公共服务的质量、增强部门的公共责任感。政府部门被要求与国会相关部门就长期战略目标和为其达成结果所采用的策略进行协商，政府需要提交年度绩效计划，说明他们计划如何完成年度目标，并在年末报告真实绩效。绩效目标管理自此被全面引入美国的预算管理。

从美国绩效预算的改革历程可以发现，绩效目标管理不仅可以促进财政资金的统筹安排，政府部门服务水平和质量的改进，政府服务效率的提升，同时，实施绩效目标管理还有助于树立良好的绩效观念，强化前期论证与准备，提高预算决策效率，促使稀缺而宝贵的财政资金被用于更具价值的领域。

（二）正确认知绩效目标的契约效应

从理论上来说，绩效目标是预算资金供需双方就预算投入达成的协议。绩效目标的填报与审批是预算资金供给方（财政部门）与需求方（预算部门）之间受托责任的体现，是资金供需双方就预算资金使用签署的合约。目标的申报是预算资金需求者对合约的发起与提出，目标的审核与批复是资金供应方对合约的同意与批准，绩效目标一旦批复即意味着合约开始发挥效力。预算资金需求方应依照绩效目标履行义务，预算资金供给方应依照约定的评价体系和评价方法对预算资金需求方绩效目标的完成情况进行评判，并依据约定的奖惩措施予以奖励或处罚。在这样一种绩效合约的强制性约束下，目标管理才能发挥应有效应。

我国当前的绩效目标填报和审批还存在明显的缺陷：在绩效目标填报之时，预算实施方（即预算部门）对预算投入的可行性、必要性未有充分论证，对预算投入可能取得的成果、效益及影响知之不详，相对应，绩效目标的设定也就难以精确，相关指标也做不到细化量化，在完整性、科学性和逻辑性等方面都存在明显不足；在绩效目标审核时，因对项目特点、行业标准等信息掌握不充分，预算组织方（即财政部门）较为被动，只能以预算单位填报的指标作为主要参考依据。此外，绩效目标涉及的行业多、领域广泛、专业性较强，再加上绩效目标审核时间紧、任务重，导致对绩效目标的审核偏于宽松。

由此形成的绩效目标在专业性、逻辑性、全面性、完整性方面均存在较为明显的缺陷，既无法准确体现预算实施方应承担的履职义务，无法指导与约束预算实施方任务的完成，预算组织方也无法据此对预算实施方的目标完成情况进行合理评判，这样的绩效目标不仅使其激励效应丧失，也使其管理效应无法体现。

绩效目标不完备还直接导致各部门组织的绩效自评价结果不佳。经查询中央部门决算报告发现，在随中央部门决算报告公布的172个绩效评价项目中，自评报告平均得分为95.96分，其中79个项目同时开展了第三方评价，除16个项目第三方评价分数与自评价得分相同外，有63个项目第三方评价分数明显低于自评价得分，差异率高达79.7%，差异最大的多达10余分，例如，“西部和农村地区邮政普遍服务基础设施建设”项目自评价得分为93.8分，第三方评价得分为84.88分，相差8.4分；“出国经贸展览会及服务贸易、品牌建设展示”项目自评价得分为96.4分，第三方评价得分为84.2分，相差12.2分；“反兴奋剂专项”项目自评价得分为98分，第三方评价得分为88.0分，相差10分。

对于同一项目开展的绩效评价，评价结果出现明显差异，其主要原因就在于评价的依据不同。自评价的依据为绩效目标，绩效目标填报得不准确、不完备，使自评价未能触及项目的核心要义，评价扣分主要缘于预算支出进度滞后，以至于只要支出进度完成，自评价得分就能获得满分。但实际上，这些项目在决策、过程、产出和效果等方面都存在明显缺陷，这也就是为什么在引入第三方评价后，依据更加科学规范的绩效指标开展评价，得分就会与自评价出现明显差异的原因。

各部门对预算执行情况以及政策、项目实施效果开展绩效自评，既是《中共中央 国务院关于全面实施预算绩效管理的意见》提出的明确要求，也是绩效评价全方位、全过程、全覆盖推行的基础。为大力提高绩效自评价的质量，保障绩效评价结果的公平公正客观，还应尽快完善绩效目标管理，使绩效目标能够真正发挥引领预算编制、约束项目实施、促进成果显现的功效。

此外，我国当前的绩效目标设置内容也存在明显缺陷，主要表现为绩效目标申报表欠缺预算编制方面的内容。绩效目标设置的本意是通过对职责履行、任务完成的合理预期，确定与目标达成相一致的资金需求，使预算资金既能满足绩效目标的实现，又能符合委托人的支出意图。这样一种管理模式使预算成其为真正意义上的支出需求测算，而非投入预算中固化的定量拨款，可最大限度避免定量拨款中预算编制依据不充分，测算不科学，与工作任务及达成目标不够匹配的痼疾。但若对绩效目标的申报并无详尽的预算要求，则很容易使绩效目标的申报重新陷入支出固化的泥淖，使绩效目标的申报与预算编制的科学合理脱节，也使绩效目标无法发挥改变当前投入预算的重大弊端——因钱设事的作用，投入预算支出固化的格局也难以得到根除和根本性改变。

由此，绩效目标不仅是资金需求方——预算部门对资金使用结果的预期，还是资金供给方——财政部门约束控制资金需求方的方法与手段，同时也是资金供需双方就控制与被控制达成的协议，对预算绩效管理来说具有重要意义。

（三）科学合理设定绩效目标

1. 绩效目标设定原则

（1）指向明确，合理可行

绩效目标要符合国民经济和社会发展规划、部门职能及事业发展规划等要求，符合本地区、本部门中长期战略规划和年度规划目标，并与相应的预算支出内容、范围、方向、效果等紧密相联。设定绩效目标时要经过调查研究和科学论证，符合客观实际，能够在一定期限内如期实现，避免目标设立过高或过低。

（2）细化量化，易取可评

绩效目标应通过绩效指标细化量化，确难以量化的，可采用定性表述，但应具有可衡量性。绩效指标应具有明确的评价标准，绩效指标值一般对应已有统计数据，或在成本可控的前提下，通过统计、调查、评判等便于获取。

（3）相应匹配，高度关联

绩效目标要与计划期内的任务数或计划数相对应，与预算投入规模、支出内容和政策依据相匹配。绩效指标应指向明确，与支出方向、政策依据相关联，与部门职责及其事业发展规划相关，与总体绩效目标的内容直接关联。

（4）重点突出，整体一致

绩效指标应涵盖政策目标、支出方向、主体内容，应选取能体现项目主要产出和核心效果的指标，突出重点。总目标、产出指标和效益指标之间应逻辑清晰、环环相扣，体现投入、过程、产出、效益的一致性和整体性。

2. 绩效目标设定步骤

（1）加强绩效目标论证

加强绩效目标论证是提高绩效目标编制科学性、合理性、有效性的重要途径。绩效目标的确定是预算绩效管理中的一个难点。如果目标申报过高，与政府财力不相匹配，则绩效目标无法实现；如果目标设计过低，部门履职能力产生剩余，社会需求得不到满足，则绩效目标同样无法带来应有的效益。

由此，编制绩效目标时，应根据有关中长期工作规划、项目实施方案等，特别是与项目立项直接相关的依据文件，分析重点工作任务、需要解决的主要问题和相关财政支出的政策意图，同时参考以往年度目标任务完成情况、绩效评价结果等，对绩效目标进行充分论证，确定项目所要实现的总体目标，即总任务、总产出、总效益等，并以定量和定性相结合的方式进行表述。

（2）分解细化指标

在分析、归纳总体绩效目标，明确完成工作任务的基础上，将其分解成多个子目标，细化任务清单。同时，根据任务内容，分析投入资源、开展活动、质量标准、成本要求、产出内容、产生效果，设置绩效指标。绩效指标选取应遵循 KPI 原则，选择、提炼最能反映总体目标预期实现程度的关键性指标，并将其确定为相应的绩效指标。

（3）设置指标值

绩效指标选定后，应参考相关历史数据、行业标准、计划标准等，科学设定指标值。指标值的设定要在考虑可实现性的基础上，尽量从严、从高设定，以充分发挥绩效目标对预算编制与执行的引导、约束和控制作用。要避免选用难以确定指标值、标准不明确或缺乏约束力的指标。

（4）加强指标衔接

应强化绩效指标与绩效目标的有机衔接，确保任务相互匹配、指标逻辑对应、数据相互支撑。

3. 绩效指标分类及设置要求

绩效指标包括成本指标、产出指标、效益指标和满意度指标四类一级指标。原则上每一项目均应设置产出指标和效益指标。工程基建类项目和大型修缮及购置项目等应设置成本指标，并逐步推广到其他具备条件的项目。满意度指标根据实际需要选用。

（1）成本指标

设置成本指标的目的是加强成本管理和成本控制，以反映预期提供的公共产品或服务所产生的成本。成本指标包括：经济成本指标，即实施相关项目所产生的直接经济成本；社会成本指标，即实施相关项目对社会发展、公共福利等方面可能造成的负面影响；生态环境成本指标，即实施相关项目对自然生态环境可能造成的负面影响，包含了项目实施产生的各方面成本的预期控制范围。

工程基建类项目和大型修缮及购置项目等应设置成本指标，并逐步推广到其他具备条件的项目。对于具有负外部性的支出项目，还应选取负作用成本指标，体现相关活动对生态环境、社会公众福利等方面可能产生的负面影响，以综合衡量项目支出的整体效益。

（2）产出指标

产出指标是对预期产出的描述，包括数量指标、质量指标、时效指标等二级指标。

数量指标反映的是预期提供的公共产品或服务数量，应根据项目活动设定相应的指标内容。数量指标应突出重点，力求以较少的指标涵盖体现主要工作内容。

质量指标反映的是预期提供的公共产品或服务达到的标准和水平，原则上工程基建类、信息化建设类等有明确质量标准的项目应设置质量指标，如“设备故障率”“项目竣工验收合格率”等。

时效指标反映的是预期提供的公共产品或服务的及时程度和效率情况。设置时效指标，需确定整体完成时间。对于有时限完成要求、关键性时间节点明确的项目，还需要分解设置约束性时效指标；对于内容相对较多并且复杂的项目，可根据工作开展周期或频次设定相应指标，如“工程按时完工率”“助学金发放周期”等。

原则上每一个项目均应设置产出指标，产出指标的设置应当与主要支出方向相对应，不应存在重大缺项、漏项。数量指标和质量指标均需设置，时效指标可根据项目实际情况设置，无强制要求。

（3）效益指标

效益指标是对预期效果的描述，包括经济效益指标、社会效益指标、生态效益指标等二级指标。

经济效益指标反映的是相关产出对经济效益带来的影响和效果，包括相关产出在当年及以后若干年持续形成的经济效益，以及自身创造的直接经济效益和引领行业带来的间接经济效益。

社会效益指标反映的是相关产出对社会发展带来的影响和效果，用于体现项目实施当年及以后若干年在提升治理水平、落实国家政策、推动行业发展、服务民生大众、维护社会稳定、维护社会公平正义、提高履职或服务效率等方面的效益。

生态效益指标反映的是相关产出对自然生态环境带来的影响和效果，即对生产、生活条件和环境条件产生的有益影响和有利效果。包括相关产出在当年及以后若干年持续形成的生态效益。

对于一些特定项目，应结合管理需要确定可持续影响指标，如工程基建类项目和大型修缮及购置项目，考虑使用期限，须在可持续影响指标中明确当年及以后一段时期内预期效益发挥情况。对于具备条件的社会效益指标和生态效益指标，应尽可能通过科学合理的方式，在予以货币化等量化反映的基础上，转列为经济效益指标，以便于进行成本效益分析比较。

（4）满意度指标

满意度指标是对预期产出和效果的满意情况的描述，反映服务对象或项目受益人及其他相关群体的认可程度。对申报满意度指标的项目，在项目执行过程中应开展满意度调查或者其他收集满意度反馈的工作。如“展览观众满意度”“补贴对象满意度”等。

满意度指标一般适用于直接面向社会主体及公众提供公共服务，以及其他事关群众切身利益的项目支出，其他项目根据实际情况可不设满意度指标。

4. 绩效指标值设定依据

绩效指标值通常用绝对值和相对值表示，主要依据或参考计划标准、行业标准、历史标准或财政部和业务主管部门认可的其他标准进行设定。

（1）计划标准

根据计划依据可再细分为国家级、中央部门级计划或要求。如党中央和国务院文件、政府工作报告、各类规划、部门正式文件、有关会议纪要提及的计划或考核要求等。

（2）行业标准

包括行业国际标准、行业国家标准、行业省级标准等。如涉及工艺、技术等指标时可采用。

（3）历史标准

可参考近三年绩效指标平均值、上年值、历史极值等。

（4）预算支出标准

主要用于成本指标的取值，不得超出规定的预算支出标准设置目标值。

（5）其他标准

其他参考数值、类似项目的情况等。

绩效目标设置案例分析

《中央部门项目支出核心绩效目标和指标设置及取值指引（试行）》（财预〔2021〕101号）指出，项目支出绩效目标是指中央部门依据部门职责和事业发展要求设立并通过预算安排的项目支出，在一定期限内预期达到的产出和效果以及相应的成本控制要求。绩效目标通过具体绩效指标予以细化、量化描述。设置绩效目标遵循确定项目总目标并逐步分解的方式，确保不同层级的绩效目标和指标相互衔接、协调配套。

依此规定对“农业生态环境保护”绩效目标进行分析可见，该绩效目标总体目标不够准确，与项目名称不够匹配，绩效指标与绩效目标衔接不够严密，质量指标与数量指标不够一致，效益指标不够科学，满意度指标不够准确。

（1）绩效目标总体目标不够准确，与项目名称不够匹配

农业生态环境包含直接或者间接影响农业生存和发展的土地资源、水资源、气候资源和生物资源等各种要素，是农业生存和发展的前提，是人类社会生产发展最重要的物质基础。《中共中央 国务院关于全面加强生态环境保护坚决打好污染防治攻坚战的意见》明确提出，要加快构建农业生态环境保护制度体系，着力实施农业绿色发展重大行动，优化畜禽养殖区域布局，继续实施有机肥替代化肥、化肥农药使用量零增长行动，大力推动农业资源养护，显著提升科技支撑能力，促进产业与环境科技问题一体化解决。

由此，“农业生态环境”所含内容庞大，涉及“农用化学品污染及其防治、农业废物控制和资源化、污水灌溉与农业生产、酸雨对农业的危害及其防治、土地退化与整治、农业环境的修复、农业环境灾害及其控制、有机农业与源头产品、有机农产品的开发和湿地保护”等领域。但“农业生态环境”项目总体目标设定范围偏窄，虽然包含四项子目标，但目标1、目标2、目标

3均为渔业减排目标，目标4为土壤监控目标，与“农业生态环境”所含领域相差甚远。由此来看，该绩效目标还应依据项目的具体实施内容适度缩小与调整项目名称。

此外，项目年度总体目标与实际执行情况也存在明显差异，年度总体目标涉及四项子目标，但从实际完成的总体目标来看，仅完成三项子任务，其中，计划的目标1、目标2、目标3合并为完成的目标3——渔业减排目标，计划的目标4提升至完成的目标1，完成的任务2“划定了耕地质量类别，完成了采集农产品样品任务，研究起草了受污染耕地安全利用技术指南、受污染耕地安全利用率评价指标体系”并未纳入年度总体目标，使完成的绩效目标与计划的绩效目标相比，出现了较为明显的差异，说明项目在设定绩效目标时，未进行充分论证，未详尽了解项目实施内容，年度总体目标设定不够准确、全面，未能反映项目年度重点工作任务及相关政策意图。由此，还应参考项目往年实际完成情况，在充分论证的基础上全面设定项目总体绩效目标，使项目总体目标能够覆盖项目的核心任务要求。

（2）绩效指标与绩效目标衔接不够严密

该绩效目标设定了“地膜残留监测点、地膜覆盖替代技术监测评价、农产品产地环境国控例行监测点、农田氮磷流失监测点、土壤—农产品样品、相关农业环境立法论证及工作报告”等六项数量指标，这些数量指标均属于子目标4土壤监控范畴，与目标1、目标2、目标3相关的渔业减排目标均未设立相关数量指标，使绩效指标与绩效目标的衔接出现明显不对应。由此，应以修订后的总体目标为基础设定相关数量指标，数量指标应能够体现土壤监控、耕地质量类别划分、渔业节能减排等任务的核心工作目标，与此同时，还应根据数量指标分别设置相应的质量指标、社会效益指标、生态效益指标。

（3）质量指标与数量指标不够一致

该绩效目标一共设定了六项数量指标，但仅有两项质量指标，质量指标与数量指标未能做到一一对应，而且此两项质量指标“废水无害化处理率、粪便和污水收集率”，均无相对应的数量指标和工作任务要求。由此，应添加“废水无害化处理、粪便和污水收集”等方面的数量指标，同时添加“地膜残留监测点、地膜覆盖替代技术监测评价、农产品产地环境国控例行监测点、农田氮磷流失监测点、土壤—农产品样品、相关农业环境立法论证及工作报告”等方面的质量指标。

（4）效益指标不够全面科学

该绩效目标仅设置了社会效益指标，未设置生态效益指标。作为“农业生态环境保护”项目，其在生态环境改善与促进方面的作用应该是其最为重要的目标任务，生态效益指标不可或缺。与此同时，其社会效益指标“全国范围内农产品产地土壤环境总体状况分析报告、生态农业技术人员技术推广”则属于设置错误，此两项指标非社会效益指标，应为数量指标。由此，应添加生态效益指标，同时将“全国范围内农产品产地土壤环境总体状况分析报告、生态农业技术人员技术推广”调整为数量指标，并相应添加质量指标。

（5）服务对象满意度指标不够准确

当前的服务对象满意度指标“农民认知度”设置错误，此属于社会效益指标，而“质量监管服务对象满意度”所指不够明确，难以据此开展服务对象满意度调查。由此，还应细化服务对象，同时，将“农民认知度”调整为社会效益指标。

<table>
<tr><td>项目名称</td><td colspan="7">农业生态环境保护</td></tr>
<tr><td rowspan="5">项目资金（万元）</td><td></td><td>年初预算数</td><td>全年预算数</td><td>全年执行数</td><td>分值</td><td>执行率</td><td>得分</td></tr>
<tr><td>年度资金总额：</td><td>11749.23</td><td>11866.83</td><td>11337.15</td><td>10</td><td>95.54%</td><td>9.55</td></tr>
<tr><td>其中：财政拨款</td><td>11675.39</td><td>11675.39</td><td>11337.15</td><td>--</td><td>95.46%</td><td>--</td></tr>
<tr><td>上年结转资金</td><td>73.84</td><td>191.44</td><td>191.44</td><td>--</td><td>100.00%</td><td>--</td></tr>
<tr><td>其他资金</td><td>0</td><td>0</td><td>0</td><td>--</td><td>0.00%</td><td>--</td></tr>
<tr><td rowspan="2">年度总体目标</td><td colspan="3">预期目标</td><td colspan="4">实际完成情况</td></tr>
<tr><td colspan="3">目标 1: 在项目实施期间，通过开展实地调查研究，渔业生产用能和污染物排放数据测试情况调研分析，提出推进渔业节能减排措施建议。
目标 2：在项目实施期间，通过开展零用药零排放等技术示范，达到推进水产养殖节能减排的经济社会和生态效益目标。
目标 3：在项目实施期间，通过开展渔业节能减排宣传教育，提高广大渔业从业人员节能减排意识和技能。
目标 4：完成 2019 年农田氮磷流失监测 241 个监测点、2 万个调查田块，500 个地膜污染监测点、开展地膜覆盖替代技术监测评价 10 处，完成全国农产品产地环境监测预警网络 4 万个点和土壤—农产品样品 1.3 万对。</td><td colspan="4">1. 建立了农田氮磷流失监测点、调查田块、地膜污染监测点，开展了地膜覆盖替代技术监测评价，建成了全国农产品产地环境监测预警网络监测点，完成了土壤—农产品样品检测，掌握了全国范围内农产品产地土壤环境总体情况。
2. 划定了耕地质量类别，划定了水稻小麦禁产区，划定了中轻度耕地安全利用区域，完成了采集农产品样品任务，研究起草了受污染耕地安全利用技术指南、特定农产品禁止生产区划分技术规定、受污染耕地安全利用率评价指标体系。
3. 通过开展实地调查研究，和零用药零排放等技术示范，完成了渔业生产用能和污染物排放数据测试情况调研分析，提出了推进渔业节能减排措施建议。</td></tr>
</table>

续表

	一级指标	二级指标	三级指标	年度指标值	实际完成值	分值	得分	偏差原因分析及改进措施
绩效指标	产出指标	数量指标	地膜残留监测点	≥ 500 个	500 个	6.0	6.0	
		数量指标	地膜覆盖替代技术监测评价	≥ 10 处	10 处	6.0	6.0	
		数量指标	农产品产地环境国控例行监测点	≥ 4 万个	≥ 4 万个	6.0	6.0	
		数量指标	农田氮磷流失监测点	≥ 241 个	≥ 241 个	6.0	6.0	
		数量指标	土壤—农产品样品	≥ 1.33 万对	13353 对	8.0	8.0	
		数量指标	相关农业环境立法论证及工作报告	≥ 2 次	2 次	6.0	6.0	
		质量指标	废水无害化处理率	≥ 95%	95%	6.0	6.0	
		质量指标	粪便和污水收集率	≥ 95%	95%	6.0	6.0	
	效益指标	社会效益指标	科技成果应用转化	≥ 30%	30%	8.0	8.0	
		社会效益指标	科研成果应用后土壤中目标污染物浓度下降率	≥ 30%	30%	8.0	8.0	
		社会效益指标	全国范围内农产品产地土壤环境总体状况分析报告	2 份	2 份	6.0	6.0	
		社会效益指标	生态农业技术人员技术推广	80 人次	80 人次	8.0	8.0	
	满意度指标	服务对象满意度指标	农民认知度	≥ 90%	90%	5.0	5.0	
		服务对象满意度指标	质量监管服务对象满意度	≥ 85%	85%	5.0	5.0	
总分						100	99.55	

（四）绩效目标精准审核

绩效目标审查是保证绩效目标编制质量的关键，也是绩效目标管理的难点之一。对于预算部门申报的绩效目标，主管部门和财政部门应对其设定的完整性、客观性和科学性进行审核，同时还要对预算资金规模和项目目标之间的匹配性、预算资金对绩效目标实现的保障度、绩效指标与绩效目标之间的对应性，以及项目、资金及管理措施等进行审核。

主管部门和财政部门对绩效目标的审核不仅应进一步加强，还应极其慎重，因为经由主管部门和财政部门审核并随预算批准下达的绩效目标，将是主管部门与财政部门就预算资金领用达成的协议，在预算绩效管理中将发挥类似绩效合约的约束效应，主管部门和财政部门还应进一步加强对绩效目标审核的重视。

1. 绩效目标审核的主要内容

绩效目标审核是部门预算审核的有机组成部分。绩效目标不符合要求的，应要求报送单位及时修改、完善。审核符合要求后，方可进入项目库，并进入下一步预算编审流程。

（1）完整性审核。绩效目标的内容是否完整，绩效目标是否明确、清晰。

（2）相关性审核。绩效目标的设定与部门职能、事业发展规划是否相关，是否对申报的绩效目标设定了相关联的绩效指标，绩效指标是否细化、量化。

（3）适当性审核。资金规模与绩效目标之间是否匹配，在既定资金规模下，绩效目标是否过高或过低；或者要完成既定绩效目标，资金规模是否过大或过小。

（4）可行性审核。绩效目标是否经过充分论证和合理测算；所采取的措施是否切实可行，并能确保绩效目标如期实现。综合考虑成本效益，是否有必要安排财政资金。

对一般性项目，由财政部门或主管部门结合部门预算管理流程进行审核，提出审核意见。对社会关注程度高、对经济社会发展具有重要影响、关系重大民生领域或专业技术复杂的重点项目，可根据需要委托第三方机构，组织相关部门、专家学者、科研院所、中介机构、社会公众代表等共同参与审核，提出审核意见。

2. 绩效目标审核结果应用

绩效目标审核结果分为“优”“良”“中”“差”四个等级，作为项目预算安排的重要参考因素。审核结果为“优”的项目，可直接进入下一步预算安排流程；审核结果为“良”的项目，可与相关部门或单位进行协商，对绩效目标进行完善后，进入下一步预算安排流程；审核结果为“中”的项目，由相关部门或单位对其绩效目标进行修改完善，按程序重新报送审核；审核结果为“差”的项目，不得进入下一步预算安排流程。

与此同时，绩效目标还是组织预算执行，开展绩效监控、绩效自评和绩效评价的依据。预算执行中，应对绩效目标预期实现程度进行绩效监控，及时发现并纠正绩效运行中存在的问题，力保绩效目标如期实现。预算执行结束后，资金使用单位应对照确定的绩效目标开展绩效自评，形成相应的自评结果，作为部门预决算的组成内容和以后年度预算申请、安排的重要基础。在资金使用单位绩效自评的基础上，可依据绩效目标开展整体支出绩效评价以及重大项目绩效评价。

（五）绩效目标申报表的进一步完善

缺乏与预算相关的详尽预算数据，是当前绩效目标申报表存在的较为明显的缺陷。当前的绩效目标申报表关于项目预算的内容只有一项“预算总额”，缺乏与预算支出标准相关的内容，无法据此对预算编制是否科学合理，是否与目标相匹配，相对于既定目标来说预算偏高还是偏低，是否存在预算虚高的现象进行评判。这样的绩效目标申报表不仅不利于目标申报者合理编制预算，也不利于目标审查者审批目标。

由此，应对绩效目标申报表进行进一步的完善，首先，应拓展绩效目标申报表中关于预算资金的内容，只填报预算投入总规模是难以判断预算投入与预期产出和成果的对应关系的。其次，应说明预算支出的编制标准，支出标准是部门预算编制、执行及控制的重要依据，是评判预算资金配置是否科学合理、公平公正的基础。最后，还应提供关于预算编制的补充说明，以对预算编制的成本核算依据、核算过程予以充分体现。

二、以优先性为导向，强化预算决策绩效评估

事前绩效评估是全过程预算绩效管理链条的重要环节，其目的在于深化预算决策管理，通过预算决策的科学论证，从源头上避免盲目决策和不合理

投资，推进“责任政府”建设。为此，《中共中央 国务院关于全面实施预算绩效管理的意见》（中发〔2018〕34号）明确指出，“要建立重大政策和项目的事前绩效评估机制”“对新增重大政策、项目及转移支付开展事前绩效评估”，这一规定对于健全和完善我国预算决策机制具有重要意义，可保证利用稀缺而宝贵的财政资源做“正确的事”，因为只有决策正确才能带来良好的财政支出效益，决策的失误只会带来财政资金的损失与浪费。正如俗语所说：好的开始等于成功的一半。

预算决策是政府权力运行的起点，决定着政府部门的工作方向和任务目标。健全事前绩效评估，有利于从源头提高预算决策的科学性和合理性。表面上看，事前绩效评估增添了行政程序和时间成本，实则有利于提升预算决策机制的规范性，畅通专家、社会机构和公众参与政策制定的渠道，使预算决策在阳光下运行，不仅可对决策的权力行使者形成有效约束，也有利于增进政府部门与社会公众之间的沟通和理解，提高政府决策的科学化、民主化、法治化水平①。

（一）事前绩效评估关注要点

事前绩效评估又称前瞻性评价，是通过对拟议立项的重大政策、项目进行评估，确定是否对其予以支持以及如何支持的重要环节。事前绩效评估一般是在政策、项目实施之前进行，主要评估所建议政策、项目的可能性结果，并分析、比较各种实施方案的可行性及相对的优缺点。

在评估政策、项目的可能性结果时，首先，需要确定政策、项目主要用于解决什么问题，并确定问题解决的逻辑，即政策、项目活动是否能够改善或消除问题，以及如何改善或消除问题；其次，考虑政策、项目实施所需的资源或预期可获得的资源；最后，检查和综合已有的评价或其他文献，以对政策、项目的可能结果做出分析和判断。

在分析、比较各种实施方案的可行性及相对的优缺点时，需要对这些方案进行详细比较，以在各个方案之间进行择优或排序。比较的内容主要有四个方面：（1）技术可行性，主要是指提出的方案能否取得预期的效果，所关心的问题有二：一是现有的技术或方法能否实现既定的目标？二是备选方案

---

① 郑涌，郭灵康 . 扎实推进事前评估和事后评价制度落地生效［J］. 中国行政管理，2021（2）：158-159.

能在多大程度上实现这一政策目标？这是任何一项政策或项目都必须首先考虑的问题。（2）经济可行性，主要有两层含义：一是指政策或项目方案的执行能获得财政资源的充分支持；二是方案的执行能够取得令人满意的经济效益（具有成本效益性）。显然，一项政策、项目如果执行的成本过高，或者是没有必要的资金支持，即使技术水平很先进，也无法接受或实施。（3）政治可行性。一项政策、项目要能够有效实施，除了要考虑技术可行性和经济可行性，还要考虑政治可行性。政治可行性主要指的是，一项政策或项目能够满足相关的政治性约束，与社会的基本价值观不相抵触。（4）行政可行性，也称行政或管理的可操作性。假如政策或项目在技术、经济和政治上都是可行的，但是在管理上却难以贯彻执行，不具有可操作性，那么这个方案也不可行。因为实施方案最终是要用来解决实际问题的，难以执行和管理的方案是无助于政策、项目目标达成的。①

事前绩效评估还应当遵循以下基本原则：（1）依法依规。事前绩效评估应根据政府决策部署，以相关法律、法规、规章以及财政资金管理办法规定等为依据开展。（2）绩效导向。事前绩效评估以必要性及投入、产出和效果为评估重点，从多个维度对项目进行综合评估。（3）科学规范。事前绩效评估应按照规范的程序，采用定性与定量相结合的评估方法，通过多种途径和手段充分收集证据资料，保证评估结论科学可信。（4）客观公正。事前绩效评估应按照“公开、公平、公正”的原则进行，同时建立责任约束机制，明确各方职责，清晰界定权责边界，并对评估结果负责，利益相关方不得影响评估过程及结果。（5）财力匹配。事前绩效评估要树立财政可持续意识，应充分结合财政可承受能力进行评估。（6）精简高效。事前绩效评估应结合预算评审、项目审批等程序开展，简化流程和方法，提高评估工作效率和质量。

（二）事前绩效评估的范围、内容与结果应用

鉴于尚未推出全国统一的事前绩效评估管理办法，事前绩效评估需要遵循怎样的流程、依照怎样的指标体系、评估结论如何得出、评估结果如何运用等尚无统一规范，这一方面不利于事前绩效评估在全国的快速推行，同时，也使事前绩效评估在各地的实施存在一定的差异。

---

① 施青军，马文竭．我国开展重大政策事前绩效评估的思考［J］．财政监督，2019（20）：49-53.

1. 关于事前绩效评估的范围

基于《中共中央 国务院关于全面实施预算绩效管理的意见》提出，各部门都要对新出台的重大政策、项目开展事前绩效评估，大部分地区都将新增重大政策、项目纳入事前绩效评估的范围之内。但也有部分地区，例如广东省、山东省、湖北省、上海市等，将实施内容、标准等发生重大调整，拟申请新增预算资金的既有项目，在既有资金规模内新增任务的项目，上年度预算执行率较低的项目，社会关注度高、专业性强、技术复杂的项目，预算执行中新增或调整追加安排的项目，以及到期申请延续执行的重大项目等也纳入事前绩效评估的范围中，使事前绩效评估的范围得到不断延伸与拓展。

2. 关于事前绩效评估的内容

由于《中共中央 国务院关于全面实施预算绩效管理的意见》明确提出，需要围绕立项必要性、投入经济性、绩效目标合理性、实施方案可行性、筹资合规性等对新增重大政策、项目开展绩效评估，奠定了事前绩效评估的主要维度，以及事前绩效评估的一级指标，绝大部分地方都以此为基础设计事前绩效评估的指标体系，仅有小部分地区有所不同。

3. 关于事前绩效评估的结果及其应用

在此方面，全国各地的区别较为明显，大致分为几种类型，一是北京市，北京市将事前绩效评估的结论划分为三种，主要分为予以支持、部分支持和不予支持。对于必要性充分，效率性、效益性好，方案可行性强，投入经济性高的，予以支持；对于具有必要性，但效率性、效益性、可行性、经济性存在一定程度不足的，予以部分支持；对于必要性不充分，效率性、效益性和可行性差，经济性低的，不予支持，且半年内不得再次申报。二是山东省，山东省将事前绩效评估的结论也划分为三种，即予以支持、调整完善后予以支持、不予支持。评估结论是予以支持的，财政部门结合财力统筹安排预算，评估结论是调整完善的，被评价项目应依照评估意见优化完善政策设计，改进资金管理，优化资源配置，修改后仍不符合要求的，不再受理；评估结论是不予支持的，不得安排预算。三是湖北省，湖北省事前绩效评估的结论仅有两种："通过"或"不予通过"，结论为"通过"的，细化项目设置后纳入项目库管理，"不予通过"的，不得纳入项目库。

（三）实现事前绩效评估与预算评审的融合

预算评审是预算编制的关键环节，是对项目预算的完整性、必要性、可行性与合理性作出的评议和审核。长期以来，针对一些重大投资项目，在立项完成后都会由财政部门再从工程经济和财政管理的角度出发，对财政支出项目进行技术性审核与评价，使预算评审成为预算决策的基础。

1. 事前绩效评估与预算评审的异同

虽然都集中于预算决策阶段，但预算评审与事前绩效评估存在着较为明显的差异：事前绩效评估的主要目的是弄清楚项目到底有没有实施必要，财政支持与否的问题，而预算评审关注的则是项目预算是否科学合理，解决的是财政支持多少的问题。

就评审的内容来看，预算评审与事前绩效评估存在着一定的交集。对于事前绩效评估来说，《中共中央 国务院关于全面实施预算绩效管理的意见》要求重点论证"立项必要性、投入经济性、绩效目标合理性、实施方案可行性和筹资合规性"，即"评估五性"，《财政部关于加强中央部门预算评审工作的通知》将预算评审的内容确定为"完整性、必要性、可行性和合理性"，即"评审四性"，使针对同一项目的预算决策和预算评审来说，在立项必要性、实施可行性、预算编制合理性等方面的审查出现了重合。[①]

2. 优化事前绩效评估与预算评审安排

事前绩效评估与预算评审的一体化是绩效与预算管理一体化的首要环节，实现二者的一体化融合既存在现实的必要，也具有实现的可能。在预算编制的工作流程方面，事前绩效评估在前，预算评审紧随其后，合为一体则可减少重复性工作，节约项目预算评审时间，提高预算编制过程的工作效率，起到优化预算管理流程的作用。

应本着精简实用的原则，对项目事前绩效评估和预算评审工作流程进行整合、重塑，这一工作流程应包括：（1）准备阶段：聘请相关领域专家和第三方中介机构成立工作组，深入开展前期调研，拟定工作方案，确定指标体系和资料清单；为强化项目预算的准确性，要求项目单位提供包含详细测算过程和具体建设内容的预算书或明细表，为二者的融合奠定基础。（2）实施阶段：发送预算绩效评审通知，采取现场勘查、座谈交流、查阅资料、问卷

① 晁毓欣．事前绩效评估与预算评审的一体化融合［J］．经济研究参考，2021（13）：57–62.

调查等形式深入了解项目情况，以评估会的形式多方论证并出具专家评估意见。（3）报告形成阶段：工作组要综合专家意见，起草评估报告，既对项目可行性做出定性结论，又明确预算控制金额，经征求意见并修改完善后，出具正式报告①。

三、以成本效益为重点，强化预算编制基础与手段

预算绩效管理的本源即是成本问题，正是普遍意义上的“公共产品高成本问题”诱发了“预算绩效管理”的存在，公共产品成本问题成为推动预算绩效管理不断发展的根本性原因。

新绩效预算希望在预算与绩效之间建立直接的联系，将资金分配给那些绩效评估更为合理的部门或者项目。实行新绩效预算改革的国家都要求各个部门在正式获得资金之前对支出要进行以结果为核心的成本评估。美国的《政府绩效与结果法案》就提出了建立预算与绩效之间更紧密联系的目标，即各部门预期使用多少资源和怎样的成本来达成这些成果。

在新绩效预算下，一个部门或者项目能否得到预算拨款、能得到多少预算拨款，主要取决于其是否有合理且可计量的绩效。由于风险因素及政治过程的影响，在截至目前的绩效预算中，虽然绩效不是预算分配的唯一因素，但仍是预算分配的重要因素。由于公共部门的结果或目标是多重的，通常比较抽象，因此，新绩效预算的实施依赖于一套可测量的绩效指标体系，将抽象的政府部门希望实现的结果具体化为一些可以操作的绩效指标，这些可操作的绩效指标部分与预算投入和产出有关。鉴于关于投入和产出的信息对衡量公共服务效率来说极为重要，可帮助决策者了解项目的实际成本，由此，在实施新绩效预算的国家大多引入成本测算。

（一）财政支出的成本控制

成本控制是以成本作为控制手段，对经济活动实施有效控制的一系列管理活动，它通过系统工程原理的运用，对生产经营中发生的各种耗费进行计

① 预算绩效管理课题组 . 重点项目事前绩效评估与预算评审一体化融合的实现路径［J］. 公共财政研究，2021（2）：39–48.

算、调节和监督，以发现薄弱环节，挖掘内部潜力，寻找一切可能降低成本的途径。

对于政府部门来说，财政支出成本不仅包含通常意义下的直接成本和间接成本，还包括社会成本。

1. 直接成本

直接成本是政府部门提供某项公共服务或生产某种公共产品时支付的直接费用，如原材料、人员工资支出等。间接成本是涉及几项公共服务或生产几类公共产品所消耗的资源，其分配建立在这些服务或产品的分摊之上，对二者加以综合考察才可获得关于成本的完整印象。

这些公共服务或公共产品供给所需资源可划分为人员、设备、原料及其他投入，如培训费和顾客成本等。针对个人、设备、固定资产和原料及其他投入，要求收集直接成本和间接成本数据，包括薪金、边际效益、特殊服务供应、特殊服务效用和保险、固定资产和设备，常用开支和行政费用（如政府职员薪水、市场管理费用、执行费用、总培训费用和税收）。有时并非所有数据都可以获得，更多时候即使可以获取相关数据，也需要仔细审查以确保数据的精确性和代表性。

由此，可采用实际成本而非预算数据来估测实现预算结果的成本，实际成本数据有时会比政府预算数据更为合理，因为有时预算反映的是具有政治意义、服务内容广泛、费用庞大的支出，而在实际执行中，这些支出会通过非直接的方式转变为需求并不太广泛的较小支出。

2. 社会成本

社会成本可定义为负的外部性，即由于生产一种产品或提供一项服务而给商品和劳务的非生产者带来不可弥补的损失。一个典型的例子是空气污染，尽管不规范的工业生产者造成的污染对别人造成了损害，但这种代价却没有计算在工业生产的成本内。未计算成本便意味着相关产品的价格被人为压低。对此，补救的方法是对制造这种负外部性的生产者收费，使其将外部性内部化。

在实现政府预算最终结果的过程中，也会产生一些社会成本，即为实现某些公众所预期的社会结果而给其他人造成的损失。恰当地衡量所有的社会成本通常比较困难，一些社会成本常涉及非实体，例如对于有益的光线、声音、味道的破坏，这种成本尽管无法计算出来，也最好加以罗列，使其能够包含在成本分析中。

由预算结果的实现而带来的一些更为重要的社会成本与公平性有关。公平是一个重要的绩效标准，公平性的关系通常与平等的条件有关。预算结果的确立和实现可能不是在平等基础上进行竞争，即使排除腐败因素，由于政治体制的存在，加之预算程序的不同都会导致不同的预算结果出现，从而给某些人带来利益，而给另外一些人带来损失。

（二）成本评估方法与步骤

鉴于评价对象不同，对于成本的评估方法也有多种，针对政府预算支出进行成本评估，大多数国家都选择成本效益分析法。

成本效益分析法最初被应用于项目投资决策之中，其核心在于使有限的财政资源得到最优配置，以充分发挥财政资金的效益，提高公共产品的供给质量。法国经济学家朱乐斯首次提出成本效益分析法的概念，此后英国经济学家阿尔福德对成本效益分析法做了一些外延不同的定义，形成了成本效益分析法的理论基础。其后，意大利经济学家帕累托在前人的基础上重新界定了成本效益分析法的概念。1936 年美国《联邦航海法案》的出台，使成本效益分析法在实践中得以首次应用。

所谓成本效益分析法，就是通过比较各个项目的全部成本和效益来评估项目价值、衡量资源配置的决策方法，其基本原理是为了达到一定的目标，制定若干可供选择的项目方案，通过对各选择项的成本和效益进行罗列和计算比较，最终按照一定的决策标准和原则确定最佳方案。

成本效益分析法的流程一般分为四个步骤：

第一步是确定项目的目标，即政府在明确财政支出所要达到的效果后，根据预期目标制定一系列可行方案作为选项。

第二步是列举项目成本和效益。政府作为宏观调控的主体，其活动具有明显的外部性，财政支出所产生的效益也因此是多样的，不仅有现行的和直接的，还会产生对社会其他方面的间接效益。所以，在考虑财政支出效益的时候，要全面考虑经济、政治、社会以及生态的多个方面，既要考虑显性成本，也要考虑隐性成本，显性成本就是政府的运行支出，即提供公共服务所产生的直接费用与成本，而隐性成本是指政府活动给经济、社会及其他方面所带来的影响。在分析财政支出成本效益时，应当对直接成本、间接成本、显性成本、隐性成本、现期成本和长期成本进行通盘考虑。

第三步是计算项目成本和收益。在列举项目成本与收益之后，需对所列举的成本与效益进行计算，即用人们为获得某项服务或产品所愿意支付的价格来衡量成本效益。对于列举的全部成本和效益应尽可能量化，大多数可量化的成本和效益可直接用市场价格作为基础进行计算。在无法直接获取市场信息时，可利用一些技术来估计产品或服务的价值，比如显示偏好法以及陈述偏好法。在计算财政支出成本和收益时，应当注意的是，如果支出涉及的周期长，还要考虑货币时间价值的影响，应运用贴现将未来的预期成本折合成现值。

一般来说，用 PVc 和 PVb 分别表示成本现值和效益现值

并且，$PVc=\sum_{t=1}^{n}\left[\frac{c_t}{(1+r)^t}\right]$，$PVb=\sum_{t=1}^{n}\left[\frac{b_t}{(1+r)^t}\right]$

其中，c_t 代表第 t 年的成本，b_t 代表第 t 年的收益，t 代表贴现年数，r 代表贴现率。

第四步是进行决策，得出结论。在计算成本效益之后，就要对财政支出进行分析评价，进而做出决策。在对财政支出进行评价时，具有多种方法，最常用的分析方法有净现值法（NPV），内部收益率法（IRR）以及效益成本比率法（BCR）。

在净现值法下，$NPV=\sum_{t=0}^{n}\left[\frac{b_t}{(1+r)^t}\right]-\sum_{t=0}^{n}\left[\frac{c_t}{(1+r)^t}\right]$ NPV 越大，项目产生的收益越高，NPV 小于 0，则项目收益为负。在内部收益率法下，IRR 为 NPV=0 时的内部收益率，IRR> 社会贴现率，则项目可行；IRR< 社会贴现率，则项目不可行。在效益成本比率法下，$BCR=\sum_{t=0}^{n}\left[\frac{b_t}{(1+r)^t}\right]/\sum_{t=0}^{n}\left[\frac{c_t}{(1+r)^t}\right]$ BCR>1，项目有效，BCR<1，项目无效。

成本效益分析法简单易行，但是却有诸多应用障碍：一方面，当财政支出面临多重目标时，成本效益分析法使用受到限制；另一方面，无论是成本还是效益，都比较难以直接量化。由此，为了弥补成本效益分析法的缺陷，在实践应用中出现了多种拓展方法，如最低成本法（比较法）、偏好显示法、作业成本法、因素分析法等。

（三）成本效益分析关注领域

要将成本效益分析融入预算绩效管理之中，还须做到：研究制定成本效益操作指南和相关规定，明确财政支出类型的差异，研究制定不同类型财政支出定额标准。具体来说：

1. 研究制定成本效益操作指南和相关规定

从当前国内外预算绩效管理的经验来看，基于财政支出管理方式、管理机构、运作机构、运作方法与私人投资部门不同，不能单纯使用私人部门成本效益的方法对财政资金的绩效进行评判。OECD 国家大多颁布具有法律效力的政府文件作为成本效益分析的指南，国内在此方面还是空白，还应加快研究制定成本效益分析的绩效应用指南。

2. 明确财政支出类型的差异

在利用成本效益分析法建立预算支出标准体系时，还应考虑预算部门的财力状况、实际业务需要以及项目特点。目前来看，财政支出涉及城市运行、公共服务、产业发展等不同领域，相互之间差异较大。由此，首先应对支出类型进行分类，根据政府承担资金比例和责任，将其分为：纯公益项目，即由政府全额提供公共服务的领域；准公益项目，即政府负担一定比例资金的公共服务领域；以及市场化程度较高的项目（即政府投入一定引导性资金的市场化领域）。这些财政支出项目的类别具有不同特性，在纯公益类项目中，财政支出效益几乎全部为社会效益，可量化的经济效益十分有限；在准公益类项目中，项目收益虽然相对难以量化，但公共支出受益者偏好显示显著；在市场化程度较高的项目中，无论是成本还是效益可量化程度较高。

其次，根据不同支出类型项目的实际需要和行业标准，明确不同类型项目预算支出标准的核算方法。对于纯公益项目（由政府全额提供公共服务的领域），主要采取最低成本法、动态比较法等方法，既能以成本最小化为原则遴选出最优方案，又能在对项目进行纵向、横向等多维度比较分析中发现成本、效益上的差异，使方案达到优中选优。对于准公益项目（政府负担一定比例资金的公共服务领域），主要采取作业成本法、显示偏好法、走访调查法等方法，其中的作业成本法主要是依据政府保障范围、职责及行业标准，对范围清晰、标准明确的工作量进行标准化和量化，在“全成本”核算的基础上制定预期绩效目标和监督考核指标，并制定合理的财政投入保障机制，而显示偏好法、走访调查法则适用于对成本、效益难以货币化的项目进行分析比较。对于市场化程度高的项目（政府投入一定引导性资金的市场化领域），主要采取净现值法、因素分析法等方法，其中的净现值法适用于轨道交通、高速公路、公用事业补贴等城市管理以及一些支持产业发展的项目，以在不同成本方案对应不同绩效水平的基础上进行比较、分析、排序，遴选出最优方案，而因素分析法能够以“投入产出比”对成本效益更加复杂的市场化项目加以分析比较。

3. 研究制定不同标准

通过不同类型财政支出标准的确定，发现和总结不同的支出规律，研究制定不同类型支出定额标准，辅助支持政府统筹研究收费价格、政府补贴、投融资等机制，推动预算绩效管理与事业发展规划、中期财政规划、年度预算编制、政府行政效能考核挂钩。

此外，经过一定程序确定的预算支出标准并不是一成不变的，还需要与经济发展水平、市场价格水平、财政收入状况、部门职能范围以及实际需要等现实情况相适应，并随其变化而有所改变，以保证预算支出标准的可操作性和科学性。

4. 明确成本效益局限性

需要指出的是，成本核算只有在决策正确、目标明确的情况下，才能发挥相应的效益，如果决策出现了失误、目标出现了偏移，成本核算得再精确也将于事无补。例如近年发酵的湖北荆州“关公像”事件。在国家三令五申、严令禁止兴建“面子工程”“形象工程”的要求下，湖北荆州于2016年修建了一座高达58米、重1200余吨、外附4000多片青铜片的巨型“关公像”，该关公像被称为“全球体量最大的青铜雕像”，耗资1.73亿元。但因前期设计不够周全、实施方案不够完善、施工质量不够过关，建成不久即发生沉降，安全隐患显著。雕像的沉降引发了社会舆情，也引起了住建部的关注。调查后住建部对此事进行了通报，由于荆州属于历史古城，该地建筑限高24米，因此“关公像”在建造时只申请了雕像基座部分的许可。建成后的雕像整体高达58米，其大小和高度严重违反了相关规定，不仅缺少必要的手续，属于“未经规划许可”的“违法建设”，而且与周边城市风格不相吻合，严重破坏了古城的风貌和历史文脉，属于滥建文化地标的形象工程、政绩工程。住建部通报要求湖北省政府和当地相关部门加强监管，进行项目整改。为落实整改意见，荆州对关公像进行了拆解和迁移，拆解移动工程耗资 1.55 亿元。至此，“关公像”的兴建、拆解和移动前后耗资高达 3.2 亿元。但如此巨额财政资金的支出，不仅未能带来良好的社会经济效益（关公像建成后经营状况惨淡，当地市民和游客并未体现出太大兴趣，园区总收入不到 1300 万元），其负面影响还相当显著，正如中央纪委国家监委网站文章所指出的，这座高达 58 米的巨型关公雕像不仅没有起到应有的文化宣传推广效果，反而破坏了古城风貌和历史文脉，损害了荆州市的城市形象。最为关键的是，事件爆发后，该地不仅未就事件爆发的原因进行深层次检讨，就关公像是否确有建设的必要、是否与国家发展战略与改革发展方向相符、是否具有显著民生需求进行深刻剖析，其主管领导在对事件进行总结时提到的反而是：“项目建设过程中相关单位缺乏主人翁责任感，不去争取相关政策，进行点状调整，不严格把关、听之任之”，关注的仍然是“关公像”建设手续未办理，而非“关公像”的建设是否确有必要，是否在用稀缺而宝贵的财政资金做正确的事，似乎程序合规就能够取代决策的正确。

由此可见，成本效益应是在决策正确的前提下对财政资金投入规模的一种测算，是保障财政资金投入科学性、合理性的重要手段与方法。需要明确的是，无论手段与方法多么科学与精确，也不能替代决策的正确。

第十章　优化预算绩效评价体系与方法

20世纪80年代，世界范围内掀起了新公共管理改革的浪潮，强调以企业家精神重塑政府，以减轻财政压力、提高政府的效率和服务水平，推动政府改革预算管理，绩效预算由此得以复兴。美国、澳大利亚、新西兰等国纷纷启动以绩效为基础的预算改革。与传统绩效预算相比，新绩效预算在实施基础、配套改革、绩效评价、信息应用等方面有了很大的改变。

新绩效预算是以结果为导向的预算，虽然也包含投入、产出等方面指标，但以结果指标为主导，要求政府将更多注意力放在项目或服务的效果上，关注公共服务的质量，使新绩效预算成为一种"使命驱动、结果定位的预算"①，它和绩效预算虽然都注重产出，但新绩效预算所注重的产出是某种公众所预期的社会结果，而不仅仅只是数量上衡量的产出，即新绩效预算的实施不仅是对效率的追求，更多是对预算实施效果和公众满意度的追求，预算所实现的结果是某种公众所期望的社会结果。其中，作为预算绩效管理量化载体的绩效评价指标体系，也成为科学评价预算实施结果的技术工具。

一、完善绩效评价指标体系，促进评价结果客观公允

作为技术工具，绩效评价指标体系是绩效评价量化的基础，也是使绩效评价区别于财务监督与审计监察等其他监管手段的重要标志，是绩效评价科学化、规范化的前提与保障。在开展财政支出绩效评价的过程中，根据绩效目标约定的评价标准，以有效的评价方法和评价标准，对绩效目标完成情况进行评价，为预算绩效管理提供必要的信息支撑，帮助管理机构发现存在的问题，了解财政支出绩效优秀或绩效不佳的原因，为预算绩效改进提供决策

---

① 吴俊培．现代财政理论与实践［M］．北京：经济科学出版社，2005：211–214.

依据，既是开展绩效评价的理由与初衷，也是科学合理设置绩效评价指标体系的重要理由与出发点。

正如阿姆斯壮（Armstrong M.，1994）所言："评估是绩效管理的一个关键环节，如果无法评价，就无法改善，除非能在绩效目标实现程度的评价方法方面达成共识，否则一切确定绩效目标或标准的努力都是徒劳无益的。"由此，不断改进与完善绩效评价方法，构建科学合理的绩效评价指标体系，成为推进预算绩效管理的基础与关键。

在绩效评价指标体系的构建过程中，需要针对不同的管理对象、不同的资金活动形态、不同的管理流程、不同的评价目的，规范绩效评价指标体系的组成要素，使其既能够保障评价标准的公平公正、客观统一，评价结果横向及纵向的可衡量、可比对，又能够体现与反映不同被评价对象的特点与特性，使被评价对象的实际差异性在评价指标中得到应有的体现与尊重。这些要求的客观存在，使绩效评价指标体系的设置成为世界性难题，处于不断改进与完善之中。

（一）构建多元化、多维度绩效评价指标体系

绩效评价指标体系是客观反映绩效评价结果各类指标的集合体，是衡量、监测和评价财政支出经济性、效率性、有效性和公平性，揭示财政支出结果的量化手段。评价指标体系的构建服务于预设目标，既要兼顾指标结构层级、信度效度等科学要求，又要满足环境条件和操作上的可行性，即指标应"有效度和信度、有意义且容易理解、全面和综合、有时限及可操作"。由于绩效评价涉及行业多，分布领域较广，不同的行业领域、不同的评价对象、不同的评价目的，都会使评价指标的设计和选择迥然有异，由此，绩效评价指标的设置和选取应充分考虑具体政策、项目或部门的特点与环境等综合因素，并结合经济和社会发展实际不断调整和完善，使构建多元化的绩效评价指标体系成为必然。

1. 绩效评价指标体系设计要点

绩效评价指标体系功能的实现在于其技术标准，指标体系的工具属性要求遵循共同的技术准则。在绩效评价指标体系的建立过程中，需要针对不同的管理对象、不同的资金活动形态、不同的管理流程、不同的评价目的和目标，规范绩效评价指标的组成要素。

绩效评价指标体系的设计要做到尽可能精炼、明晰，便于操作和接受各方面的监督，要尽量避免繁杂，这些都需要在实践中不断探索完善。

2. 分设共性指标框架和个性指标体系

从绩效评价指标体系的指标结构来看，绩效评价指标体系由共性指标和个性指标组成，科学合理、完整规范的预算绩效评价指标体系应该从共性指标与个性指标两个层面构建。财政部2013年颁布的《预算绩效管理工作规划（2012–2015）》将绩效评价指标划分为共性评价指标和个性评价指标两大类。《中共中央 国务院关于全面实施预算绩效管理的意见》进一步提出，“各级财政部门要建立健全定量和定性相结合的共性绩效指标框架。各行业主管部门要加快构建分行业、分领域、分层次的核心绩效指标和标准体系。绩效指标和标准体系要与基本公共服务标准、部门预算项目支出标准等衔接匹配，突出结果导向，重点考核实绩”。

由此，围绕文件精神，以财政部门牵头，构建定量和定性相结合的共性绩效指标框架，以各行业主管部门牵头，构建分行业、分领域、分层次的核心绩效指标和标准体系，实现绩效评价指标体系建设的科学合理、细化量化、可比可测、动态调整、共建共享，就成为全面实施预算绩效管理的核心工作之一。

（二）完善项目支出共性指标体系建设

《中共中央 国务院关于全面实施预算绩效管理的意见》将预算绩效管理划分为政府预算、部门和单位预算、政策和项目预算三个层级，还应据此设计出全面的共性指标体系，以构建全方位共性指标框架。其中，项目支出是绩效评价最为多见的评价对象，不论是一般公共预算、政府性基金预算，还是国有资本经营预算、社会保险基金预算，都涉及项目支出绩效评价，而政府投资基金、主权财富基金、政府和社会资本合作（PPP）、政府购买服务、政府债务等领域的绩效评价，也都以项目支出绩效评价为主，使项目支出绩效评价成为绩效评价实施过程中最为重要的核心组成部分，也使项目支出绩效评价指标体系的设计显得尤为重要。

1. 中央层面项目支出绩效评价指标体系构建

在中国，由财政部拟定并发布的财政预算改革文件，是统领全国相关领域改革的纲领性文件，对全国各级各地政府推行财政预算改革具有权威性指导意义。由财政部发布的项目支出绩效评价指标体系也具有同样的作用与功效。

2003 年 9 月，财政部出台《中央级行政经费项目支出绩效考评管理办法（试行）》，这是国内规范项目支出绩效评价工作的第一份文件，文件涉及的范围较窄，仅规定要对中央部门行政经费的项目绩效进行评价。但需要注意的是，该文件第一次对项目支出绩效评价的指标予以明确，并赋予各项指标相应的分值和权重（见表 10–1）。

表 10–1　中央级行政经费项目支出考评计分办法

指标名称	分值	评分依据	实际得分
一、项目完成工作量	15	根据项目工作量完成情况评分，如大型修缮项目已完成的工程量占计划的百分比，大型购置项目已完成的采购数量占计划的百分比，大型会议的人数、天数等是否超过计划及超过多少等	实际完成情况与计划每相差 3%，扣 1 分，扣满 15 分为止
二、项目完成进度	10	根据项目完成时间进度计分，在计划时间内完成的，得满分，超过计划时间的，除政策性原因或特殊原因外，应根据超计划时间占计划完成时间百分比扣分	实际完成情况与计划每相差 4%，扣 1 分，扣满 10 分为止
三、项目完成质量	15	根据项目完成的质量计分，大型修缮和大型购置项目根据验收是否合格计分，大型会议根据是否完成会议的各项议程来计分	
四、项目采购方式	5	根据项目是否按规定采取相应的采购方式计分	
五、资金到位数量	15	根据项目资金实际到位数量占计划数的百分比计分	实际到位情况与计划每相差 3%，扣 1 分，扣满 15 分为止
六、资金到位及时性	10	根据各项资金是否按计划及时到位以及资金推迟到位时间的长短计分	
七、资金支出情况	20	根据项目实际支出总额及支出构成是否符合计划计分	支出没有突破计划的得满分。突破计划的，每差 2% 扣 1 分，扣满 20 分为止
八、财务制度执行情况	10	根据有关财务制度执行情况和绩效报告报送情况计分	财务制度执行情况 5 分，绩效报告报送情况 5 分

资料来源：http：//www.mof.gov.cn/gp/xxgkml/xzzfs/200806/t20080624.

2011 年，财政部发布《财政支出绩效评价管理暂行办法》（财预〔2011〕

285 号），文件提出的财政支出绩效评价指标框架（参考），设置了项目决策、项目管理和项目绩效等三个维度的一级评价指标，以及八个方面的二级指标，成为国内发布的第一个权威性财政支出绩效评价共性指标框架（见表 10-2）。

表 10-2　2011 年财政部财政支出绩效评价指标框架（参考）

一级指标	二级指标	三级指标	指标解释
项目决策	项目决策	目标内容	目标是否明确、细化、量化
	决策过程	决策依据	项目是否符合经济社会发展规划和部门年度工作计划；是否根据需要制定中长期实施规划
		决策程序	项目是否符合申报条件；申报、批复程序是否符合相关管理办法；项目调整是否履行相应手续
	资金分配	分配办法	是否根据需要制定相关资金管理办法，并在管理办法中明确资金分配办法；资金分配因素是否全面、合理
		分配结果	资金分配是否符合相关管理办法；分配结果是否合理
	资金到位	到位率	实际到位 / 计划到位 ×100%
		到位时效	资金是否及时到位；若未及时到位，是否影响项目进度
项目管理	资金管理	资金使用	是否存在支出依据不合规、虚列项目支出的情况；是否存在截留、挤占、挪用项目资金等情况；是否存在超标准开支情况
		财务管理	资金管理、费用支出等制度是否健全，是否严格执行；会计核算是否规范
	组织实施	组织机构	机构是否健全；分工是否明确
		管理制度	是否建立健全项目管理制度；是否严格执行相关项目管理制度
项目绩效	项目产出	产出数量	项目产出数量是否达到绩效目标
		产出质量	项目产出质量是否达到绩效目标
		产出时效	项目产出时效是否达到绩效目标
		产出成本	项目产出成本是否按绩效目标控制
	项目效益	经济效益	项目实施是否产生直接或间接经济效益
		社会效益	项目实施是否产生社会综合效益
		环境效益	项目实施是否对环境产生积极或消极影响
		可持续影响	项目实施对人、自然、资源是否带来可持续影响
		服务对象满意度	项目预期服务对象对项目实施的满意程度

资料来源：财政部官方网站，http：//yss.mof.gov.cn/zhengwuxinxi/ zhengcegui zhang/201104/t20110418.

2013 年 4 月，财政部出台《预算绩效评价共性指标体系框架》(财预〔2013〕53 号)，设立了项目支出、部门整体支出和财政预算等三个方面的绩效评价共性指标框架。其对项目支出绩效评价共性指标框架的设计包含投入、过程、产出、效果等维度的 4 个一级评价指标，以及 6 个二级指标（见表 10–3）。

表 10–3　预算绩效评价共性指标体系框架（项目支出）

一级指标	二级指标	三级指标	指标解释
投入	项目立项	项目立项规范性	项目的申请、设立过程是否符合相关要求，用以反映和考核项目立项的规范情况
		绩效目标合理性	项目所设定的绩效目标是否依据充分，是否符合客观实际，用以反映和考核项目绩效目标与项目实施的相符情况
		绩效指标明确性	依据绩效目标设定的绩效指标是否清晰、细化、可衡量等，用以反映和考核项目绩效目标的明细化情况
	资金落实	资金到位率	实际到位资金与计划投入资金的比率，用以反映和考核资金落实情况对项目实施的总体保障程度
		到位及时率	及时到位资金与应到位资金的比率，用以反映和考核项目资金落实的及时性程度
过程	业务管理	管理制度健全性	项目实施单位的业务管理制度是否健全，用以反映和考核业务管理制度对项目顺利实施的保障情况
		制度执行有效性	项目实施是否符合相关业务管理规定，用以反映和考核业务管理制度的有效执行情况
		项目质量可控性	项目实施单位是否为达到项目质量要求而采取了必需的措施，用以反映和考核项目实施单位对项目质量的控制情况
	财务管理	管理制度健全性	项目实施单位的财务制度是否健全，用以反映和考核财务管理制度对资金规范、安全运行的保障情况
		资金使用合规性	项目资金使用是否符合相关的财务管理制度规定，用以反映和考核项目资金的规范运行情况
		财务监控有效性	项目实施单位是否为保障资金的安全、规范运行而采取了必要的监控措施，用以反映和考核项目实施单位对资金运行的控制情况
产出	项目产出	实际完成率	项目实施的实际产出数与计划产出数的比率，用以反映和考核项目产出数量目标的实现程度
		完成及时率	项目实际提前完成时间与计划完成时间的比率，用以反映和考核项目产出时效目标的实现程度

续表

一级指标	二级指标	三级指标	指标解释
		质量达标率	项目完成的质量达标产出数与实际产出数的比率，用以反映和考核项目产出质量目标的实现程度
		成本节约率	完成项目计划工作目标的实际节约成本与计划成本的比率，用以反映和考核项目的成本节约程度
效果	项目效益	经济效益	项目实施对经济发展所带来的直接或间接影响情况
		社会效益	项目实施对社会发展所带来的直接或间接影响情况
		生态效益	项目实施对生态环境所带来的直接或间接影响情况
		可持续影响	项目后续运行及成效发挥的可持续影响情况
		社会公众或服务对象满意度	社会公众或服务对象对项目实施效果的满意程度

资料来源：财政部 2013 年发布《预算绩效评价共性指标体系框架》，http：//yss.mof.gov.cn/zhengwuxinxi/zhengceguizhang/201305/t20130507_857159.html.

针对项目支出绩效评价指标体系的设计，《财政支出绩效评价管理暂行办法》和《预算绩效评价共性指标体系框架》存在明显差异：一是指标体系设计的出发点存在差异，前者从项目实施流程出发，构建绩效评价的指标体系，后者从财政资金运作过程出发，设计绩效评价指标体系；二是一级指标设计存在差异，前者设置了项目决策、项目管理和项目绩效等 3 个一级指标，后者设置了投入、过程、产出与效果等 4 个一级指标；三是评价重心存在差异，前者通过关注项目决策与管理的科学性与规范性，考察项目实施带来的社会经济效益及可持续性影响，后者则主要从财政资金投入的及时和规范性的角度，来考察财政资金投入运作后带来的产出与效果；四是对资金投入的评价视角存在差异，前者虽然也涉及预算资金投入规范性问题，但同时更为关注预算资金的配置问题，如预算资金的配置是否能够满足项目任务的需求，是否能够保障项目任务目标的达成，预算资金的配置是否有标准，预算编制标准是否科学合理，在预算编制时预算标准是否得到充分体现等置于预算投入规范性之前。后者则主要关注的是预算资金投入的规范性，仅含有“资金到位率、到位及时性”等各方面的指标，忽略了对预算资金投入是否科学合理、是否对应匹配等对于财政预算资金决策来说极为重要的关键性评价要点。与此同时，“资金到位率、到位及时性”等指标发生于项目实施阶段，应属于项目的资金管理范畴，而非项目投入或决策类指标。

党的十九大报告明确提出，政府预算改革应“标准科学，约束有力”，其中的标准科学就是指预算编制要有明确的预算编制成本标准，要进行严格的成本核算，要充分体现预算编制对成本的控制取向。在相当长一段时期，我国各级各地在开展绩效评价时主要依据的都是《预算绩效评价共性指标体系框架》，这就使对项目的预算编制进行评价缺乏相应的抓手，使党的十九大报告提出的“标准科学”的改革方向难以落实，也使绩效评价体系与政府预算改革的要求出现了脱节与不适应的问题。

但 2011 年的绩效评价指标体系也存在不够完美的地方，例如其中第三个一级评价指标为“项目绩效”。“项目绩效”指标与整个评价指标体系的核心考核意图“追求绩效”重叠，整个评价指标体系都是围绕项目绩效评价设置指标，在绩效评价指标中单独设置一个“项目绩效”指标，显然出现了内外延不一致、构架不够清晰的问题。

由此，财政部在对 2011 年和 2013 年绩效评价指标体系进行适度修订的基础上，于 2020 年发布《项目支出绩效评价管理办法》（财预〔2020〕10 号），提出了新的项目支出绩效评价指标体系，新的指标体系由决策、过程、产出、效益 4 个一级指标，以及 12 个二级指标组成（见表 10–4）。

2. 地方层面项目支出绩效评价指标体系构建

我国地方层面项目支出绩效评价指标体系以 2011 年为分水岭，呈现出截然不同的两种发展态势。2011 年前，全国各级地方政府以项目支出评价为起点，尝试建立适用于本地区项目支出绩效评价指标体系。在这一时期，各地绩效评价指标体系的构建可谓五花八门。2011 年后，随着财政部《财政支出绩效评价管理暂行办法》和《预算绩效评价共性指标体系框架》的发布，各地项目支出绩效评价指标体系或以《财政支出绩效评价管理暂行办法》，或以《预算绩效评价共性指标体系框架》为出发点，设计项目支出绩效评价指标体系，虽然在三级指标方面略有不同，但一级指标大体一致，要么为项目决策、项目管理、项目绩效，要么为投入、过程、产出和效果。

表 10-4　项目支出绩效评价指标体系框架（参考）

一级指标	二级指标	三级指标	指标解释	指标说明
决策	项目立项	立项依据充分性	项目立项是否符合法律法规、相关政策、发展规划以及部门职责，用以反映和考核项目立项依据情况	评价要点： ①项目立项是否符合国家法律法规、国民经济发展规划和相关政策； ②项目立项是否符合行业发展规划和政策要求； ③项目立项是否与部门职责范围相符，属于部门履职所需； ④项目是否属于公共财政支持范围，是否符合中央、地方事权支出责任划分原则； ⑤项目是否与相关部门同类项目或部门内部相关项目重复
		立项程序规范性	项目申请、设立过程是否符合相关要求，用以反映和考核项目立项的规范情况	评价要点： ①项目是否按照规定的程序申请设立； ②审批文件、材料是否符合相关要求； ③事前是否已经过必要的可行性研究、专家论证、风险评估、绩效评估、集体决策
	绩效目标	绩效目标合理性	项目所设定的绩效目标是否依据充分，是否符合客观实际，用以反映和考核项目绩效目标与项目实施的相符情况	评价要点： （如未设定预算绩效目标，也可考核其他工作任务目标） ①项目是否有绩效目标； ②项目绩效目标与实际工作内容是否具有相关性； ③项目预期产出效益和效果是否符合正常的业绩水平； ④是否与预算确定的项目投资额或资金量相匹配
决策	绩效目标	绩效指标明确性	依据绩效目标设定的绩效指标是否清晰、细化、可衡量等，用以反映和考核项目绩效目标的明细化情况	评价要点： ①是否将项目绩效目标细化分解为具体的绩效指标； ②是否通过清晰、可衡量的指标值予以体现； ③是否与项目目标任务数或计划数相对应

续表

一级指标	二级指标	三级指标	指标解释	指标说明
	资金投入	预算编制科学性	项目预算编制是否经过科学论证、有明确标准，资金额度与年度目标是否相适应，用以反映和考核项目预算编制的科学性、合理性情况	评价要点： ①预算编制是否经过科学论证； ②预算内容与项目内容是否匹配； ③预算额度测算依据是否充分，是否按照标准编制； ④预算确定的项目投资额或资金量是否与工作任务相匹配
		资金分配合理性	项目预算资金分配是否有测算依据，与补助单位或地方实际是否相适应，用以反映和考核项目预算资金分配的科学性、合理性情况	评价要点： ①预算资金分配依据是否充分； ②资金分配额度是否合理，与项目单位或地方实际是否相适应
过程	资金管理	资金到位率	实际到位资金与预算资金的比率，用以反映和考核资金落实情况对项目实施的总体保障程度	资金到位率 =（实际到位资金 / 预算资金）× 100% 实际到位资金：一定时期（本年度或项目期）内落实到具体项目的资金 预算资金：一定时期（本年度或项目期）内预算安排到具体项目的资金
		预算执行率	项目预算资金是否按照计划执行，用以反映或考核项目预算执行情况	预算执行率 =（实际支出资金 / 实际到位资金）× 100% 实际支出资金：一定时期（本年度或项目期）内项目实际拨付的资金
过程	资金管理	资金使用合规性	项目资金使用是否符合相关的财务管理制度规定，用以反映和考核项目资金的规范运行情况	评价要点： ①是否符合国家财经法规和财务管理制度以及有关专项资金管理办法的规定； ②资金的拨付是否有完整的审批程序和手续； ③是否符合项目预算批复或合同规定的用途； ④是否存在截留、挤占、挪用、虚列支出等情况
	组织实施	管理制度健全性	项目实施单位的财务和业务管理制度是否健全，用以反映和考核财务和业务管理制度对项目顺利实施的保障情况	评价要点： ①是否已制定或具有相应的财务和业务管理制度； ②财务和业务管理制度是否合法、合规、完整
		制度执行有效性	项目实施是否符合相关管理规定，用以反映和考核相关管理制度的有效执行情况	评价要点： ①是否遵守相关法律法规和相关管理规定； ②项目调整及支出调整手续是否完备； ③项目合同书、验收报告、技术鉴定等资料是否齐全并及时归档； ④项目实施的人员条件、场地设备、信息支撑等是否落实到位

续表

一级指标	二级指标	三级指标	指标解释	指标说明
产出	产出数量	实际完成率	项目实施的实际产出数与计划产出数的比率，用以反映和考核项目产出数量目标的实现程度	实际完成率 =（实际产出数 / 计划产出数）× 100% 实际产出数：一定时期（本年度或项目期）内项目实际产出的产品或提供的服务数量 计划产出数：项目绩效目标确定在一定时期（本年度或项目期）内计划产出的产品或提供的服务数量
产出	产出质量	质量达标率	项目完成的质量达标产出数与实际产出数的比率，用以反映和考核项目产出质量目标的实现程度	质量达标率 =（质量达标产出数 / 实际产出数）× 100% 质量达标产出数：一定时期（本年度或项目期）内实际达到既定质量标准的产品或服务数量。既定质量标准是指项目实施单位设立绩效目标时依据计划标准、行业标准、历史标准或其他标准而设定的绩效指标值
	产出时效	完成及时性	项目实际完成时间与计划完成时间的比较，用以反映和考核项目产出时效目标的实现程度	实际完成时间：项目实施单位完成该项目实际所耗用的时间 计划完成时间：按照项目实施计划或相关规定完成该项目所需的时间
	产出成本	成本节约率	完成项目计划工作目标的实际节约成本与计划成本的比率，用以反映和考核项目的成本节约程度	成本节约率 =［（计划成本 – 实际成本）/ 计划成本］× 100% 实际成本：项目实施单位如期、保质、保量完成既定工作目标实际所耗费的支出 计划成本：项目实施单位为完成工作目标计划安排的支出，一般以项目预算为参考
效益	项目效益	实施效益	项目实施所产生的效益	项目实施所产生的社会效益、经济效益、生态效益、可持续影响等。可根据项目实际情况有选择地设置和细化
		满意度	社会公众或服务对象对项目实施效果的满意程度	社会公众或服务对象是指因该项目实施而受到影响的部门（单位）、群体或个人。一般采取社会调查的方式

资料来源：《项目支出绩效评价管理办法》（财预〔2020〕10 号）。

（1）北京市项目支出绩效评价指标体系构建

依照《北京市财政支出绩效评价管理暂行办法》（京财预〔2012〕272 号）和《北京市财政支出绩效评价实施细则》（京财绩效〔2013〕2772 号附件）的要求，北京市将项目支出绩效评价的一级指标设定为项目决策、项目管理、项目绩效（见表 10–5）。

表 10–5　北京市项目支出绩效评价指标体系

一级	分值	二级	分值	三级	分值
项目决策	15	绩效目标	5	目标内容	5
		决策过程	10	决策依据	5
				决策程序	5
项目管理	30	项目资金	15	预算管理	5
				资金到位	4
				财务管理	6
		项目实施	15	组织机构	4
				制度建设	5
				过程控制	6
项目绩效	55	项目产出	30	产出数量	10
				产出质量	10
				产出时效	5
				产出成本	5
		项目效果	25	经济效益	5
				社会效益	10
				可持续影响	5
				服务对象满意度	5

资料来源：http：//jw.beijing.gov.cn/cwc/ysgl/jxgl/201511/t20151110.

（2）上海市项目支出绩效评价指标体系构建

根据绩效评价指标设置的相关性、重要性、系统性和经济性原则，考虑到不同部门、不同项目的适用性和可比性，2011 年，上海市发布《上海市财政支出绩效评价管理暂行办法》，并制定《上海市财政支出绩效评价指标框架》，其中一级指标适用于所有评价对象，二级指标根据评价对象具体情况可做局部调整，三级指标由绩效评价组织者根据评价对象的实际情况具体设定。

上海市项目支出绩效评价指标体系如下（见表 10–6）。

表 10–6　上海市项目支出绩效评价指标体系

一级指标	二级指标	三级指标	指标解释
项目决策	战略目标适应性	项目与战略目标（部门职能）的适应性	项目是否能够支持部门目标的实现，是否符合发展政策和优先发展重点
	立项合理性	立项依据的充分性	项目立项是否有充分的依据
		绩效目标的合理性	项目的绩效目标是否合理可行
项目管理	投入管理	预算执行率	预算执行率 =（实际支出 / 实际到位预算）× 100%
		预算资金到位率	到位率 =（实际到位 / 计划到位）× 100%，到位时效主要考察资金是否及时到位，若未及时到位，是否影响项目进度
		配套资金到位率	
		财政投入乘数	财政资金带动社会资本投入情况
	财务管理	资金使用情况	资金使用是否符合有关制度规定
		财务（资产）管理制度健全性	是否按规定建立了财务、资产管理制度、内控制度及其执行情况
		成本控制情况	是否按项目进行成本核算及成本差异情况
		会计信息审计结果（如果有）	从审计结论中考察会计信息的合规性、准确性、完整性、及时性
	项目实施	保证项目实施的制度、措施的建立情况	是否建立了保证项目顺利实施的相关制度和措施
		制度、措施的科学性和合理性	为项目设施制定的制度和措施是否存在影响项目实施效果的缺陷
		相关制度和措施的执行情况	是否严格执行项目管理程序及招投标制、监理制、合同制、项目公示制、政府采购等（针对具体项目对应考核）
项目绩效	项目产出	产出数量	项目产出数量是否达到绩效目标
		产出质量	项目产出质量是否达到绩效目标
		产出时效	项目产出时效是否达到绩效目标
	项目结果	经济效益	项目实施是否产生直接或间接经济效益
		社会效益	项目实施是否产生社会综合效益
		环境效益	项目实施是否对环境产生积极或消极影响
		服务对象满意度	项目预期服务对象对项目实施的满意程度

续表

一级指标	二级指标	三级指标	指标解释
	能力建设及可持续影响	长效管理情况	维持项目发展所需要的制度建设以及维护费用等落实情况
		人力资源对项目可持续影响	项目实施后人力资源水平改善状况对项目及单位可持续发展的影响
		硬件条件对项目发展作用	项目实施过程中设备条件的改善对项目及单位可持续发展的意义
		信息共享情况	项目实施后的成果及信息与其他部门共享

资料来源：http：//www.czj.sh.gov.cn/zys_8908/zcfg_8983/zcfb_8985/ysgl_8986/ ysjx/201509/ t20150916_166160.shtml.

2020年后，随着财政部《项目支出绩效评价管理办法》（财预〔2020〕10号）发布，全国各地项目支出绩效评价指标体系逐渐趋于一致，项目支出绩效评价指标体系的共性指标框架基本成型。

（三）完善部门整体支出绩效评价共性指标体系

部门整体支出绩效评价将与部门预算活动密切相关的经济成果、社会贡献、环境改进和社会满意度纳入监督范围，使公共部门不仅要对资源的使用负责，更要对资源使用产生的结果负责，有助于帮助部门查找预算管理过程中的薄弱环节，规范资金管理行为，强化支出责任，从整体上提升预算绩效管理水平，提高财政资金使用效益，更好地履行职责。

部门整体支出绩效评价意义重大，《中共中央 国务院关于全面实施预算绩效管理的意见》（中发〔2018〕34号）对此明确指出，要“实施部门和单位预算绩效管理。将部门和单位预算收支全面纳入绩效管理，赋予部门和资金使用单位更多的管理自主权，围绕部门和单位职责、行业发展规划，以预算资金管理为主线，统筹考虑资产和业务活动，从运行成本、管理效率、履职效能、社会效应、可持续发展能力和服务对象满意度等方面，衡量部门和单位整体及核心业务实施效果，推动提高部门和单位整体绩效水平”。

我国目前尚无针对部门整体预算开展绩效评价的指标体系，当前我国针对部门预算开展的绩效评价主要集中于部门整体支出，部门收入尚未纳入评价范畴。我国部门整体支出绩效评价指标体系也分为两大层级，一个是中央层面部门整体支出绩效评价指标体系，另一个是地方层面部门整体支出绩效评价指标体系。

1. 中央层面部门整体支出绩效评价共性指标体系

2013 年，财政部印发《预算绩效评价共性指标体系框架》，该框架设有专门的“部门整体支出绩效评价共性框架”。“部门整体支出绩效评价共性框架”由“投入、过程、产出和效果”4 个一级指标和“目标设定、预算配置、预算执行、预算管理、资产管理、职责履行和履职效益”7 个二级指标组成（见表 10–7）。

表 10–7　部门整体支出绩效评价共性指标体系框架

一级指标	二级指标	三级指标	指标解释	指标说明
投入	目标设定	绩效目标合理性	部门（单位）所设立的整体绩效目标依据是否充分，是否符合客观实际，用以反映和考核部门（单位）整体绩效目标与部门履职、年度工作任务的相符性情况	评价要点： ①是否符合国家法律法规、国民经济和社会发展总体规划； ②是否符合部门“三定”方案确定的职责； ③是否符合部门制定的中长期实施规划
		绩效指标明确性	部门（单位）依据整体绩效目标所设定的绩效指标是否清晰、细化、可衡量，用以反映和考核部门（单位）整体绩效目标的明细化情况	评价要点： ①是否将部门整体的绩效目标细化分解为具体的工作任务； ②是否通过清晰、可衡量的指标值予以体现； ③是否与部门年度的任务数或计划数相对应； ④是否与本年度部门预算资金相匹配
	预算配置	在职人员控制率	部门（单位）本年度实际在职人员数与编制数的比率，用以反映和考核部门（单位）对人员成本的控制程度	在职人员控制率 =（在职人员数 / 编制数）×100% 在职人员数：部门（单位）实际在职人数，以财政部确定的部门决算编制口径为准 编制数：机构编制部门核定批复的部门（单位）的人员编制数
		“三公经费”变动率	部门（单位）本年度“三公经费”预算数与上年度“三公经费”预算数的变动比率，用以反映和考核部门（单位）对控制重点行政成本的努力程度	“三公经费”变动率 =［（本年度“三公经费”总额 – 上年度“三公经费”总额）/ 上年度“三公经费”总额］×100% “三公经费”：年度预算安排的因公出国（境）费、公务车辆购置及运行费和公务招待费

续表

一级指标	二级指标	三级指标	指标解释	指标说明
		重点支出安排率	部门（单位）本年度预算安排的重点项目支出与部门项目总支出的比率，用以反映和考核部门（单位）对履行主要职责或完成重点任务的保障程度	重点支出安排率 =（重点项目支出 / 项目总支出）× 100% 重点项目支出：部门（单位）年度预算安排的，与本部门履职和发展密切相关、具有明显社会和经济影响、党委政府关心或社会比较关注的项目支出总额 项目总支出：部门（单位）年度预算安排的项目支出总额
过程	预算执行	预算完成率	部门（单位）本年度预算完成数与预算数的比率，用以反映和考核部门（单位）预算完成程度	预算完成率 =（预算完成数 / 预算数）× 100% 预算完成数：部门（单位）本年度实际完成的预算数 预算数：财政部门批复的本年度部门（单位）预算数
		预算调整率	部门（单位）本年度预算调整数与预算数的比率，用以反映和考核部门（单位）预算的调整程度	预算调整率 =（预算调整数 / 预算数）× 100% 预算调整数：部门（单位）在本年度内涉及预算的追加、追减或结构调整的资金总和（因落实国家政策、发生不可抗力、上级部门或本级党委政府临时交办而产生的调整除外）
		支付进度率	部门（单位）实际支付进度与既定支付进度的比率，用以反映和考核部门（单位）预算执行的及时性和均衡性程度	支付进度率 =（实际支付进度 / 既定支付进度）× 100% 实际支付进度：部门（单位）在某一时点的支出预算执行总数与年度支出预算数的比率 既定支付进度：由部门（单位）在申报部门整体绩效目标时，参照序时支付进度、前三年支付进度、同级部门平均支付进度水平等确定的，在某一时点应达到的支付进度（比率）
过程	预算执行	结转结余率	部门（单位）本年度结转结余总额与支出预算数的比率，用以反映和考核部门（单位）对本年度结转结余资金的实际控制程度	结转结余率 =（结转结余总额 / 支出预算数）× 100% 结转结余总额：部门（单位）本年度的结转资金与结余资金之和（以决算数为准）
		结转结余变动率	部门（单位）本年度结转结余资金总额与上年度结转结余资金总额的变动比率，用以反映和考核部门（单位）对控制结转结余资金的努力程度	结转结余变动率 =［（本年度累计结转结余资金总额 – 上年度累计结转结余资金总额）/ 上年度累计结转结余资金总额］× 100%

续表

一级指标	二级指标	三级指标	指标解释	指标说明
		公用经费控制率	部门（单位）本年度实际支出的公用经费总额与预算安排的公用经费总额的比率，用以反映和考核部门（单位）对机构运转成本的实际控制程度	公用经费控制率 =（实际支出公用经费总额 / 预算安排公用经费总额）×100%
		“三公经费”控制率	部门（单位）本年度“三公经费”实际支出数与预算安排数的比率，用以反映和考核部门（单位）对“三公经费”的实际控制程度	“三公经费”控制率 =（“三公经费”实际支出数 / “三公经费”预算安排数）×100%
		政府采购执行率	部门（单位）本年度实际政府采购金额与年初政府采购预算的比率，用以反映和考核部门（单位）政府采购预算执行情况	政府采购执行率 =（实际政府采购金额 / 政府采购预算数）×100%； 政府采购预算：采购机关根据事业发展计划和行政任务编制的、并经过规定程序批准的年度政府采购计划
	预算管理	管理制度健全性	部门（单位）为加强预算管理、规范财务行为而制定的管理制度是否健全完整，用以反映和考核部门（单位）预算管理制度对完成主要职责或促进事业发展的保障情况	评价要点： ①是否已制定或具有预算资金管理办法、内部财务管理制度、会计核算制度等管理制度； ②相关管理制度是否合法、合规、完整； ③相关管理制度是否得到有效执行
		资金使用合规性	部门（单位）使用预算资金是否符合相关的预算财务管理制度的规定，用以反映和考核部门（单位）预算资金的规范运行情况	评价要点： ①是否符合国家财经法规和财务管理制度规定以及有关专项资金管理办法的规定； ②资金的拨付是否有完整的审批程序和手续； ③项目的重大开支是否经过评估论证； ④是否符合部门预算批复的用途； ⑤是否存在截留、挤占、挪用、虚列支出等情况
		预决算信息公开性	部门（单位）是否按照政府信息公开有关规定公开相关预决算信息，用以反映和考核部门（单位）预决算管理的公开透明情况	评价要点： ①是否按规定内容公开预决算信息； ②是否按规定时限公开预决算信息 预决算信息是指与部门预算、执行、决算、监督、绩效等管理相关的信息
		基础信息完善性	部门（单位）基础信息是否完善，用以反映和考核基础信息对预算管理工作的支撑情况	评价要点： ①基础数据信息和会计信息资料是否真实； ②基础数据信息和会计信息资料是否完整； ③基础数据信息和会计信息资料是否准确

续表

一级指标	二级指标	三级指标	指标解释	指标说明
过程	资产管理	管理制度健全性	部门（单位）为加强资产管理、规范资产管理行为而制定的管理制度是否健全完整，用以反映和考核部门（单位）资产管理制度对完成主要职责或促进社会发展的保障情况	评价要点： ①是否已制定或具有资产管理制度； ②相关资金管理制度是否合法、合规、完整； ③相关资产管理制度是否得到有效执行
		资产管理安全性	部门（单位）的资产是否保存完整、使用合规、配置合理、处置规范、收入及时足额上缴，用以反映和考核部门（单位）资产安全运行情况	评价要点： ①资产保存是否完整； ②资产配置是否合理； ③资产处置是否规范； ④资产账务管理是否合规，是否账实相符； ⑤资产是否有偿使用及处置收入及时足额上缴
		固定资产利用率	部门（单位）实际在用固定资产总额与所有固定资产总额的比率，用以反映和考核部门（单位）固定资产使用效率程度	固定资产利用率＝（实际在用固定资产总额 / 所有固定资产总额）×100%
产出	职责履行	实际完成率	部门（单位）履行职责而实际完成工作数与计划工作数的比率，用以反映和考核部门（单位）履职工作任务目标的实现程度	实际完成率＝（实际完成工作数 / 计划工作数）×100% 实际完成工作数：一定时期（年度或规划期）内部门（单位）实际完成工作任务的数量 计划工作数：部门（单位）整体绩效目标确定的一定时期（年度或规划期）内预计完成工作任务的数量
		完成及时率	部门（单位）在规定时限内及时完成的实际工作数与计划工作数的比率，用以反映和考核部门履职时效目标的实现程度	完成及时率＝（及时完成实际工作数 / 计划工作数）×100% 及时完成实际工作数：部门（单位）按照整体绩效目标确定的时限实际完成的工作任务数量
		质量达标率	达到质量标准（绩效标准值）的实际工作数与计划工作数的比率，用以反映和考核部门履职质量目标的实现程度	质量达标率＝（质量达标实际工作数 / 计划工作数）×100% 质量达标实际工作数：一定时期（年度或规划期）内部门（单位）实际完成工作数中达到部门绩效目标要求（绩效标准值）的工作任务数量
		重点工作办结率	部门（单位）年度重点工作实际完成数与交办或下达数的比率，用以反映部门（单位）对重点工作的办理落实程度	重点工作办结率＝（重点工作实际完成数 / 交办或下达数）×100% 重点工作是指党委、政府、人大、相关部门交办或下达的工作任务

续表

一级指标	二级指标	三级指标	指标解释	指标说明
效果	履职效益	经济效益	部门（单位）履行职责对经济发展所带来的直接或间接影响	此三项指标为设置部门整体支出绩效评价指标时必须考虑的共性要素，可根据部门实际并结合部门整体支出绩效目标设立情况有选择地进行设置，并将其细化为相应的个性化指标
		社会效益	部门（单位）履行职责对社会发展所带来的直接或间接影响	
		生态效益	部门（单位）履行职责对生态环境所带来的直接或间接影响	
		社会公众或服务对象满意度	社会公众或部门（单位）的服务对象对部门履职效果的满意程度	社会公众或服务对象是指部门（单位）履行职责而影响到的部门、群体或个人。一般采取社会调查的方式

资料来源：http：//yss.mof.gov.cn/zhengwuxinxi/zhengceguizhang/201305/ t20130507 _857159.html.

2. 地方层面部门整体支出绩效评价指标体系建设

继国务院发布的《关于深化预算管理制度改革的决定》提出要“逐步将绩效管理范围覆盖各级预算单位和所有财政资金，将绩效评价重点由项目支出拓展到部门整体支出和政策、制度、管理等方面”后，不少地方政府在《预算绩效评价共性指标体系框架》的基础上，对部门整体支出绩效评价指标进行了适用性改造，并将其用于地方部门整体支出绩效评价之中。

（1）北京市部门整体绩效评价指标体系

为加强北京市部门预算绩效管理，强化支出责任，规范预算部门整体支出绩效评价工作，2014 年北京市发布《北京市市级预算部门整体支出绩效评价操作细则》，对开展部门整体支出绩效评价的操作规程及内容予以明确规范。

北京市部门整体支出绩效评价虽然将基本支出和项目支出都纳入绩效评价范围，但同时明确指出，部门整体支出绩效评价的重点是项目支出，主要包括：（1）部门整体支出绩效目标以及项目支出绩效目标的设定情况；（2）部门资金投入、预算执行和管理情况；（3）为实现整体支出和项目支出绩效目标所制定的制度、采取的工作措施；（4）部门整体支出在有效履行部门职责中发挥的作用以及整体支出的绩效目标实现情况及效果；（5）部门开展预算绩效管理的情况；（6）绩效评价的其他内容。

北京市部门整体支出绩效评价的指标体系包括四级指标，一级指标为部门决策、部门管理和部门绩效三个部分（见表 10–8）。

表 10–8　北京市部门整体支出绩效评价的指标体系

<table>
<tr><th>一级指标</th><th>二级指标</th><th>三级指标</th><th>指标解释</th></tr>
<tr><td rowspan="5">部门决策（15）</td><td rowspan="3">目标设定（6）</td><td>目标依据充分性</td><td>部门（单位）所设立的整体绩效目标依据是否充分，用以反映和考核部门（单位）整体绩效目标与部门履职相符性情况</td></tr>
<tr><td>绩效目标合理性</td><td>部门（单位）所设立的整体绩效目标依据是否符合客观实际，用以反映和考核部门（单位）整体绩效目标与年度工作任务的相符性情况</td></tr>
<tr><td>绩效指标明确性</td><td>部门（单位）依据整体绩效目标所设定的绩效指标是否清晰、细化、可衡量，用以反映和考核部门（单位）整体绩效目标的明细化情况</td></tr>
<tr><td rowspan="2">决策过程（3）</td><td>决策流程规范性</td><td>部门（单位）年度工作决策程序情况，考核单位的部门决策水平</td></tr>
<tr><td>决策依据充分性</td><td>部门（单位）决策时具有充分的依据，经过严格的论证程序</td></tr>
<tr><td rowspan="3"></td><td rowspan="3">资金分配（6）</td><td>资金分配依据</td><td>部门（单位）本年度资金分配依据的充分性，用以反映和考核部门（单位）对成本的控制程度</td></tr>
<tr><td>资金分配结果</td><td>与绩效目标一致性，反映分配结果合理性</td></tr>
<tr><td>重点支出安排率</td><td>部门（单位）本年度预算安排的重点项目支出与部门项目总支出的比率，用以反映和考核部门（单位）对履行主要职责或完成重点任务的保障程度</td></tr>
<tr><td rowspan="6">部门管理（40）</td><td rowspan="6">预算执行（15）</td><td>预算完成率</td><td>部门（单位）本年度预算完成数与预算数的比率，用以反映和考核部门（单位）预算完成程度</td></tr>
<tr><td>预算调整率</td><td>部门（单位）本年度预算调整数与预算数的比率，用以反映和考核部门（单位）预算的调整程度</td></tr>
<tr><td>支出进度率</td><td>部门（单位）实际支付进度与既定支付进度的比率，用以反映和考核部门（单位）预算执行的及时性和均衡性程度</td></tr>
<tr><td>结转结余率</td><td>部门（单位）本年度结转结余总额与支出预算数的比率，用以反映和考核部门（单位）对本年度结转结余资金的实际控制程度</td></tr>
<tr><td>结转结余变动率</td><td>部门（单位）本年度结转结余资金总额与上年度结转结余资金总额的变动比率，用以反映和考核部门（单位）对控制结转结余资金的努力程度</td></tr>
<tr><td>公用经费控制率</td><td>部门（单位）本年度实际支出的公用经费总额与预算安排的公用经费总额的比率，用以反映和考核部门（单位）对机构运转成本的实际控制程度</td></tr>
</table>

续表

一级指标	二级指标	三级指标	指标解释
		"三公经费"控制率	部门（单位）本年度"三公经费"实际支出数与预算安排数的比率，用以反映和考核部门（单位）对"三公经费"的实际控制程度
		政府采购执行率	部门（单位）本年度实际政府采购金额与年初政府采购预算的比率，用以反映和考核部门（单位）政府采购预算执行情况
	预算管理（15）	管理制度健全性	部门（单位）为加强预算管理、规范财务行为而制定的管理制度是否健全完整，用以反映和考核部门（单位）预算管理制度对完成主要职责或促进事业发展的保障情况
		资金使用合规性	部门（单位）使用预算资金是否符合相关的预算财务管理制度的规定，用以反映和考核部门（单位）预算资金的规范运行情况
		预决算信息公开性	部门（单位）是否按照政府信息公开有关规定公开相关预决算信息，用以反映和考核部门（单位）预决算管理的公开透明情况
		基础信息完善性	部门（单位）基础信息是否完善，用以反映和考核基础信息对预算管理工作的支撑情况
	绩效管理（5）	组织管理机构设立情况	部门（单位）是否设立了专门的预算绩效管理机构，用以反映和考核预算绩效管理工作的开展情况
		绩效信息收集情况	部门（单位）是否在实际工作中注重对相关绩效信息的收集和整理，用以反映和考核预算绩效管理工作的开展情况
	资产管理（5）	资产管理安全性	部门（单位）的资产是否保存完整、使用合规、配置合理、处置规范、收入及时、足额上缴，用以反映和考核部门（单位）资产安全运行情况
		固定资产利用率	部门（单位）实际在用固定资产总额与所有固定资产总额的比率，用以反映和考核部门（单位）固定资产使用效率程度
部门绩效（45）	部门产出（20）	产出数量	部门（单位）履行职责而实际完成工作数与计划工作数的比率，用以反映和考核部门（单位）履职工作任务目标的实现程度
		产出质量	达到质量标准（绩效标准值）的实际工作数与计划工作数的比率，用以反映和考核部门履职质量目标的实现程度
		产出进度	部门（单位）在规定时限内及时完成的实际工作数与计划工作数的比率，用以反映和考核部门履职时效目标的实现程度
		产出成本	部门运用成本控制与改善
	效果（25）	经济效益	部门（单位）履行职责对经济发展的直接或间接影响
		社会效益	部门（单位）履行职责对社会发展所带来的直接或间接影响
		生态效益	部门（单位）履行职责对生态环境所带来的直接或间接影响
		可持续影响	部门（单位）绩效目标实现的长效机制建设情况
		社会公众或服务对象满意度	社会公众或服务对象对部门履职效果的满意程度

资料来源：https：//www.taodocs.com/p-194960344.html.

（2）广东省部门整体支出绩效评价指标体系

为深化广东预算绩效管理制度改革，加强省级部门整体支出绩效评价工作，广东省先后出台了《广东省省级部门整体支出绩效评价暂行办法》《关于做好省级部门整体支出绩效评价试点工作有关问题的通知》等文件，并在2016 年 6 月启动了广东省级部门整体支出绩效评价试点工作，选取了省林业厅、省质监局等 6 个省直部门作为省级部门整体支出绩效评价试点。

这是广东首次从部门整体支出的角度进行的绩效评价，由第三方评价机构实施。根据试点部门的差异，评价机构制定了相应的绩效评价工作方案、评价规则，侧重在共性指标、个性指标、重点考察内容和重点项目绩效等方面进行评价。在评价指标体系设计方面，广东省力求从试点部门的具体情况出发，着重反映部门整体情况，充分考虑指标对整体支出绩效的分析作用，减弱单一项目的资金支出对全局的影响；在现场评价方面，详细了解重点考察内容和重点项目情况，从整体支出高度审核部门主要工作的实施绩效，并兼顾效率与质量。

广东省部门整体支出绩效评价的指标体系包括三级指标，一级指标为预算编制、预算执行和预算使用效益三个部分（见表 10–9）。

表 10–9　广东省部门整体支出绩效评价指标体系

一级指标	二级指标	三级指标	指标解释
预算编制情况（14）	预算编制（4）	预算编制合理性	考核部门（单位）预算的合理性，即是否符合本部门职责、是否符合省委、省政府的方针政策和工作要求，资金有无根据项目的轻重缓急进行分配
		预算编制规范性	考核部门（单位）预算编制是否符合省财政当年度有关预算编制的原则，例如在规范性和细致程度方面是否符合要求等
		财政拨款收入预决算差异率	反映部门（单位）收入预算编制的准确性
	目标设置（8）	绩效目标合理性	部门（单位）所设立的整体绩效目标是否依据充分，是否符合客观实际，用以反映和评价部门（单位）设立的绩效目标与部门履职和年度工作任务的相符性
		绩效指标明确性	部门（单位）依据整体绩效目标所设定的绩效指标是否清晰、细化、可量化，用以反映和考核部门（单位）整体绩效目标的明细化情况
	保障措施（2）	制度措施	部门是否制定并严格执行了相关项目、财务管理制度以及实施方案

续表

一级指标	二级指标	三级指标	指标解释
预算执行情况（40）	资金管理（18）	支出完成率	部门（单位）部门预算实际支付进度和既定支付进度的匹配情况，反映和考核部门（单位）预算执行的及时性和均衡性
		结转结余率	部门（单位）当年度结转结余额与当年度预算总额的比率，用以反映和考核部门（单位）对结转结余资金的实际控制程度
		转移支付下达率	转移支付是否按照《预算法》规定要求下达
		财务合规性	反映部门（单位）资金支出规范性，包括资金管理、费用支出等制度是否严格执行；会计核算是否规范，是否存在支出依据不合规、虚列项目支出等情况；是否存在截留、挤占、挪用项目资金等情况
		存量资金清理情况	部门（单位）的财政存量考核中国库集中支付结转结余存量资金的变动情况
		预决算信息公开	主要考核部门（单位）在被评价年度是否按照政府信息公开有关规定公开相关预决算信息，用以反映部门（单位）预决算管理的公开透明情况
	项目管理（13）	项目实施程序	反映部门（单位）所有项目支出实施过程是否规范，包括是否符合申报条件；申报、批复程序是否符合相关管理办法；项目招投标、调整、完成验收等是否履行相应手续等
		项目监管	反映部门（单位）对所实施项目（包括部门主管的省级专项资金和专项经费分配给市、县实施的项目）的检查、监控、督促等管理情况
	资产管理（6）	资产管理安全性	部门（单位）的资产是否保存完整、使用合规、配置合理、处置规范、收入及时、足额上缴，用于反映和考核部门（单位）资产安全运行情况
		固定资产利用率	部门（单位）实际在用固定资产总额与所有固定资产总额的比例，用以反映和考核部门（单位）固定资产使用效率程度
	人员管理（3）	财政供养人员控制	部门（单位）本年度在编人数（含工勤人员）与核定编制数（含工勤人员）的比率
预算使用效益（46）	经济性（4）	“三公”经费控制率	“三公”经费实际支出与预算安排的比率
		公用经费控制率	部门（单位）本年度实际支出的公用经费总额与预算安排的公用经费总额的比率，用以反映和考核部门（单位）对机构运转成本的实际控制程度
		预算调整	调整预算与预算的比率

续表

一级指标	二级指标	三级指标	指标解释
	效率性（10）	重点工作完成率	部门（单位）完成党委、政府、人大和上级部门下达或交办的重要事项或工作的完成情况，反映部门对重点工作的办理落实程度
		绩效目标完成率	部门（单位）整体绩效目标中各项目标的完成情况，反映部门整体支出绩效目标实现程度
		项目完成及时性	反映部门（单位）项目完成情况与预期时间对比的情况
	效果性（30）	社会经济效益	反映部门（单位）履行职责对经济发展、社会发展和生态环境所带来的直接或间接影响
		项目可持续发展	项目完成后，后续政策、资金、人员、管理制度等影响项目可持续发展因素，以及项目对人员、环境、资源带来的可持续发展
	公平性（2）	社会公众或服务对象满意度	反映社会公众或部门（单位）的服务对象对部门履职效果的满意度
加减分项	工作表现加减分指标	反映部门工作受到表彰或批评问责的情况。	1. 加分项：工作获得中央或省委、省政府表彰的，表彰一次加 1 分，同一项工作获得多次表彰的，按一次计算，累计加分最多 3 分，加分后总分不能超过 100 分；2. 减分项：在国务院大督察或人大审计、监察等监督检查时发现问题并被问责的，问责一次扣 2 分，同一个问题被问责多次的，按一次计算，累计减分最多 6 分，减分后总分不能低于 0 分

资料来源：http：//www.doc88.com/p-1136360047805.html.

3. 部门整体支出绩效评价指标体系创新与探索

从上述分析可见，目前我国还没有普遍适用的部门整体支出绩效评价指标体系，虽然财政部 2013 年推出的《绩效评价共性指标框架》提出了部门整体支出绩效评价指标框架，但地方对此套指标框架的遵从度并不高，地方部门整体支出绩效评价指标体系呈现出“九龙治水、百家争鸣”的景象，但也出现了指标体系适用性不强、工具失灵的现象。为此，2017 年财政部选取了两个中央部门开展部门整体支出绩效评价试点，试点采用了两套不同的评价指标体系，一套为财政部 2013 年推出的部门整体支出绩效评价指标体系，即以逻辑模型为出发点设计指标体系，另一套为以平衡计分卡为理论基点设计的部门整体支出绩效评价指标体系。

（1）基于逻辑模型的部门整体支出绩效评价指标体系探索

逻辑模型是一种项目开发、计划和评价的工具，由美国国际开发署于

1970年开发使用，在其后20年中，这一模型主要用于对项目的绩效评价。21世纪初，M. Robinson（2007）在观察政府部门实际运作的基础上提出包含投入、活动、产出和结果的“公共部门生产链”思想，基于这一思想，Robinson进一步发展出评价政府部门绩效的指标体系，即任何部门都可以遵循生产链的思路，针对投入、活动、产出和结果四个环节来构建评价指标体系并设计具体指标，这一思想的提出推动了逻辑模型在政府绩效评价中的应用。

逻辑模型由投入、活动、产出、结果四个基本环节和环境这一外部要素构成，结构如下（见图10-1），以项目为例，投入指人力、物力、资金、时间、技术等投入项目的资源，代表着系统的输入；活动指为了实现特定产出在项目运作过程中所采取的措施和管理活动，是连接投入和产出的纽带；产出指项目产生的一定数量和质量的产品或服务；结果指项目在经济、社会、生态等方面产生的直接和间接效果，是项目产出所带来的短期、中期和长期影响，产出和结果属于社会公众可感知的绩效；环境是逻辑模型各环节的外部因素，在一定的环境中投入才能带来产出和效果，各环节之间的逻辑关系才能成立。逻辑模型的上述要素由两个基本的因果关系相连接：如果投入了一定的资源，并在过程中加以管理，预计会有怎样的产出；如果提供了一定的产出，预计在经济、社会等方面产生怎样的影响，这两个逻辑关系使得各要素环环相扣，并成为逻辑模型的要义所在。

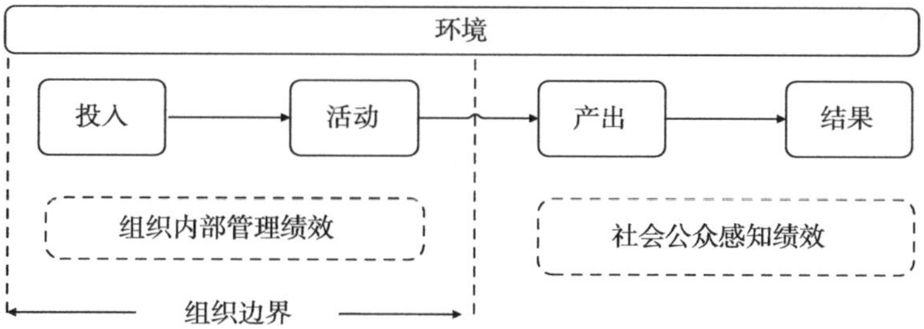

图10-1　逻辑模型结构

逻辑模型对于绩效评价指标体系构建的价值在于：该模型的四个环节和外部环境因素都简单易懂，既便于部门借助模型设计绩效评价指标，又便于部门内部各层次成员理解和运用这些评价指标；该模型的核心是借助逻辑思维，寻求投入、活动、产出和结果各要素间的内在联系，将部门的投入与最终的产出和效果相联系，有利于部门了解达成目标的关键所在，并对部门运行过程的各环节进行完善。

实践中，基于投入、过程、产出和结果的绩效评价框架遵循上述逻辑模型，既契合政府部门的运作流程，又可设置相对简单易懂的指标，因此参照逻辑模型设置财政支出评价指标体系的做法认同度比较高。在此次试点的部门整体支出绩效评价过程中，评价方依照逻辑模型从决策、管理、绩效三个方面设计部门整体支出绩效评价指标体系（见表 10–10）。

表 10–10　基于逻辑模型的部门整体支出绩效评价指标体系

一级指标	二级指标	三级指标	四级指标	指标解释
部门支出决策（15）	目标任务（8）	相关性	——	①目标与国家法律法规、政策和社会发展要求的相符情况； ②目标与部门“三定”方案确定的职责相符情况； ③目标与部门中长期规划的相符情况； ④部门目标分解成工作任务和项目的情况
		明确性	——	①部门目标和工作任务制定得清晰明确性，具体内容的细化、量化程度； ②部门管理工作与业务（项目）内容安排情况
	预算编制（7）	测算依据	——	①预算与部门工作任务（项目）的匹配情况，是否体现部门工作内容的全面情况； ②预算测算与中央及地方事权划分内容的匹配情况； ③基本支出与项目支出边界界定的清晰明确情况； ④项目间内容划分界定的清晰情况，重点内容优先保障安排情况； ⑤预算测算与相关定额标准相符程度，“三年滚动规划”执行情况，按照国家行政事业单位相关支出标准进行费用测算情况
		决策程序	——	①各司局、各单位预算决策权责的清晰明确性； ②预算决策可行性论证、单位及部门层面评审环节执行情况； ③预算决策安排的项目来源于项目库情况； ④预算决策经单位内部领导签批、办公会决议等程序履行情况
部门支出管理（20）	制度建设（5）	制度健全性	——	①围绕预算、收支、政府采购、资产、基建、合同等制度管理体系建设情况； ②根据国家及财政部相关要求进行及时更新调整制定情况，制度内容与部门当前管理工作需要的匹配情况
	预算管理（6）	预算执行	——	①预算执行比例； ②预算与执行之间的差异，差异原因； ③是否有调整，调整比例及调整原因

续表

一级指标	二级指标	三级指标	四级指标	指标解释
		绩效监控	——	对部门基础保障工作、绩效目标管理、绩效监控管理、绩效自评管理、评价结果应用等方面绩效管理工作完成情况
		预算公开	——	①财政部预决算公开工作要求执行情况； ②公开内容全面性、真实性、准确性； ③公开时效性
	收支管理（6）	收入管理	——	①各项收入间结构的合理性； ②各项收入的边界、内容的确认情况； ③各项收入的管理规范情况； ④各项收入的核算工作完成情况
		支出管理	——	①支出内容、支出标准、支出范围的合理性，支出成本控制情况； ②采购方式、支出程序、支出审批及相关支出管理要求的执行情况； ③支出会计信息的完整性、真实性
	资产管理（3）	日常管理	——	①部门资产归口管理实现情况，使用责任明确情况； ②资产定期清查盘点工作完成情况，对账实不符情况及时处理工作完成情况； ③资产使用过程监管工作有效情况
		固定资产利用	——	①部门大型仪器设备使用情况 ② 2016 年新增固定资产使用情况
		对外投资	——	部门对外投资管理有效情况
部门支出绩效（65）	履职成效（40）	核心任务	—	—
		行业管理（10）	行业标准制定	相关行业标准的完整性及明确性，与行业发展的匹配性
			执法检查	行政执法工作开展情况
			行政审批	①简政放权工作开展情况； ②行政审批事项服务工作完成情况； ③行政许可事项网上办理工作开展情况
		影响力（10）	产业发展	①总产值增长情况； ②服务总值增长情况； ③系统单位全员劳动生产率平均值增长率等
			社会影响	事业发展对国民经济协调发展方面的促进作用

续表

一级指标	二级指标	三级指标	四级指标	指标解释
	可持续发展能力（10）	制度规划（2）	规划保障	部门“十三五”事业发展、科技发展、人才发展、信息标准化等各方面规划对事业持续、稳定发展的保障作用显著性
			法制建设	①法律法规、制度保障对行业发展、规范管理的保障作用； ②法律宣传解读和贯彻落实方案制定情况
		科技创新（4）	创新机制保障	相关规划、制度的制定情况，相关措施明确性及有效性
			创新平台建设	①与高校合作开展科技创新项目研究的工作开展情况； ②完善国家重点实验室建设的工作开展情况，重点实验室研究内容是否符合当前发展需求
			科技成果	①通过验收成果应用比例增长情况； ②科技成果发明专利比例增长情况； ③科技成果获奖比例增长情况
		人才培养（4）	管理人才培养	①行政管理人员培训次数增长情况； ②专业技术任职行政管理工作人数增长情况
			技术人才培养	①技术人才培训次数增长情况； ②专业技术人员中高级技师比例增长情况，与事业发展需求的匹配情况； ③专业技术人员中博士比例增长情况，与事业发展需求的匹配情况； ④对重点人才进行动态管理工作开展情况，海外引进高端人才、科技领军人才、学术带头人等重点人才储备量与计划相符性
	满意度（15）	决策部门满意度	——	相关部门对数据提供服务的满意度，用以反映与考核决策部门对相关服务提供的认可情况。
		协作部门满意	——	行政机关及事业单位等数据协作使用部门对数据提供服务的满意度，用以反映与考核协作部门对相关服务提供的认可情况。
		社会公众满意度	——	社会公众对数据提供服务的满意度，用以反映与考核社会公众对相关服务提供的认可情况。

资料来源：财政部预算评审中心：《部门整体预算绩效评价研究》，经济科学出版社，2020年。

（2）以平衡计分卡为出发点设计部门整体支出绩效评价指标体系

由于部门整体支出绩效评价不同于项目支出绩效评价，不是对部门所有项目评价的简单加总，需要从系统性、战略性去考察部门预算的整体运营效果。由此，此次评价同时还以平衡计分卡模型为要点设计部门整体支出绩效评价指标体系，针对另一个中央部门开展部门整体支出绩效评价试点。

平衡计分卡作为一种多维度的绩效评价方法，由罗伯特·卡普兰和大卫·诺顿提出，最早被应用于企业绩效管理，后被引入公共部门的绩效评估，是当前较为流行的绩效管理系统和战略管理工具。

①平衡计分卡理论原理

平衡计分卡指出，传统的企业评价方法是评价企业的财务指标，但财务指标不能充分反映企业的无形资产，不能反映知识在企业发展中的重要作用，而企业 75% 以上的资产是传统财务指标无法捕捉的无形资产。由此，应当根据企业战略实施的关键成功要素选择绩效考核指标。平衡记分卡基于企业长远战略发展，从企业内部与外部、财务与非财务、客观与主观、短期和长期、现象与驱动原理等相互对立的多重角度，对企业经营管理绩效进行综合平衡评价，实现企业战略和绩效的有机联系。伴随着经济全球化、顾客需求差异化、企业业务流程复杂化等内外部环境的变化，平衡计分卡升级成为一种具有前瞻性的战略管理方式的企业绩效管理模式。

平衡计分卡的出发点是企业的使命与愿景，明确企业为什么存在以及企业未来的发展方向，并据此制定企业的战略发展规划，再将战略目标分解到顾客、内部流程、学习与成长、财务四个相互驱动和影响的维度。这些维度囊括了企业全部活动的绩效评价指标。基于顾客维度，企业需要考虑：目标顾客，价值定位，顾客对企业的期待这三个问题，包含顾客获得率、顾客满意度、顾客忠诚度及市场份额等指标；基于内部流程维度，企业应当识别为了持续增加顾客和股东价值所必须关注的内部管理流程，包含研发支出、返工率、缺货量等指标；基于学习与成长维度，企业应当高度重视所依赖的人力资本、信息资本等无形资产，以实现企业发展的驱动力，包含员工满意度、平均服务年限、信息协调程度等指标；基于财务维度，企业通过保留传统的财务指标判断其他维度战略实施是否带来财务效益的提升，包含净资产收益率、销售利润率、经济附加值等指标，具体结构如下（见图 10–2）。

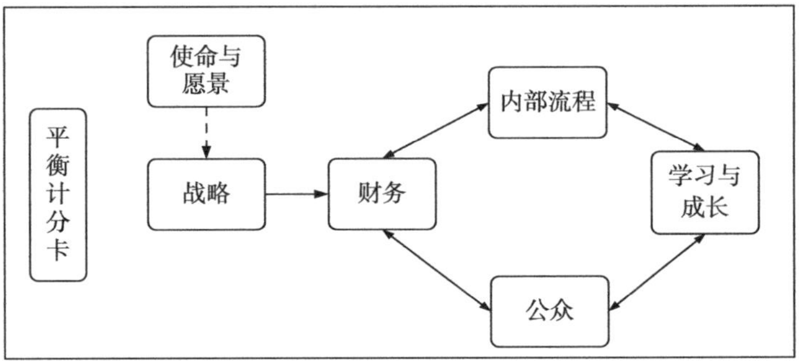

图 10–2　平衡计分卡的理论原理

平衡计分卡的战略性、全面性、前瞻性等特点决定了其对企业绩效评价的价值。从整体来看，平衡计分卡为企业提供了具备战略性的评价指标框架，通过将个体行为和企业战略挂钩，保证个体目标与企业整体战略目标一致；从各维度来看，顾客维度可以满足企业对客户价值和社会责任的关注，内部流程维度辅助企业优化其内部运行机制，减少企业内部摩擦，学习与成长维度有利于企业开发对长远发展有益的无形资产，财务维度可以有效跟踪财务目标，反映企业在其他维度的改进有无成效。四个维度的战略性和全面性克服了以往纯财务评价指标的局限，实现了企业绩效评价的创新性变革。

有鉴于此，平衡计分卡被广泛应用于世界各国的企业绩效评价之中，被《哈佛商业评论》称为“80 年以来最伟大的管理工具”。因平衡计分卡提供的战略性指标框架同时也很好地回应了公共部门对公众和社会负责的使命，使平衡计分卡在价值理念上与部门绩效评价高度契合。平衡计分卡也因此被逐步引入到政府绩效评价之中。

②平衡计分卡的实践应用

美国北卡罗来纳州夏洛特市在 20 世纪 70 年代尝试用各种方法提高城市竞争力，但成效均不明显，1994 年，夏洛特市正式引入平衡计分卡，最终实现了竞争力提升的战略目标。夏洛特市以将城市打造成适宜生活、工作及休闲的社会为发展愿景，以社区安全、城市社区、城市交通、市政重建和经济发展为城市发展战略，将城市发展战略分解为平衡计分卡四个维度的战略目标以及绩效评价指标和标准。战略目标为强化邻里关系（顾客），扩大税基（财务），增加正向接触（内部流程），解决技能差距（学习与成长），评价指标为稳定社区、社区税收估值的变化、城市平均人员流动率的增长等。在此评价维度的指引下，夏洛特市根据各政府各部门的职能特点设立了针对不同部门的评价指标，例如针对交通部门设立了“提供安全及便利的交通（顾客）、收益成本最大化（财务责任）、提高生产率（内部流程）、形成正面的员工文化（学习与成长）”等 16 个战略目标，32 个评价指标，并将部门战略目标分解落实到员工个人，以便执行。夏洛特市应用平衡计分卡有效促进了城市管理水平及公共服务质量的提升，也因此被认为是公共部门成功应用平衡计分卡的典范。

2001 年平衡计分卡被引入我国，包括黑龙江省海林市等多个政府机构以及中国石油长庆公司、中国石油兰州公司、广州珠江啤酒集团有限公司等国有企业作为试点单位，相继设计和推行了以平衡计分卡为模型的绩效管理机制。通过试点，各单位不仅加深了对平衡计分卡的认识和理解，而且提升了自身的管理能力和水平。更为重要的是，通过试点探索了平衡计分卡的中国化模式，建立了县级政府、政府职能部门、乡镇政府以及企业组织等不同类型、不同层级组织的平衡计分卡体系，这些成果对于平衡计分卡在我国的应用和推广，有着重要的参考价值和借鉴意义。

③平衡计分卡的预算绩效评价应用

2017 年是我国第一次将平衡计分卡应用于针对部门整体支出的绩效评价之中。基于部门整体支出绩效评价是对部门预算最全面的工作考核和绩效监督，既包括项目支出，还包括人员、公用等基本支出。评价方将此次部门整体支出绩效评价的目标设定为：（1）以部门职责履行为切入点，凸显部门重点任务和核心业务完成情况；（2）以部门绩效目标为核心，查看绩效目标对部门工作部署及政府重大战略政策的反映；（3）立足于财务和业务管理，全面反映部门预算、收支、资产和业务等方面的管理效率；（4）以成本核算为焦点，探查部门履职支出与其交付公共服务的匹配性；（5）结合部门对国民经济影响和相关群体满意度，反映部门的社会经济效益；（6）着眼于部门可持续发展能力，了解部门改进与创新情况。

据此，评价方以平衡计分卡理论为基点，根据被评价部门的工作职能、发展规划、预算编制、履职情况等，选取了四级共 82 个指标构成指标体系（见表 10–11），力求客观公正地评价该部门的财政资金分配效率和工作业绩。

表 10–11　基于平衡计分卡的部门整体支出绩效评价指标体系

一级指标	二级指标	三级指标	四级指标	指标解释
履职效能（40 分）	工作目标	目标设定质量	目标依据充分性	①是否依据国家法律法规、国家社会经济发展的总体规划设定 ②是否符合部门工作职责、战略目标或中长期规划 ③是否具有科学性和前瞻性
			工作目标合理性	①是否符合客观实际，是否可实现、可完成 ②是否将部门年度工作要点进行细化分解，使其可衡量、可比较
		目标实现程度	目标管理有效性	①是否有对目标进行责任分解和管理的相关工作机制 ②承接年度工作的各牵头单位是否制定相关的落实方案 ③目标管理工作机制是否科学、合理，是否能有效保障目标执行和落地
			目标总体完成率	①部门是否完成既定任务［总体工作完成率 =（年度工作要点已完成的数量 ÷ 年度工作要点工作总数量）× 100%］ ②任务完成的时效和质量是否符合相关要求
	核心业务	综合观测水平	业务完成率	核心业务指标完成既定目标情况
			关键指标投入产出比	关键指标投入和产出情况，反映观测业务工作能力和发展程度
		公共服务能力	公共服务业务完成率	衡量公共服务业务目标完成情况，包括重大活动保障、支农惠农和城市服务等方面工作
			公共服务关键指标投入产出比	公共服务关键指标投入和产出比值，反映公共服务工作努力和发展程度
	核心业务	预报预测水平	业务完成率	一级项目绩效目标等核心业务指标完成情况
			业务关键指标投入产出比	业务关键指标投入和产出比值
		防灾减灾能力	防灾减灾业务完成率	核心业务指标完成情况
			关键指标投入产出比	防灾减灾关键指标投入和产出比值
	基础管理	依法行政能力建设	体制改革成效	①采取有效措施落实国务院规定，推进体制改革的情况 ②体制改革工作是否取得良好成效
			法规和标准体系建设成效	①法规和标准化体系建设工作情况和取得成效 ②对法规和标准化体系的执行和落实情况
		能力建设保障	基础设施建设和综合管理水平	①中央投资基建项目进展情况和对核心业务发展发挥作用情况 ②综合管理一级项目、基础设施维修一级项目绩效目标完成情况
		信息数据管理	数据开放共享质量	①构建数据资源开放、共享机制情况，云平台、集约型门户网站建设情况，向社会统一提供的基础资料产品和遥感数据产品数量情况，信息传输与处理一级项目绩效目标完成情况 ②核心期刊文章中引用气象数据的比例 ③为企业和国家重大科研项目提供数据服务产生的经济效益

续表

一级指标	二级指标	三级指标	四级指标	指标解释
管理效率（20分）	预算管理	预算编制水平	预算编制规范性	①单位是否建立健全预算编制、审批、执行、决算与评价等预算内部管理制度以及三年滚动财政规划、项目库管理、健全项目预算审核机制执行落实情况和工作成效 ②收入和支出预算编制是否规范，是否将所有部门预算收入全部编入收入预算
			预算编制科学性	①预算科目编制是否符合相关规定或要求，测算依据是否合理，是否与部门核心职责密切联系 ②预算科目、项目的编制是否科学合理，编排是否清晰
		预算执行效益	预算资金使用效率	①支出预算完成率 =（支出决算数 / 支出预算总额）×100% ②预算调整率 =（预算调整数 / 预算数）×100% ③结转结余率 =（结转结余资金总额 / 支出预算总额）×100%， 结转结余变动率 =［（本年度累计结转结余资金总额 − 上年度累计结转结余资金总额）/ 上年度累计结转结余资金总额］×100%
	预算管理	预算执行效益	成本控制努力程度	①在职人员控制率 =（在职人员数 / 编制数）×100% ②人均公用经费变动率 =［（本年度人均公用经费 − 上年度人均公用经费）/ 上年度人均公用经费］×100%， 人均公用经费：年度在职人员公用经费实际支出数 / 年度实际在职人数 ③“三公经费”变动率 =［（本年度“三公经费”总额 − 上年度“三公经费”总额）/ 上年度“三公经费”总额］×100% ④会议费变动率 =［（本年度会议费总额 − 上年度会议费总额）/ 上年度会议费总额］×100%
		预算监督成效	预算公开透明程度	是否按照相关制度规定开展及时公开部门预算和决算情况；公开内容是否符合规定要求
			预算绩效管理水平	①按照相关制度规定开展预算绩效评价工作情况，包括预算绩效目标设定和项目、政策、整体支出等内容以及绩效评价结果应用情况 ②在财政部预算绩效管理工作考核中的成绩
	收支管理	规范管理程度	收支管理规范性	①是否建立健全收入内部管理制度；是否建立健全支出内部管理制度、政府采购内部管理制度、建设项目内部管理制度、合同内部管理制度 ②财政拨款收入、事业收入、上级补助收入、附属单位上缴收入、经营收入及其他收入取得是否合法合规，管理是否符合事业单位财务规则的有关规定；上缴国库或者财政专户的资金是否按照国库集中收缴的有关规定及时足额上缴；是否按照规定提取或者设置有专门用途的资金 ③资金的拨付和使用是否有比较完整的审批程序和手续；财务核算符合国家财经法规和财务管理制度及专项资金管理有关规定；部门基础数据信息和会计信息资料的真实性、完整性、准确性 ④国库集中支付制度和政府采购制度执行落实情况

续表

一级指标	二级指标	三级指标	四级指标	指标解释
	收支管理	支出合理程度	支出结构合理性	①基本支出和项目支出结构是否合理；体现核心业务的一级项目配比是否合理、重点项目（一级项目）支出保障率 ②非中央财政拨款对核心业务发展的支撑作用，表现为核心业务一级项目中非中央财政拨款的占比情况 ③地方财政拨款对业务发展的支撑作用，表现为地方财政拨款在项目支出中的占比情况
	资产管理	国有资产管理成效	资产管理规范性	①是否建立健全资产内部管理制度；资产保存是否完整，是否定期对固定资产进行清查，是否有因管理不当发生严重资产损失和丢失的情况 ②是否存在超标准配置资产 ③资产使用是否规范，是否存在未经批准擅自出租、出借资产行为 ④资产处置是否规范，是否存在不按要求进行报批或资产不公开处置行为
			部门固定资产利用率	部门固定资产利用率 =（部门实际在用固定资产总额 / 部门所有固定资产总额）× 100% 或资产闲置率 =（闲置资产总额 / 部门所有固定资产总额）× 100%
	业务管理	业务管理水平	业务之间交叉程度	①业务单位内部职能和工作之间是否存在交叉情况，业务单位内部管理效率是否高效 ②各业务单位之间工作是否存在交叉；业务单位之间是否存在因工作内容交叉而导致重复投入情况
			促进经济发展效益	①服务产生经济效益评估情况 ②工作的社会经济效益投入产出比测算情况
			保障人民生命财产效益	①灾害造成的经济损失占 GDP 的比例变化情况 ②因灾害死亡人数变化情况 计算公式： 当年灾害造成的经济损失占 GDP 的比例 =（当年灾害造成的经济损失 / 当年 GDP）× 100%
	社会满意	服务对象满意	用户满意度	衡量普通用户、科研用户和行业用户对服务的满意度
		管理对象满意	企业和社会组织满意度	衡量相关企业、社会组织和行业协会对行政审批、管理服务、参与公共服务情况的满意度
		监督部门评价	外部监督部门评价	衡量外部监督部门对部门依法行政情况的满意度

续表

一级指标	二级指标	三级指标	四级指标	指标解释
			服务体制改革成效	①在服务社会化、市场化改革方面是否有重要举措 ②是否有创新做法和相关典型案例 ③是否有积极显著成效，促进服务提供主体的创新，提高服务市场的活跃度
			业务科技体制改革成效	①在科技体制改革和相关配套机制方面是否有相应的重要改革举措 ②是否有创新做法和相关典型案例 ③是否有积极显著成效
			行政管理体制改革成效	①在行政管理体制方面是否有相应的重要改革举措 ②是否有创新做法和相关典型案例 ③是否有积极显著成效
			现代化进程	①现代化评价体系是否科学合理 ②现代化评分和进程情况
			基础研究能力	①重大核心技术攻关和重点研发项目与部门核心职能或业务的匹配程度 ②科研经费支出与核心技术匹配程度 ③科研经费投入成效：省部级和国家级科技奖获得数量 / 当年度科研经费投入资金
			科技成果转化能力	①科技成果转化和应用与气象部门核心职能或业务的匹配程度 ②科技成果转化和应用情况和成效
			高层次人才培养	①高层次领军人才培养、创新团队建设工作开展情况和成效，是否符合人才发展规划的要求 ②国家人才工程人选情况，新入选国家级高层次人才工程的领军人才数量情况；是否有创新团队入选国家级创新团队

资料来源：财政部预算评审中心：《部门整体预算绩效评价研究》，经济科学出版社，2020 年。

④两者理论模型应用辨析

逻辑模型呈现的是公共部门结果链所隐含的因果关系，应用逻辑模型设计绩效评价指标体系，能够较好地将目标和所依附的外部客观环境相结合，通过对绩效评价指标体系的逻辑关系分析，厘清投入、产出、结果之间的关系，明确特定的人、财、物等资源投入是怎样通过项目实施过程，实现绩效目标。逻辑模型因此成为一种被广泛应用的项目管理方法，目前有 2/3 的国际组织将其作为援助项目的计划、管理和评价方法。尽管逻辑模型从投入到产出和结果的考察线条比较清晰，但其设计初衷是用于项目的开发、计划、实施和评价，并不符合部门整体支出绩效评价对于综合性、全面性的要求。当逻辑模型应用于部门整体支出绩效评价时，就暴露出一些明显的短板与不足，一是逻辑模型对部门预算绩效管理的评价仅停留在合理性评价层面，关注部门的使命和战略不足，使针对部门整体支出的绩效评价变成为部门财务报告与项目评价的汇集，二是对部门的评价缺乏长远考虑，容易诱发部门因有限任期制专注于短期利益、忽视长期利益的弊端。

因能从更全面的角度对部门财政资金总量安排的合理性、资金结构与部门核心职能的匹配性、资金安排对部门战略目标实现的支撑度等方面进行考量，可准确反映部门整体及核心业务实施效果、资产和业务活动状况，依据平衡计分卡设计的部门整体支出绩效评价指标体系也因此得到有关部门的高度肯定。2018 年 9 月发布的《中共中央 国务院关于全面实施预算绩效管理的意见》，关于部门整体支出绩效评价即选用了该指标体系。《中共中央 国务院关于全面实施预算绩效管理的意见》明确指出，“实施部门和单位预算绩效管理。围绕部门和单位职责、行业发展规划，以预算资金管理为主线，统筹考虑资产和业务活动，从运行成本、管理效率、履职效能、社会效应、可持续发展能力和服务对象满意度等方面，衡量部门和单位整体及核心业务实施效果，推动提高部门和单位整体绩效水平”。

平衡计分卡是对传统绩效评价方法的一种突破，优势明显，与此同时，也不可避免地存在一些缺陷。例如，平衡计分卡的实施要求部门有明确的组织战略，高层管理者具备分解和沟通战略的能力和意愿，中高层管理者具有指标创新的能力和意愿。因此管理基础薄弱的部门难以直接引入平衡计分卡，必须先提高自己的管理水平，才能循序渐进地引进平衡计分卡。此外，平衡计分卡对传统业绩评价体系的突破就在于它引进了非财务指标，克服了单一依靠财务指标评价的局限性。但这又带来了新的问题，即如何建立非财务指标体系、如何确立非财务指标的标准，以及如何评价非财务指标。财务指标的创立是比较容易的，而其他三个方面的指标则比较难以收集，需要长期探索和总结。而且不同的部门面临着不同的问题，需要不同的战略，进而设定不同的目标，因此在运用平衡计分卡时，要求部门的管理层根据部门战略、主要职能加以仔细斟酌。

与此同时，该指标体系因试点时间偏短、案例有限，也存在着一定不足，例如部门发展战略、部门职责体现不够充分，履职效能的内涵与外延界定不够清晰，部门管理指标设置分离等。基于上述问题的现实存在，虽然《中共中央 国务院关于全面实施预算绩效管理的意见》提出，要从运行成本、管理效率、履职效能、社会效应、可持续发展能力和服务对象满意度等方面，衡量部门整体及核心业务实施效果，推动提高部门整体支出绩效水平。但在文件发布之后，各级各地以此为评价维度，设计部门整体支出绩效评价指标体系，开展部门整体支出绩效评价的较少。由此，还应对该指标体系的进一步完善开展细致深入的研究，并提出能够供各级各地实际操作的部门整体支出绩效评价指标体系。

4. 基于平衡计分卡完善部门整体支出绩效评价指标体系

应按照指标选取的原则，以平衡计分卡为设计出发点，以《中共中央 国务院关于全面实施预算绩效管理的意见》提出的“运行成本、履职效能、管理效率、社会效应、可持续发展能力和服务对象满意度”为基本评价维度，设计部门整体支出绩效评价一级指标。同时，借鉴“投入、产出”逻辑模型及 KPI 设计思想，构建部门整体支出绩效评价二级指标体系，搭建既具有理论支撑，同时又能适用于我国部门整体支出绩效评价实际需求，覆盖面更广、评价层次更清晰的部门整体支出绩效评价共性指标框架。

（1）部门整体支出绩效评价共性指标框架

政府作为一种公共组织，是为广大民众利益服务的，政府的价值主要体现在其外部性而非自身利益最大化，这与企业以“利润最大化”或“股东价值最大化”截然不同，这也使政府和企业的战略目标出现根本性的分野，政府的战略性目标包括公平、效率、平等、公正、民主、秩序、安全等，这些都指向促进政府部门的外部利益最大化。

2003 年，尼文（Niven）在《面向政府和非营利组织平衡计分卡实施步骤》一书中，阐述了政府部门应用平衡计分卡的基本理论和实践路径。尼文认为，政府部门引入平衡计分卡应充分考虑自身的特性，应以部门战略为核心，在部门长期指标和短期指标、结果指标和行为指标、外部指标和内部指标等重要管理变量之间取得平衡（见图 10–3）。

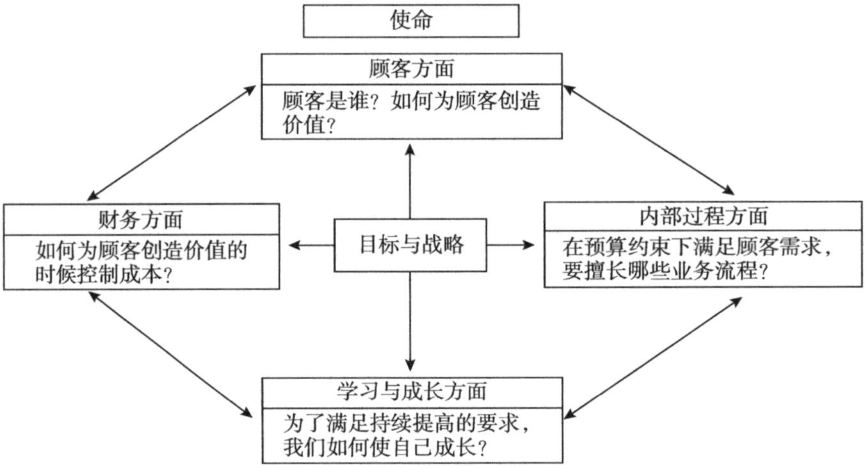

图 10–3　公共部门应用平衡计分卡的基本理论

由此，在设计部门整体支出绩效评价指标体系时，本研究在充分考虑平衡计分卡应用于部门绩效评价特殊性的基础上，对传统平衡计分卡模型进行了一定修正：以履职效能、部门效益和服务对象满意度替代顾客方面的维度，用部门管理替代内部过程，用部门可持续发展能力替代学习与成长。修正后的部门预算整体支出绩效评价指标体系由部门决策、部门管理、履职效能、社会效应、可持续发展能力等维度组成。

（2）部门整体支出绩效评价指标解析

①部门决策

部门决策从部门战略规划、部门绩效目标、部门预算资源配置等方面进行评价。缺乏科学合理的战略考虑，未能清晰明确描述战略和使命，预算配置与部门战略缺乏有效关联，部门未能良好地履行职能，是当前部门预算管理存在的共性问题。对此，应借助平衡计分卡科学调整部门预算管理架构，将部门战略作为管理的核心，置于绩效评价指标体系的顶层架构。鉴于政府为非营利性公共组织，其最终目标不在于获取财务成功，而在于实现战略目标，完成其社会使命。由此，部门战略及发展愿景应为部门整体支出绩效评价的首要指标，应通过战略愿景与部门绩效目标的有机结合，强化部门战略对部门管理工作的指导与优化预算资源的配置，从整体上促进部门预算与部门目标、部门战略规划间的有效衔接与紧密联系，以增强部门预算绩效管理、强化部门预算对部门战略规划实现的有效支撑。由此，在设计部门预算整体支出绩效评价指标体系时，针对部门决策的考核第一个维度应为部门战略规划。

资源配置与运行成本是部门预算绩效管理的约束条件，在此，部门应基于预算资金支持，结合财务管控，在有效控制成本的同时，为公众创造更多的社会价值。在部门整体支出绩效评价过程中，部门应对纳税人负责，合理运用预算资金，实现对公共支出实际成本的有效控制，促进预算资金配置与使用效率的有效提高。通常情况下，公共部门运行成本是政府部门在一定时期内为社会生产公共产品、提供公共服务、进行政府自我管理的活动所付出的费用，广义来说包含核心预算（养人的钱）：即人员经费；机构预算（设机构的钱）：即资产维护性支出、专项支出、债务利息支出，可理解为职能机构为维持本部门运转所花费的资金；项目预算（做事的钱）：以项目形式划拨机构以完成部门职能的钱，包括政府购买、政府投资和政府转移支付，可理解为业务机构为完成本部门的事权，即社会经济职能运转所花费的资金。这种分类方式结合了政府机关的职能和组织架构，是对传统政府运行成本按人力成本、设备成本、隐性成本等分类的一种补充，以便更明确理解经常被提到的“人吃、马喂和专项”的内在含义。“人吃”支出大致等于核心预算，“马喂”支出大致等于机构预算，“人吃”“马喂”和“专项”支出大致可理解为部门预算。

该维度可选择如下评价指标：部门战略规划与国家战略的一致性、与部门职能的匹配性，部门发展目标与战略规划的相符性，部门发展目标的合理性、可实现性与可衡量性，部门预算编制与部门发展目标的相关性及其保障性等。

②部门管理

政府部门以规范、严谨、程序化为特征，工作流程的评价指标尤其重要。政府的很多战略目标，比如公平、平等、效率、公正、秩序等，都需要规范性的内部流程来保障。建立一个廉洁、高效、为民谋福利的政府，需要一系列的规范化的组织流程作为支撑。部门应科学制定各项业务流程，在遵循预算约束的前提下，对部门战略进行严格有效的执行，促进公众满意度有效提升。部门应关注内部关键流程，对价值主张进行有效传递，增强自身的预算执行力，有效实现自身肩负的社会使命。

政府管理效率代表政府的生产力，是衡量政府管理效率的重要指标，提升行政效率是政府行政管理的出发点和落脚点。该维度可选择如下绩效评价指标：部门基础制度管理、业务管理、预算管理和资产管理等。

③部门履职

部门的履职指部门工作目标的实现程度，即部门依照三定方案赋予部门的职责，履行部门应尽义务与职责，以及部门重点工作的完成情况，主要体现的是部门对职责范围内公共产品或公共服务的谋划与实际供给。

该维度可选择如下绩效评价指标：部门总体任务目标完成情况，部门核心任务完成情况。

④社会效应（含服务对象满意度）

政府并非为存在而存在，部门存在的理由和目标是保障民众的利益，民众作为政府最大的顾客，决定着政府的存在和发展。民众的满意度以及民众的社会福利普及程度是考核政府行为的最重要指标。政府部门要考虑公众需求，并对外部环境变化进行深入了解，据此对自身战略进行有效反馈和科学调整。

对于该维度可选择如下衡量指标：政府部门提供公共服务和相关产品的有效性，公众对政府部门所提供的公共服务和相关产品的满意度。

⑤部门可持续发展能力

政府部门的学习和成长主要来自部门进行科学变革和有效改进的相关能力。部门的可持续发展能力，主要体现在制度安排层面，可选择如下绩效评价指标：有效性较强的管理信息系统，对部门组织文化进行的改进，创新驱动发展能力，具备所需各项能力的员工人数提升，核心人员的离职率，员工实际满意度等。

修订后的部门预算整体支出绩效评价指标体系如下（见表 10–12）。

表 10–12　修订后部门预算整体支出绩效评价指标体系

一级指标	二级指标	指标说明
部门决策	战略规划编制	部门战略规划与国家、地区发展战略、部门职能的匹配性
	绩效目标设定	部门绩效目标与部门战略、部门职能的相符性
		部门绩效目标是否科学、合理、明确、可量化
	资源配置合理性	预算编制是否合理，资金统筹有效，基本支出与项目支出控制是否有效

续表

一级指标	二级指标	指标说明
部门管理	资金管理	部门的预算执行力及规范性
		部门预算信息公开透明
		部门的预算等各项管理制度健全
	资产管理	部门资产的使用、管理、处置规范
		部门的固定资产使用效率
	业务管理	部门核心业务的管理水平和效率
		部门法规、标准化、信息化体系的建设和执行情况
履职效能	总体目标	部门年度目标总体完成程度
	核心业务	部门核心业务完成情况
社会效应	社会影响	部门履职对社会经济发展的促进作用
	满意度	相关部门及服务对象对部门工作的满意程度
可持续发展能力	体制机制改革	部门对行政管理体制的改革情况
	技术支撑	部门信息化发展情况
	人才支撑	专业技术人员任职行政管理工作人数
		部门对工作人员的素质培养情况

（四）完善政府预算绩效评价共性指标体系

《中共中央 国务院关于全面实施绩效管理的意见》明确要求，应“将各级政府收支预算全面纳入绩效管理。各级政府预算收入要实事求是、积极稳妥、讲求质量，必须与经济社会发展水平相适应，严格落实各项减税降费政策，严禁脱离实际制定增长目标，严禁虚收空转、收取过头税费，严禁超出限额举借政府债务。各级政府预算支出要统筹兼顾、突出重点、量力而行，着力支持国家重大发展战略和重点领域改革，提高保障和改善民生水平，同时不得设定过高民生标准和擅自扩大保障范围，确保财政资源高效配置，增强财政可持续性”。

由此，对各级政府预算开展绩效评价不仅涉及支出，还应涉及收入。但我国现阶段开展的绩效管理主要针对预算支出，对预算收入的绩效管理还略显不足，还未形成有效的预算收入绩效管理体系。事实上，预算收入绩效评价是预算绩效管理的重要组成部分，对预算收入进行绩效评价，通过对征税（费）是否符合法律规定，税费结构是否合理，收税（费）程序是否烦琐，收税（费）成本是否偏高，税费对于促进收入分配公平性是否有益，经济增长是否因为税负而受到影响等问题的回应，对各级政府财政收入的规模、结构、过程的民主性与科学性进行检验及评判，极为必要。

应依据预算收入资金流的主要路径节点及涉及的责任主体，同时借鉴预算支出绩效评价指标框架，以民主决策程度、财政收支缺口、公共服务满意度、法规办法的平等性与确定性、实施办法便利程度、税收占财政收入比重、税负痛感等为考察出发点，构建由前期准备、过程监管、目标实现与社会满意度等一级指标组成的预算收入绩效评价指标体系。二级指标包含（税费）项目论证、目标设置、项目监管、资金监管、征收任务完成、征收及时性、征收公平性、征收可持续性和社会满意度等指标（见表 10–13）。

表 10–13　政府预算收入绩效评价共性指标框架

一级指标	二级指标	三级指标
课征决策	决策论证	论证民主性、论证科学性
	绩效目标	目标依据充分、可行
课征监管	实施监管	监管机构、制度、机制
	资金监管	过程合规合法性
目标实现	征收足额性	征收任务完成率
	征收及时性	征收时限内完成率
	征收便利性	根据税费项目本身设定
	征收可持续性	根据税费项目本身设定
	公众满意	纳税人满意度

支出绩效评价的核心是“与国家重大发展战略和重点领域改革的相关性，对民生服务的保障和改善水平，民生标准和保障范围与相关规定以及地方经济社会发展水平的适应性，财政资源配置的有效性，以及财政的可持续发展能力”。据此可设定针对政府预算支出的共性指标体系（见表 10–14）。

将预算收入与预算支出绩效评价指标框架相融合，即可形成对政府预算的绩效评价共性指标体系。其中，一级指标为决策、监管和效果，二级指标为论证科学民主规范、绩效目标合理、实施监管、资金监管、产出、效益、可持续性和公众满意度等（见表 10–15）。

表 10-14　预算支出绩效评价共性指标框架

一级指标	二级指标	三级指标
支出决策	决策论证	与国家重大发展战略和重点领域改革的相关性
	绩效目标	目标依据充分、可行，指标细化量化，民生标准和保障范围与相关规定以及地方经济社会发展水平的适应性
支出监管	实施监管	监管机构、制度、机制
	资金监管	过程合规合法性
目标实现	产出	任务、质量、成本、时效
	效果	对民生服务、经济发展、生态环境的保障和改善程度
	可持续影响	财政的可持续发展能力
	公众满意	纳税人满意度

表 10-15　政府预算绩效评价共性指标框架

一级指标	二级指标	三级指标
决策	论证民主性、科学性、规范性	收入规模与经济社会发展水平相适应，符合减税降费政策，未超出限额举借政府债务 支出与国家重大发展战略和重点领域改革的相关性
	绩效目标合理性	目标设定依据充分可行，指标细化量化。收入增长目标符合实际增长情况。支出民生标准和保障范围与相关规定以及地方经济社会发展水平的适应性
监管	实施监管	收入未虚收空转、收取过头税费。支出统筹兼顾、突出重点、量力而行
	资金监管	过程合规合法性
效果	产出	收入足额性、及时性。各项社会经济发展任务保质保量按时完成
	效益	收入课征便利性、公平性。支出有利于民生服务、经济发展、生态环境的保障和改善
	可持续性	收入与支出的可持续性
	公众满意	纳税人满意度

（五）完善绩效评价个性化指标体系

个性化绩效评价指标是针对部门和行业特点确定的适用于不同部门、不同领域、不同行业、不同项目的绩效评价指标，是科学开展预算管理、全面提高预算绩效管理水平的基础，是保障绩效评价结果科学、合理、公正的重要前提。

个性化指标针对性强，设置难度大。财政部2013年发布的《预算绩效评价共性指标体系框架》，在促进地方规范和加强预算绩效评价工作，提高绩效评价的统一性和权威性，全面推进预算绩效管理等方面发挥了良好的作用，但同时也具有一定的局限性。虽然文件明确强调，共性指标体系仅为参考性的框架模式，主要用于在设置具体个性指标时的指导和参考，地方可根据实际工作需要予以完善，但在具体实施过程中，出现了两种截然不同的模式，一是完全照搬财政部《预算绩效评价共性指标体系框架》，未设置个性指标；二是过于复杂，似乎个性化指标数量不多，就不能体现评价者高超的水平，不能显示评价者认真的工作态度，导致指标设置过于繁复，最多时四级指标多达60~70项，基于产出、效益等指标难以量化细化，就只能无限放大过程管理指标。这样一种指标设置模式不仅转移了评价重心，分散了评价要点，还扰乱了对核心问题的关注，最终使评价结果的科学性、准确性及有效性受损。

由此，在针对具体对象进行绩效评价时，还应遵循一定的原则，选取能够体现评价对象差异化特征的评价指标，以保证绩效评价结果的科学性、客观性、准确性及有效性。

从评价对象的角度来看，绩效评价涉及项目、政策、部门整体、转移支付、基金、债务、政府购买服务等评价对象，不同的评价对象有不同的评价内容，也会带来不同的评价要求，对于评价指标体系的需求也会存在一定的差异，据此，还需要依据评价对象的不同诉求，设计不同的个性化评价指标。

1. 分类设置绩效评价个性指标体系

通常情况下，每一行业领域都有其独特的工作内涵和支出特点，各行业在支出方向、支出重点和支出目标等方面均有不相同的特色，对产出与效果的考核也必然存在一定的差异，据以开展绩效评价的个性指标也应按照不同的行业及领域分类设置。

依照行业分类，可设置一般公共服务类、外交类、公共安全类、教育类、科学技术类、文化旅游类、社会保障和就业类、医疗卫生类、自然资源类、节能环保类、农业农村类、林业类、水利类、交通运输类、经济发展类、城乡与住房建设类、物资储备类、应急管理类、市场监管类、邮政类、海洋与渔业类等领域个性指标体系。

2. 从部门职能出发构建绩效评价个性指标体系

每一财政支出都是在部门的框架下，为履行部门职能设立并实施的，每一财政支出都与部门职能高度相关，由此，财政支出绩效评价个性化指标的设置还应从部门履职出发。理论上来说，不论是对部门项目支出，还是对部门整体支出开展绩效评价，根本目的都是通过对财政资金决策和使用效益的评价，对部门履职行为是否正当、是否有效、是否违背了公共责任，服务对象对政府履职和提供的公共服务是否满意等问题进行的反思。

绩效评价指标是开展绩效评价的工具，也是绩效评价价值导向的引导和反映，对部门财政支出绩效评价指标，特别是个性化评价指标的设计，应紧扣部门职责的履行，应在厘清部门职责的基础上，对部门财政支出活动进行考察，进而查看部门财政支出的设立与部门职责履行行为之间的匹配性，部门财政支出的执行与实现公共价值所需要资源之间的相关性，以及部门财政支出执行结果与应有的社会贡献度之间的相符性。因此，部门职责的履行应成为财政支出绩效评价个性指标设计的逻辑起点。应遵循“部门职能——战略目标——履职活动——绩效目标——绩效指标”的标准化路径开展绩效评价个性指标的设计。单一对象的绩效评价需回应某项财政支出对部门履职、战略目标的贡献程度，因此，绩效指标应体现该项财政支出对政府目标及部门职能实现的支撑程度。

3. 结合相关领域国家战略设计个性化指标

在个性指标设计的过程中，还应充分关注相关领域国家战略及政策提出的绩效评价要求，并将其充分结合到个性指标建设之中，使个性指标既能够符合国家战略的要求，也能够符合行业部门的特点。以科技绩效评价个性化指标设计为例，《国务院关于优化科研管理提升科研绩效若干措施的通知》（国发〔2018〕25号）提出，科技项目绩效评价应按照“目标导向、分类实施、客观公正、注重实效”的要求，建立健全科学技术评价制度，同时，针对基础研究、应用研究、科技产业化等不同类型科技活动的特点，确定不同的评价指标、内容和标准。

基于上述要求，可将科研项目划分为基础研究与应用基础研究类、技术和产品开发类、应用示范类等三大类，从“基础研究与应用基础研究、技术和产品开发、应用示范”等三个方面构建科技项目绩效评价个性指标。依照《国务院关于优化科研管理提升科研绩效若干措施的通知》（国发〔2018〕25

号)(以下简称《通知》)规定，基础研究与应用基础研究类项目应重点评价新发现、新原理、新方法、新规律的重大原创性和科学价值，解决经济社会发展和国家安全重大需求中关键科学问题的效能，支撑技术和产品开发的效果，代表性论文等科研成果的质量和水平；技术和产品开发类项目应重点评价新技术、新方法、新产品、关键部件等的创新性、成熟度、稳定性、可靠性，突出成果转化应用情况及其在解决经济社会发展关键问题、支撑引领行业产业发展中发挥的作用；应用示范类项目绩效评价应以规模化应用、行业内推广为导向，重点评价集成性、先进性、经济适用性、辐射带动作用及产生的经济社会效益，更多采取应用推广相关方评价和市场评价方式。应围绕上述领域，设计基础研究与应用基础研究、技术和产品开发、应用示范等类型科技专项绩效评价个性指标。

(1)基础研究与应用基础研究类项目绩效评价指标体系构建

根据《国务院关于优化科研管理提升科研绩效若干措施的通知》(国发〔2018〕25号)规定，基础研究与应用基础研究类项目重点评价：新发现、新原理、新方法、新规律的重大原创性和科学价值，解决经济社会发展和国家安全重大需求中关键科学问题的效能，支撑技术和产品开发的效果，代表性论文等科研成果的质量和水平。围绕上述领域，可将基础研究类科技专项评价指标体系设定如下(见表10-16)。

表10-16 基础研究类科技专项评价指标体系

一级指标	二级指标	三级指标
决策	专项决策规范性	立项程序规范性
		前期论证严密性
	任务目标合理性	绩效目标合理性
		绩效指标明确性
	项目预算科学性	预算编制标准科学
		预算编制与标准相符
管理	科研管理有效性	管理制度健全性
		制度执行有效性
	经费管理有效性	管理制度健全性
		预算执行规范性
		资金到位率、到位及时性、资金使用率

续表

一级指标	二级指标	三级指标
产出	任务完成情况	任务完成率
	科技成果水平	科技成果成熟度、先进性
效果	科技成果影响	新发现新原理新方法新规律的重大原创性和科学价值
		解决经济社会发展和国家安全重大需求中关键科学问题
		支撑技术和产品开发
		代表性论文等科研成果的质量和水平
	可持续影响	人才培养，人才队伍建设
		资金吸引力增强、申报成功率提高、影响范围扩大

（2）技术和产品开发类项目绩效评价指标体系构建

根据《国务院关于优化科研管理提升科研绩效若干措施的通知》（国发〔2018〕25号）规定，技术和产品开发类项目重点评价：新技术、新方法、新产品、关键部件等的创新性、成熟度、稳定性、可靠性，突出成果转化应用情况及其在解决经济社会发展关键问题，支撑引领行业产业发展中发挥的作用。围绕上述领域，可将技术和产品开发类科技专项评价指标体系设定如下（见表10–17）。

表10–17　技术和产品开发类专项绩效评价指标

一级指标	二级指标	三级指标
决策（10分）	专项决策规范性（3分）	立项程序规范性
		前期论证严密性
	任务目标合理性（4分）	绩效目标合理性
		绩效指标明确性
	项目预算科学性（3分）	预算编制标准科学
		预算编制与标准相符
管理（10分）	科研管理有效性（5分）	管理制度健全性
		制度执行有效性
	经费管理有效性（5分）	管理制度健全性
		预算执行规范性
		资金到位率、到位及时性、资金使用率

续表

一级指标	二级指标	三级指标
产出（40分）	任务完成情况（20分）	任务完成率
	科技成果水平（20分）	科技成果成熟度、先进性
效果（40分）	科技成果影响（20分）	新技术、新方法、新产品、关键部件等的创新性、成熟度、稳定性、可靠性
		成果转化应用情况
		支撑引领行业产业发展
		解决经济社会发展关键问题
	可持续影响（20分）	人才培养，人才队伍建设
		资金吸引力增强、申报成功率提高、影响范围扩大

（3）应用示范类项目绩效评价指标体系构建

根据《国务院关于优化科研管理提升科研绩效若干措施的通知》（国发〔2018〕25号）规定，应用示范类项目绩效评价以规模化应用、行业内推广为导向，重点评价集成性、先进性、经济适用性、辐射带动作用及产生的经济社会效益，更多采取应用推广相关方评价和市场评价方式。围绕上述领域，可将应用示范类科技专项评价指标体系设定如下（见表10–18）。

表10–18　应用示范类专项绩效评价指标

一级指标	二级指标	三级指标
决策	专项决策规范性	立项程序规范性
		前期论证严密性
	任务目标合理性	绩效目标合理性
		绩效指标明确性
	项目预算科学性	预算编制标准科学
		预算编制与标准相符
管理	科研管理有效性（5分）	管理制度健全性
		制度执行有效性
	经费管理有效性（5分）	管理制度健全性
		预算执行规范性
		资金到位率、到位及时性、资金使用率

续表

一级指标	二级指标	三级指标
产出	任务完成情况	任务完成率
	科技成果水平	科技成果成熟度、先进性
效果	科技成果影响	集成性、先进性
		经济适用性
		辐射带动作用
	可持续影响	人才培养、人才队伍建设
		资金吸引力增强、申报成功率提高、影响范围扩大

4. 结合绩效目标构建绩效评价个性指标体系

绩效目标是预算绩效管理的对象在一定时期内达到的产出和效果，是预算绩效管理的第一环节，是编制部门预算、中期财政规划，实施绩效运行跟踪监控，开展绩效评价等的重要基础和依据。绩效评价指标体系的设计是绩效目标的具体化过程，目标的准确性、全面性、相关性及其最终的实现情况如何，都要通过绩效评价指标，特别是与每一目标高度相关的个性化指标来衡量。因此，绩效评价个性指标的构建还必须以绩效目标为基础。

（六）构建事前绩效评估指标体系

《中共中央 国务院关于全面实施预算绩效管理的意见》提出，重大项目立项前要开展事前绩效评估，需就立项必要性、投入经济性、绩效目标合理性、实施方案可行性和筹资合规性进行重点论证。这一要求为各级各地开展事前绩效评估提出了应遵循的基本思路与方法，也因此成为绝大部分地区开展事前绩效评估的评价维度，例如山东省、上海市、广东省等，但在二级指标、评价要点以及评价权重等方面，各个地区则存在一定的差异（见表 10–19 和表 10–20）。

表 10–19　山东省项目事前绩效评估指标体系

一级指标	二级指标	评价要点	分值
立项必要性（20）	政策相关性	是否与国家、山东省相关行业宏观政策相关	5
	职能相关性	是否与主管部门职能、规划及当年重点工作相关	5
	需求相关性	①是否具有现实需求，需求是否迫切；②是否有可替代性；③是否有确定的服务对象或受益对象	5
	财政投入相关性	是否具有公共性，是否属于公共财政支持范围	5

续表

一级指标	二级指标	评价要点	分值
投入经济性（20）	投入合理性	①项目投入资源及成本是否与预期产出及效果相匹配；②投入成本是否合理，成本测算依据是否充分；③其他渠道是否有充分投入	10
	成本控制措施有效性	项目是否采取相关成本控制措施，成本控制措施是否有效	10
绩效目标合理性（20）	目标明确性	①绩效目标设定是否明确；②与部门长期规划目标、年度工作目标是否一致；③项目受益群体定位是否准确；④绩效目标和指标设置是否与项目高度相关	10
	目标合理性	①绩效目标与项目预计解决的问题是否匹配；②绩效目标与现实需求是否匹配；③绩效目标是否具有一定的前瞻性和挑战性；④绩效指标是否细化、量化，指标值是否合理	10
实施方案有效性（20）	实施内容明确性	项目内容是否明确、具体，与绩效目标是否匹配	5
	项目时效性	项目是否明确设立、退出时限；项目清理、退出、调整机制是否健全	5
	实施方案可行性	①项目技术路线是否完整、先进、可行、合理，与项目内容及绩效目标是否匹配；②项目组织、进度安排是否合理；③与项目有关的基础设施条件是否能够得到有效保障	5
	过程控制有效性	①项目申报、审批、调整及项目资金申请、审批、拨付等方面已履行或计划履行的程序是否规范；②项目组织机构是否健全、职责分工是否明确、项目人员条件是否与项目有关并得以有效保障；③业务管理制度、技术规程、标准是否健全、完善，以前年度业务制度执行是否出现过问题，相关业务方面问题是否得到有效解决并配有相应的保障措施；④项目执行过程是否设立管控措施、机制等，相关措施、机制是否能够保证项目顺利实施	5
筹资合规性（20）	筹资合规性	①资金来源渠道是否符合相关规定；②资金筹措程序是否科学规范，是否经过相关论证，论证资料是否齐全；③资金筹措是否体现权责对等，财权和事权是否匹配	10
	财政投入能力	①各级财政资金配套方式和承受能力是否科学合理；②各级财政部门和其他部门是否有类似项目资金重复投入；③财政资金支持方式是否科学合理	5
	筹资风险可控性	①对筹资风险认识是否全面；②是否针对预期风险设定应对措施；③应对措施是否可行、有效	5

资料来源：《山东省省级政策和项目预算事前绩效评估管理暂行办法》，http：//www.sdcet.cn/cwsj/articles/ch00449/201911/fa75b691-793c-4b36-92fc-cb8a2c2cecf3.shtml.

表 10-20　湖北省省级预算事前绩效评估指标框架

一级指标	二级指标	评估要点
立项必要性（30）	政策相关性	①是否与国家、湖北省、相关行业宏观政策相关；②是否与国家法律法规、国民经济和社会发展总体规划、国家行业规划及湖北省经济和社会发展规划、湖北省行业发展规划等相符；③是否与其他政策存在交叉、重复等情况
	职能相关性	是否与主管部门职能、规划及当年重点工作相关
	需求相关性	①是否具有现实需求，需求是否迫切；②是否有可替代性；③是否有确定的服务对象或受益对象
	财政投入相关性	是否具有公共性，是否属于公共财政支持范围
	决策科学性	①是否经过了充分调研；②是否经过了评审、专家咨询或公众听证等环节；③调研报告、可研、评审、批示等相关资料是否齐全；④主体是否明确，职责是否清晰，责任是否可追溯
投入经济性（10）	投入合理性	①预算费用测算依据是否充分、测算标准是否合理；②投入资源及成本是否与预期产出及效果相匹配；③其他渠道是否有充分投入
	成本控制措施有效性	项目是否采取相关成本控制措施，成本控制措施是否科学有效
绩效目标合理性（20）	目标明确性	①绩效目标设置是否明确；②与部门长期规划目标、年度工作目标是否一致；③项目受益群体定位是否准确；④绩效目标和指标设置是否与项目高度相关
	目标合理性	①绩效目标与项目预计解决的问题是否匹配；②绩效目标与现实需求是否匹配；③绩效目标是否具有一定的前瞻性和挑战性；④绩效指标是否细化、量化、可衡量，指标值是否合理、可考核
实施方案可行性（20）	实施内容明确性	项目内容是否明确、具体，与绩效目标是否匹配
	实施方案有效性	①项目技术路线是否完整、先进、可行、合理，与项目内容及绩效目标是否匹配；②项目组织、进度安排是否合理；③与项目有关的基础设施条件是否能够得到有效保障
	过程控制有效性	①项目申报、审批、调整及项目资金申请、审批、拨付等方面已履行或计划履行的程序是否规范；②项目组织机构是否健全、职责分工是否明确、项目人员条件是否与项目有关并得以有效保障；③业务管理制度、技术规程、标准是否健全、完善，以前年度业务制度执行是否出现过问题，相关业务方面问题是否得到有效解决并配有相应的保障措施；④项目执行过程是否设立管控措施、机制等，相关措施、机制是否能够保证项目顺利实施

续表

一级指标	二级指标	评估要点
筹资合规性（20）	筹资合规性	①资金来源渠道是否符合相关规定；②资金筹措程序是否科学规范，是否经过相关论证，论证资料是否齐全；③资金筹措是否体现权责对等，财政事权与支出责任是否匹配
	财政投入能力	①市县财政资金配套方式和承受能力是否科学合理；②各级财政部门和其他部门是否有类似项目资金重复投入；③财政资金支持方式是否科学合理
	筹资风险可控性	①对筹资风险认识是否全面；②是否针对预期风险设定应对措施；③应对措施是否可行、有效

资料来源：《湖北省省级预算事前绩效评估管理暂行办法》，http：//czj.ezhou.gov.cn/zcfg /sjfg/202008/t20200816349564.html。

（1）立项必要性评估

立项必要性评估是对项目的需求进行评估，以确定是否真的存在项目实施的需求，如果确实存在这种需求，则怎样的服务最适合满足这种需求。其基本任务包括：界定社会问题的精确概念，评估社会问题存在的范围，定义和识别项目干预对象，准确描述项目干预对象所涉范围的性质。如果项目实施领域根本不存在问题或项目提供的服务与社会问题无关，则项目就失去了立项的必要性。进行需求评估，评估者通常要分析和利用现有的统计资料或进行深入的社会调查。除需求评估外，立项的必要性评估还要对以下事项进行分析：项目立项依据是否充分，问题解决是否涉及市场失效、是否属于政府干预领域，是否跨越政府与市场边界，政策与部门职责和宏观政策的衔接性是否紧密，与其他项目是否存在交叉重复等。

（2）绩效目标合理性评估

绩效目标是判断项目实施能否成功，预算配置是否恰当的主要依据。因此，开展事前绩效评估，必须要看是否有明确、可计量的绩效目标，以及绩效目标的设置是否科学合理。绩效目标的评估一般建立在需求评估的基础上。项目活动通常用以解决某些社会问题、满足某种社会需要，或通过满足某种公共利益，改善一些不理想的社会状况。这样产生的积极影响构成了项目的绩效目标。具体来说，其关注的主要问题为：一是项目要解决的社会问题是什么？与解决这些社会问题相对应项目的主要目标是什么？该目标的时间框架是什么？目标受众是哪些群体？二是为了实现主要的绩效目标（政策效果），所需要的产出是什么？用什么指标来衡量上述的产出和效果？指标数据来源是哪些？三是绩效目标能否实现？或者说，项目实施所面临的主要的挑战与障碍有哪些？哪些条件有利于绩效目标的实现？

（3）实施方案可行性评估

实施方案可行性评估是分析项目是否具有可靠的实施计划。一般而言，一个良好的项目实施方案具有以下特点：能最大限度地实现绩效目标；能最少地付出代价（成本最低）；能对多种风险具有最大的应变性；能在项目实施中产生最小的负面效应。与此同时，项目实施需要各种资源，特别是预算资金，项目实施所付出的成本高低，集中反映了实施方案可行性的大小。项目实施方案如果预算金额太高，即使从目标分析看是很好的，但其可行性仍然存疑。因此，必须要对项目的预算进行具体的分析和计量，评估项目预算编制是否符合相关规定，依据是否充分，费用测算标准是否合理等。另外，还要评估实施方案是否具有应变性。在项目执行过程中，不可能一帆风顺，总会遇到意外或反常的情况，能否承受外界条件的突然变化而不改变项目实施的总体进程，是检验项目实施方案应变性的主要标志。总之，要把项目实施的需要和可能结合起来，综合评估项目实施方案。

（4）投入经济性评估

投入经济性评估是通过将项目成本与效果进行比较，帮助决策者进行项目选择和资源配置，实际上是一种成本效益分析。投入经济性评价一般需要回答以下问题：项目的真实成本（不仅仅是预算成本）是什么？取得的结果能否证明资源的投入是正当的？目前的选择是否是实现预定结果最有效的方式，换言之，能否通过其他方式以更低的成本获得同样的结果？①

（5）筹资合规性评估

筹资合规性评估是效益性评估的基础和前提。主要关注资金来源渠道是否符合相关规定，资金筹措程序是否科学规范，是否经过相关论证，论证资料是否齐全；资金筹措是否体现权责对等，财权和事权是否匹配；各级财政部门和其他部门是否有类似项目资金重复投入，财政资金支持方式是否科学合理；对筹资风险认识是否全面，是否针对预期风险设定应对措施，应对措施是否可行、有效。

① 施青军．开展事前绩效评估的思路与方法［J］．中国财政，2019（7）：49–51.

二、提高绩效评价报告质量，增强评价结果可应用性

绩效评价报告是预算绩效管理最具体、最全面的成果展现形式，是绩效评价结果有效应用的基础。

（一）高度关注绩效评价报告的作用与意义

绩效评价报告是由评价实施方依据中立、客观、公正的原则，根据评价结果撰写，真实反映被评价对象预算绩效管理状况的咨询报告，也是开展预算绩效管理最为重要、具体而全面的成果展现形式。

绩效评价报告不仅涵盖评价过程中指标体系的设定，评价标准和评价方法的选取，对绩效目标完成情况的总结，还包含对评价对象存在问题的剖析，以及解决问题建议的提出，是对被评价对象最为全面、客观的考察，利用评价报告的分析结论可有效促进绩效评价管理工作质量的全面提升，促进预算部门改进预算决策与管理方式，提升绩效管理水平。

不论对于评价主管部门，被评价单位，还是对于财政部门来说，绩效评价报告都具有极其重要的意义。

1. 对于绩效评价主管部门

对于绩效评价主管部门来说，评价报告对被评价对象预算决策、资金配置、预算执行、监督管理、成果取得的全方位论证，可帮助主管部门清晰洞察被评价对象对财政预算的实际把控能力，了解被评价对象在预算管理方面存在的薄弱之处，可为主管部门提出改进意见及措施、合理安排下年度预算创造条件。

2. 对于被评价单位

对于被评价单位来说，绩效评价报告是对单位在预算资金管理方面存在的问题进行全面系统深入的分析与剖析，是被评价单位及时纠偏，借以改进预算编制和管理水平，优化预算支出结构，提高预算资金决策及使用效益的基础。

3. 对于财政部门

对于财政部门来说，作为政府财政资金的管理部门，财政部门通过绩效评价报告可对被评价对象预算编制的合理性、预算执行的规范性、执行结果

的有效性予以清晰考量。利用绩效评价报告，财政部门一方面可对被评价对象预算资金的使用全过程进行监控，要求被评价单位改进项目决策，对预算及项目进行及时调整与纠偏；另一方面可充分了解各部门、各项目的实际资金运作效果，通过对部门预算支出重要性与必要性的重新考量，优化财政资金分配结构，提高财政资金配置效率，以从预算资金的投入、决策与安排等方面全面提升预算管理水平。

总体来看，绩效评价报告质量如何、能否充分反映被评价对象的预算管理实际状况，报告对被评价对象在预算管理方面存在问题的呈现是否客观全面、系统深入，报告提出的被评价对象改进预算绩效管理的建议是否具有针对性和前瞻性，是否具有可操作性，是决定绩效评价的结果能否得到有效应用的基础。绩效评价报告的不规范、不严密，将会对预算绩效管理与评价工作的顺利开展、对预算绩效管理与评价工作质量的提升带来不利影响。

目前，已有越来越多的地区都开始邀请专家，对绩效评价报告进行会审，会审的目的在于：一是依照报告会审结果支付绩效评价费用；二是避免绩效评价报告出现错误的结论，促进绩效评价报告质量提升；三是要求评价方根据评价意见对绩效评价报告进行修改，强化绩效评价报告结论的可操作性与针对性。

（二）绩效评价报告问题诊断

在对绩效评价报告进行大量分析的基础上可发现，当前绩效评价报告普遍存在如下方面的问题：前期准备工作不足，工作方案不够合理；问题梳理与揭示不够准确全面，绩效评价赋分与问题不够对应；对策建议提出不具有针对性，可操作性偏弱；语言表述不够准确流畅，未遵循基本写作规范。

1. 前期准备工作不够充分，工作方案设计不够合理

财政部《关于印发〈第三方机构预算绩效评价业务监督管理暂行办法〉的通知》（财监〔2021〕4 号）明确提出，在开展绩效评价时，第三方机构应当加强与委托方及被评价对象的沟通，在调研、全面了解被评价对象相关情况和委托方意图的基础上，按照有关规定拟定科学可行的绩效评价实施方案。实施方案应当包括人员配置、时间安排、评价目的、评价内容、评价依据、评价方法、指标体系、评价标准、样本确定、调查问卷、资料清单以及工作纪律等内容。

梳理既有绩效评价报告可发现，不少报告因前期准备不够充分，评价方法不尽合理，指标体系不够科学，调查问卷不够全面，材料搜集不够详尽，以至于绩效评价报告薄弱，未能提出有价值的评价意见。其中，指标体系不够科学属于较为典型的绩效评价问题，此外，还需要着重提出的是满意度问卷设计相关问题：一是问题设计较为单一，未能触及核心领域，例如满意度调查问卷设计从头到尾都是“是否满意”，使被调查者的选择受到一定的局限，调查结果因之也很难全面客观反映被调查者的真实感受。

案例分析

教师培训计划调查问卷

1. 您认为培训模式是否符合教师发展规律，培训是否接地气、有实效，实现学用结合，持续提升教师能力素质：(　　)

A. 是　　B. 一般　　C. 不是

2. 您觉得接受教师培训之后，是否很好地提高了自己的教学能力：(　　)

A. 很好　　B. 一般　　C. 没有

3. 您觉得教师培训是否推进教师发展支持服务体系建设，是否打造了“干得好、用得上”的教师培训团队：(　　)

A. 是　　B. 一般　　C. 不是

4. 您认为教师培训是否提高了“教育培训计划”社会关注度，增加了社会影响力：(　　)

A. 是　　B. 一般　　C. 不是

上述问卷的设计会诱使填写者习惯性勾选第一选项，导致问卷结果无法真实反映填写者的客观感受。这样的问卷在实际绩效评价中大量存在，严重影响问卷调查结果的真实性、有效性。

二是以投诉率取代满意度，未能真实客观反映项目实施结果。投诉是社会公众对某一领域服务极不满意的体现，可以构成满意度测量的一个维度，但不能替代满意度。极度不满通常会伴随投诉的发生，部分不满或较为不满不一定会引发投诉，投诉与满意存在着较为显著的差异，以投诉率替代满意度显然不够严谨。

案例分析

基于投诉率的满意度调查

“现场调研发现，政府部门冷链信息宣传发布工作机制尚未建立，消费者对冷链食品信息获取途径有限。同时，冷链农产品、食品品质鉴别方法等冷链相关专业知识普及不够，消费者只重视外在的感观和价格，冷链农产品、食品的消费安全意识普遍不足。”

从报告内容可见，消费者对相关服务的满意度是存在一定的疑义的，但评价结果是服务对象满意度满分，其测量的依据即是未发现有投诉。以投诉率替代服务对象满意度导致该评价指标的测度不够准确。

三是调查访问对象数量偏低，例如有的项目实施范围广泛，但针对全国的问卷调查只征集了10余份，问卷调查不具有代表性，无法满足评价分析的基本需要。

2. 对问题的揭示不够准确

对被评价对象存在的问题定性不够准确，问题定性与问题解析不够一致，对引发问题产生的原因分析论证不够清晰，是当下绩效评价报告存在的较为突出的问题。

案例分析

问题的定性不够准确严密

报告提出项目存在如下问题：“一是部分地区改造面积超标，二是部分地区当地村镇发展规划未与农村危房改造方案衔接，三是不考虑房屋质量情况，均按D类标准采取新建或翻建方式，改造方式简单化”，据此报告指出，该项目存在成本效益不匹配方面的问题。

所谓的成本效益是指“从投入与产出的对比分析来看待投入（成本）的必要性、合理性，即努力以尽可能少的成本付出，创造尽可能多的使用价值，获取更多的效益”。从上述三个方面陈述可见，被评价对象不仅存在成本效益匹配性方面的问题，还存在决策不够严密、执行不够规范的问题，如改造面积超标、未与农村危房改造方案衔接，报告对被评价对象的问题定性不够完整与严密。

案例分析

错误定性问题产生原因

报告提出项目存在的问题是："业务管理存在漏洞，两艘船舶出租使用费收入4159.59万元，低于两艘船舶出租期间折旧、保险费5092.14万元，收不抵支。"

实际上，收不抵支只是问题存在的表象，而不是问题的核心，问题的核心是未开展详细的成本核算，预算编制不够精确，预算编制缺乏标准和依据。报告对问题的定性不够准确。

3. 绩效评价指标赋分与揭示的问题不够对应

报告对绩效评价各项指标的打分不够准确合理，所扣分数与扣分原因说明不够一致，不少评价报告都存在赋予分值偏高、但问题较为突出，或赋予分值偏低、问题并不突出的现象。

案例分析

报告对问题的揭示与指标体系扣分不够一致

绩效评价报告指出，"《国务院关于改革和完善中央对地方转移支付制度的意见》（国发〔2014〕71号）明确要合理划分中央和地方事权，逐步推进转移支付制度改革，属于地方事权的，由地方承担支出责任，中央主要通过一般性转移支付予以支持，以实现特定政策目标。根据事权划分和支出责任，……行业属于地方事权，地方承担相应的支出责任，中央应通过一般性转移支付予以支持，以实现特定政策目标，该项资金通过专项转移支付方式补助企业不够合理"。

三级指标	指标说明	指标解释	评价得分
政策科学性	中央和地方事权与支出责任划分是否清晰	中央和地方事权与支出责任划分清晰得3分，否则得0分	3

在此，报告对问题的提出非常明确，思路清晰，总结得也很到位，但遗憾的是，报告对该问题的分析未能体现在指标体系与扣分之中，报告对"中

央和地方事权与支出责任划分是否清晰”这一指标给予了满分，认为项目并不存在支出责任划分不清、转移支付方式错误等方面的问题，导致报告对问题的提出与实际评分出现了不一致的现象。

4. 评价结果相互矛盾

在同一绩效评价报告中，评价结果相互矛盾也是当前存在的一个较为突出的问题。

案例分析

评价结果相互矛盾

绩效评价报告结论一指出：“公交公司运营状况，分值2分，评定为0分，扣2分。油补资金对改善各省市公交公司运营状况的作用不明显。经全国范围内的调研问卷反馈显示，28个省市的公交公司运营状况未见显著改善或提升，在全国37个省市中占比为77.78%，扣2分。”

绩效评价报告结论二指出：“社会公众出行成本，分值2分，评定为2分，未扣分。通过油补资金实现了公交行业的健康稳定发展，公众出行更加便利。”

该绩效评价报告的上述分析显然存在不够严密的地方，结论一的评价意见是油补对于公交运营产生的作用不明显，结论二高度评价了油补，认为油补起到了促进公交行业健康稳定的作用，此两项评价结论出现了明显冲突。

5. 对策建议针对性不强，不具有可操作性

绩效评价报告针对存在问题提出的对策建议，应有益于问题的解决，应具有现实可操作性。但当前不少报告在此方面还需要进一步提升。

（1）报告提出的对策建议不具有针对性

有不少报告提出的对策建议过于宏观，与被评价对象相关度不高，与被评价对象存在的问题相关度也不高，成为“放诸四海皆准”、可适用于任何被评价对象的虚化建议。

案例分析

对策建议不具有针对性

绩效评价报告提出如下政策建议：

“1. 进一步加强项目论证，把绩效预算管理融入决策过程中，紧密围绕专项设定绩效目标，反映资金活动的范围、方向与效果。特别要设计一些反映项目内容与成果的指向性指标，以直观判断项目实施效果，避免项目单位利用已有成果或相对成熟的技术套取科技资金的风险。

2. 加大对项目承担单位财务检查的力度，使预算支出与项目执行内容相匹配，保障资金使用合法、合规。

3. 以成果为导向，对项目实行跟踪管理。发现项目执行偏离目标时或项目成果与项目不相关时及时纠偏；发现偏离难以纠正或影响目标实现时及时中止项目执行，停止资金拨付或收回剩余资金，减少财政资金的浪费风险。”

不少绩效评价报告都有类似“放诸四海皆准”的政策建议，严重影响绩效评价结果的针对性，以及可操作性和可应用性。

（2）对策建议不够准确严密

部分报告提出的对策建议不够准确严密，存在逻辑、专业等方面的缺陷。

案例分析

对策建议不够准确严密

绩效评价报告提出如下政策建议：

“建议分清政府与企业的职责，控制专项资金的投入规模，对专项资金适时调整。根据《安全生产法》，安全生产的责任主体是生产经营单位，安全隐患的整治是企业的责任。因此，隐患整治由企业完成。该专项资金作为引导类资金，从长期而言，应分清政府与企业的职责，控制专项资金的投入规模，并根据实际情况对本专项资金适时调整。为进一步发挥部门监督管理职能，建议适度增加部门的监督巡查经费，增强行政监管力度，强化监管职责。”

从报告的上述建议可发现，被评价对象存在政府与企业职责划分不清的问题，报告提出应分清政府与企业职责的建议是非常正确的。但既然安全生产的责任主体是生产经营单位，安全隐患的整治是企业的责任，隐患整治应由企业完成，则此项费用应由企业承担，则其建议不应是控制专项资金的投入规模，而应是分清政府与企业的职责，改变专项资金投入模式与投资方向。

（3）提出的建议不具有逻辑性

报告提出的对策建议与报告其他部分内容存在矛盾，也与评价的核心要求不一致。

案例分析

建议提出的逻辑不够严密

绩效评价报告提出如下政策建议：

“根据公布的数据显示，近两年来……价格波动大、不稳定，整体波动幅度高达 46.8%，其中产品 1 波动幅度为 49.2%，产品 2 波动幅度为 66.4%，产品 3 波动幅度为 12.7%。从价格稳定性来说，存在一定的储备必要。”

但事实上，报告最为核心的评价结论是“自 2000 年以来，虽然受到多次突发性情况侵扰，但是均未动用相关储备”。

如果储备一次未被动用过，其作用何在？一次未被动用又如何判定其在价格调控上能够发挥作用？储备设立的目的到底是抵御突发情况，还是进行价格调控？报告在对这些核心问题没有厘清的情况下，做出了一个缺乏事实依据的判断，干扰了评价的主线。

6. 基本写作规范问题丛生

基本写作规范是每一个绩效评价报告撰写者都必须遵循的最为基础的写作要求，不仅要依照《关于印发〈第三方机构预算绩效评价业务监督管理暂行办法〉的通知》（财监〔2021〕4 号）提出的：“撰写预算绩效评价报告初稿，力求做到逻辑清晰、内容完整、依据充分、数据翔实、分析透彻、结论准确、建议可行”，还应结构合理、层次分明、概念清晰、资料或数据完整充实、格式（图表、公式等）规范、语言表述准确、文笔流畅，能对项目实施情况进行准确归纳，以利于阅读者快速了解评价内容，并做出基本判断。在这些方面当前存在的问题主要有：

（1）报告结构不尽合理，缺乏核心内容提要

绩效评价报告由基本情况、绩效评价工作开展情况、综合评价情况及评价结论、绩效评价指标分析、主要经验及做法、存在的问题及原因，以及有关建议等七部分组成。不少绩效评价报告将大量的篇幅用于讨论基本情况、绩效评价工作开展情况，关于绩效评价报告最为重要的问题揭示及建议提出则一笔带过，例如，有的绩效评价报告共有 17 页，其中前 10 页是关于项目基本情况、项目单位绩效自评情况、绩效评价工作开展情况的介绍，中间 5 页对评价指标进行了分析，问题与建议各占一页，使绩效评价报告发现问题、揭示问题产生原因、提出问题解决方案的评价作用未能得到充分体现，也使绩效评价报告未能发挥应有的作用。

（2）写作格式不够规范

写作格式不够规范是当前绩效评价报告存在的比较突出的问题，集中反映在表格、图例等方面。不少报告对何为图、何为表，其间的区分了解得不是非常清晰，以至于将图误以为表，将表误以为图，这样的错误时有发生。此外，图表未排序，未在报告中予以说明，无计量单位，计量单位不够完全等现象都较为常见。

（3）专有名词未加解释和说明

绩效评价的对象涉及各行各业，专业性较强，经常会出现很多的专有名词，例如：脱贫攻坚“两不愁三保障”，IPOVAI 框架，GEOGE 框架，CTD 测量等，如果不加解释和说明，会对阅读及准确理解报告内容带来不利影响。

（三）促进绩效评价报告质量与水平的提升

要使绩效评价报告的作用能够得到充分发挥，不仅需要对绩效评价报告进行准确定位，同时还需进一步规范、提升绩效评价报告的写作要求，通过更加科学合理的绩效评价报告写作模式及规程要求，促进绩效评价报告质量的不断提升。

1. 以评价方法、问卷设计为核心，做好前期准备工作

（1）合理选用专业的绩效评价方法

《中共中央 国务院关于全面实施预算绩效管理的意见》明确提出，要创新评估评价方法，立足多维视角和多元数据，依托大数据分析技术，运用成本效益分析法、比较法、因素分析法、公众评判法、标杆管理法等，提高绩

效评估评价结果的客观性和准确性。应根据评价的实际需要，采用最为适用的评价方法。例如，通过对绩效目标与实施效果、设计批复与实际执行、预算安排与实际支出比较，综合分析绩效目标实现程度，采用比较法进行绩效评价；通过专业评估、公众问卷及抽样调查等对财政支出效果进行评判，评价绩效目标实现程度，采用公众评判法；通过与被评价单位有关部门人员进行充分沟通，全面掌握相关信息，比对国内外先进指标对评价目标和定性指标的实现程度进行评判，采用标杆管理法。绩效评价可以采用一种评价方法，也可采用多种评价方法。

（2）科学设计调查问卷

调查问卷既要覆盖评价主题与核心，又要避免琐碎与繁复，需要反复论证与精心设计。应与实施方案一起讨论通过后方可实施。

（3）充分查找评价依据

从当前可查询的绩效评价报告来看，大部分绩效评价报告对评价依据不太重视，大多没有提及评价依据的法律法规及行业规定与规范，导致评价过程中可能会出现重要评价依据缺失的现象。

2. 统一写作格式，优化报告结构

绩效评价报告写作应严格遵循写作规范，避免因表述失误导致报告无法阅读，或阅读效果不佳的现象出现。

（1）完善报告结构，添加报告摘要

建议在评价报告的最前端，添加关于绩效评价结论的摘要，以帮助阅读者快速掌握绩效评价工作的核心内容与基本结论。

案例分析

摘要（参考格式）

一、项目基本情况

（一）项目立项背景及实施目的

（二）项目预算安排和支出情况

（三）项目主要内容和实施情况

二、项目绩效目标

（一）总体绩效目标

（二）XX 年度（或阶段性）绩效目标

三、评价基本情况

（一）绩效评价目的、对象和范围

（二）绩效评价原则、评价指标体系（简要说明）、评价方法、评价标准等

（三）绩效评价工作过程

四、评价结论和绩效分析

（一）综合评价结论

（二）绩效分析

五、存在问题及原因分析

六、有关建议

（2）图表规范。图表要有数据来源，应对图表进行排序，图表均应有标题，图的标题在图的下方，标题应含有图例的主要内容及数据单位。图例的数据系列应有区分，应选择形状不同的数据标记显示。表格的标题在表的上方，标题同样应含有核心内容及数据单位，数据单位要齐备。

（3）标点符号规范。应严格遵循新版《标点符号用法》（国家标准）（2012）的要求，准确使用标点符号。

3. 以项目目标为主线，围绕核心领域进行评述

当前不少报告在探讨项目存在的问题并提出对策建议时，往往会无视或忽视项目设立的初衷，以至于提出的对策建议与项目设立的初始目标相违背，使提出的建议对于项目的改进无益，严重的甚或会对政策的调整产生误导。例如绩效评价报告在分析储备品可持续时指出，鉴于“行业供需情况”需要继续实施储备政策，因为“不断增长的供给与需求使得储备具有必要性和可持续性”。但事实上，该政策设置的目的是“为了保证突发事件、重大自然灾害、重大公共事件或其他重大突发事件对此类产品的紧急需求”，其政策设置初衷与行业供给和需求保障无关。由此，报告得出的“政策可以延续”的结论，是偏离政策设置初衷，不利于政策未来有效实施与改进的。

4. 针对项目关键性问题的探讨应不断强化深入

从当前披露的绩效评价报告来看，绝大部分报告都对项目存在的问题进行了探讨，但普遍存在对问题的揭示不够深入的现象。例如，在评价转移支

付项目时，很多报告都提出，“在当前的转移支付项目中，普遍存在地方投入资金占比较低的问题”。但对于地方投入占比低的原因却未进行分析，即地方投入占比低的原因到底是在于地方财力不足，不足以承担配套投入的任务，还是在于当前中央投入的资金已经非常充分，乃至过于充分，对地方资金投入产生了挤出效应等，报告大都未能进行更加深入的分析，导致无法提出有效的转移支付决策改进建议。只有明确了解地方投入占比低是因为地方财力不足，才能提出应进一步加大投入力度的建议，只有了解地方投入占比低是因为中央投入对地方产生了挤出效应，才能提出应中止或削减转移支付的建议，而这才是对转移支付项目开展绩效评价应提出的有效建议。

5. 明晰问题引发根由，增强报告逻辑性

绩效评价的结论不具有逻辑性，也是当前绩效评价报告面临的一个比较突出的问题，使评价指标得分与被评价对象绩效的实际实施结果脱节，以至于“决策英明、管理优异，但结果不佳；或决策失误、管理混乱，但结果非常良好”等逻辑不严、条理不清、结论不准的评价报告屡见不鲜。

例如，评价报告对项目决策、项目管理的评价结论为一般，但对产出及效果的评价为良好，特别是对项目效果的评价达到优秀，如项目决策 83 分，管理 77 分，产出 68 分，项目效益 90.6 分。这样一种评价结论意味着在决策不尽完善、管理不够良好、产出任务完成情况不佳的情况下，项目产生了优异成果。亦即，（1）项目实施可以不关注决策，因为决策是否正确，对最终成果的影响不大。（2）管理与效果无关，不论存在怎样的管理缺陷，项目都能产生优异成果。（3）产出与效果无关，不论任务完成与否，项目实施结果都可以是优秀的。

这样的评价结论引发了一系列问题，绩效评价讨论决策是否正确有必要吗？讨论管理存在问题有必要吗？讨论未来的改进有必要吗？如果当前的结果已非常优异，改进的意义何在？进而，开展绩效管理与评价有必要吗？所谓预算绩效管理是以结果为导向的管理，如果结果已经非常完美，还需要通过绩效评价发现问题、提出问题改进意见进而促进项目绩效提升吗？如果结果已经很好，还有提升的空间吗？如果不需要改进，当下各部门各领域广泛开展绩效评价从而发现问题、提出意见建议的意义又何在呢？

6. 依照问题及建议的不同层级，对报告的分析内容进行解构

不少报告能够发现问题，但对问题的把握能力不足，以至于未能对问题

开展有效分析、追根溯源，使报告的站位受限，分析不够系统深入，对策建议的提出也不具有合理性。

例如，评价报告提出“项目实施‘年度目标任务完成率不高’，其中，免费向公众举办体育讲座、展览完成率，免费向公众开展体育健身技能等培训完成率，免费向公众开展国民体质测试完成率，免费或低收费开放时间等的完成率都偏低”，由此评价报告提出应在任务完成率的提高方面进行强化。这样的建议显然可操作性不强，因为任务完成情况不佳的原因可能有多种，应深入分析其原因。如果是因为任务设定过高导致各项任务无法完成，则应降低任务量。如果是因为项目预算偏低，无法保障任务完成，则应提高项目预算。如果是因为项目管理及激励机制不合理，执行部门缺乏主动性，导致任务完成情况不佳，则应完善相关制度。在此基础上提出改进意见，才具有针对性，也是具有可操作性的。

总体来看，要使绩效评价报告的作用得到充分发挥，不仅需要对绩效评价报告进行准确定位，同时还需要进一步规范、提升绩效评价报告的写作要求，推动绩效评价报告质量的不断提升。

三、加强项目库建设，完善全周期预算绩效管理

为促进预算科学精准编制和规范高效执行，2021 年 4 月国务院发布《关于进一步深化预算管理制度改革的意见》，明确指出应“将项目作为部门和单位预算管理的基本单元，预算支出全部以项目形式纳入预算项目库，实施项目全生命周期管理”。

按此要求，逐步构建起“规模适度、结构合理、重点突出、管理规范、运转高效”的预算项目库管理体系，充分发挥政府预算的资源配置功能和政策引导作用，成为各级政府、各部门进一步深化预算管理制度改革的重要任务。

（一）项目库在我国的起源与发展

项目库管理随现代项目管理实践需求发展演变而来，最早就项目管理形成体系并付诸实践的是美国国防部，其后在众多国家推广开来。20 世纪 60 年代，我国知名数学家华罗庚将其引入中国，随后在航天通信以及国防等领域

得到广泛应用。但正式进入财政预算管理领域，成为财政预算管理政策工具与技术手段，则是在政府预算管理改革全面启动之后。

1. 部门预算改革使项目成为预算编制的基础与核心

2000年，我国开启以预算编制规范化、程序化为核心的部门预算改革，要求各部门按统一的规定和要求，将本部门收支全部纳入部门预算之中，并将部门支出划分为"基本支出预算"和"项目支出预算"两部分。由于基本支出预算需要依照定员定额管理，自由裁量空间较小，规范性较强，使项目支出预算成为决定部门支出预算编制精确与否的决定性因素。为此，2002年财政部印发《中央本级项目库管理规定（试行）》，要求中央部门设立部门项目库，希望通过对入库项目的统一管理，规范部门项目支出预算编制。这是中央层面首次系统性提出强化项目库建设的规定与要求，对于项目库在全国范围内的推进具有重要意义。

2. 项目库管理的完善与系统发展

随着财政预算改革的不断推进，我国项目库管理面临的内部与外部环境、社会经济发展条件，以及现代化信息技术手段都发生了深刻变化，从政策导向、业务关联、内容合理、需求真实、成本经济等方面对项目支出管理提出了更高要求。在此情况下，财政部于2016年发布《关于进一步做实中央部门预算项目库的意见》，提出要通过"深入剖析项目构成、充分认识项目特点，遵循项目运行、管理基本规律，提高项目管理精准度；统筹各类资源，调动各方积极性，形成合力，实现共建共管；将预算管理要求融入项目立项、入库、申报等管理环节，充分体现在项目文本、规范、标准等管理之中，覆盖预算周期完整流程；抓住管理薄弱环节和关键节点，着重填补空白、补齐短板，形成更加完善的项目管理链条"。

在此之后，各级各地推进项目库管理的步伐进一步加快，特别是在全面实施预算绩效管理意见发布后，项目库成为深化预算绩效管理改革，规范项目支出管理，提升财政资金使用绩效的重要抓手，得到全面推进与系统发展。

（二）深化预算绩效管理下项目库发展面临的问题

随着项目库系统的发展与项目库功能的拓展，我国各级各地项目库在项目投资、项目管理等方面的作用日渐增强，已成为财政预算资金配置的基本单元，逐步覆盖国民经济管理的各个领域与各个层级。但由于"管理精确度不足、适用性不强、有效性不高”等问题的存在，使我国各级项目库建设还存在着一些较为明显的缺失与漏洞，难以适应进一步深化预算管理制度改革的发展需求。

1. 管理制度不够健全，项目库建设流于形式

虽然项目库在我国已实施多年，但由于在项目立项论证、评审入库、执行监控、绩效评价等方面缺乏顶层设计及统一的管理制度和强制性规范与要求，使项目库建设与项目的申报、审批、执行环节脱节。部分地区项目随用随批，“一事一库”现象突出，使项目库形同虚设，实际功能未能得到有效发挥。

此外，截至目前，我国项目库尚无统一分类标准，各种项目分类五花八门，有依照基本建设、行政事业分类的，有依照所属行业、资金属性和存续状态分类的，有依照支出属性、管理层级、审批权限分类的。项目分类的不统一、不一致，导致各项目库之间难以对接，无法形成资源的共享与联通，也使各项目库孤立存在，部门与部门间、部门与财政间项目库互联互通偏弱，“信息孤岛”“数据烟囱”现象突出，各部门项目交叉重复设置时有发生。

2. 前期论证审批准备不足，项目储备缺乏深度

目前，我国各项目库储备项目数量较多，但前期论证充分、具有明确的社会需求、预算编制合理、绩效目标明确的项目较少，大多数储备项目预算编制不完善，绩效目标不合理，与社会现实需求结合不够紧密，使预算执行过程中“钱等项目”现象屡见不鲜。

此外，部门项目入库评审不够规范，也是当前项目库建设中存在的一大问题，集中表现为：（1）项目评审具有明显的“内生性”，即项目评审体现为部门内部行为，评审的组织者为部门，评审的内容和标准由部门制定，评审方式相对封闭，带有较为明显的部门主观性，难以充分反映社会公众利益及相关群体实际需求和愿望，其客观性、准确性与科学性难以体现。（2）项目评审弹性空间较大。由于缺乏相应的制度和法律依据，部门项目评审多处于自发状态，在评审的方法和程序上缺乏科学性和一致性。不同部门或同一部门不同项目之间，在项目评审范围、评审内容、评审标准等方面都存在一定差异，使同一项目在不同部门、不同时段的评审具有不同的结果。（3）项目评审专家遴选缺乏标准。由于评审中对项目的分析、评价主要由专家依照个人经验判断而行，评审专家选择得是否合适、能否高质量完成对项目的核查

评估，成为项目评审的关键。当前，各个部门主要还是依靠经验来为每个项目寻找专家，思维的主观局限、相关实践经验以及个人偏好，使部门遴选专家的准确性和公平性受到限制，也给项目评审带来一定的不利影响。

部门项目论证与评审中存在的上述问题，导致不少部门的项目存在先天不足，在进入财政项目库后，会显著加大财政部门审批项目的工作量和评判难度。

3. 项目动态管理不够完善，大量“僵尸项目”挤占资源

在20余年的项目库建设过程中，各部门每年都会上报大量项目，由于没有完整有效的项目库入库、调整、退出动态管理机制，使项目库经过日积月累充满大量项目。这些项目既有已经实施的，也有等待实施的，更有大量超过时效、已不适应当下社会经济发展需求，需要立即清理退出的“僵尸项目”。这些“僵尸项目”的存在使项目库表面看起来数量庞大、内容丰富，但实际运作效率低下，管理成本高昂，不仅加大了项目筛选难度，还使一些部门不得不“一年一设项目库”，以确保重点项目能够被及时选出，并得到财政资金的优先保障。

4. 信息系统全流程化管理尚未实现

项目库管理是一项信息冗繁、流程集成、操作困难的管理活动。各部门业务种类众多、资金来源多元、业务流程差异，对项目库信息化管理提出严格要求。项目库信息系统平台需具备信息存储量大、流程集成化、数据处理自动化、云计算技术支持等特点。只有建立完善的项目库信息化管理系统，使信息化成为全流程预算项目管理的有效手段，才能充分发挥项目库的管理效用，提升项目资金的使用效益。

以目前各地项目库建设的实际情况来看，信息系统全流程建设仍有较大的改进空间：一是信息系统仅覆盖预算编制环节，支持项目申报和遴选入库阶段，与项目执行环节脱节；二是信息系统尚未覆盖项目执行与预算监控环节；三是信息系统尚未建立起良好的反馈机制，无法在项目结束后为相关人员提供结项所需信息，无法为项目库的全流程滚动管理提供技术支撑。

基于深化预算管理制度改革的总体要求，也基于项目库建设中上述问题的现实存在，完善项目库管理模式，提升项目库管理效能，拓展项目库管理维度，细化项目库管理尺度，提高项目库管理精度，加大项目库管理力度，综合运用各类管理手段，充分发挥各方优势，推进项目库管理更加科学化、

规范化、标准化发展，建立与现代预算管理制度相适应的项目库管理系统，成为进一步深化预算绩效管理改革的必然要求。

（三）项目库建设改进之路

项目库是预算绩效管理重要的技术工具，是对部门预算支出进行规范化、程序化和动态化管理的手段与方法，是打破财政支出配置固化格局，改变预算编制模式，大力推进“零基预算”理念，增强预算安排前瞻性和可持续性的重要举措。

理论上政府所有的预算项目都应纳入项目库管理，纳入预算安排的项目必须从项目库中选取。项目库建设应以三年滚动预算规划为牵引，以宏观政策目标为导向，以预算评审和绩效管理为支撑，以资源合理配置和高效利用为目的，以有效的激励约束机制为保障，逐步构建起规模适度、结构合理、重点突出、管理规范、运转高效的项目库管理体系，以充分发挥政府预算的资源配置功能和政策引导作用。

2021 年发布的《国务院关于进一步深化预算管理制度改革的意见》明确指出，“有关部门负责安排的建设项目，要按规定纳入部门项目库并纳入预算项目库。实行项目标准化分类，规范立项依据、实施期限、支出标准、预算需求等要素。建立健全项目入库评审机制和项目滚动管理机制。做实做细项目储备，纳入预算项目库的项目应当按规定完成可行性研究论证、制订具体实施计划等各项前期工作，做到预算一经批准即可实施，并按照轻重缓急等排序，突出保障重点。”为此，在推进预算绩效管理的过程中，还应高度关注项目库的构建与完善。

1. 强化顶层设计，明确项目库管理责任主体及其职责分工

在传统的预算管理模式下，预算部门较多关心本部门的事业发展及项目设定，至于预算的事情则交由财政部门处理，“保姆式财政”现象突出。财政部门的核心工作是配置预算，但基于时间、精力和专业所限，无法也不可能如业务部门那样清晰了解每一项目与各个部门事业发展之间的对应关系，使项目预算安排未必能始终与部门事业发展需求相吻合，项目与预算安排之间不够严密与一致的现象时有发生。

在项目库管理下，各预算部门在项目立项时，需说明项目立项的必要性、实施方案的可行性、实现项目绩效目标所必须的预算资金规模、项目预算编

制的依据等内容。这一项目立项要求，倒逼部门关心项目预算的准确性、项目预算资金的可得性，使部门预算意识得以大大增强。

对于财政部门而言，项目库管理也有助于树立全面发展思维，克服“就预算论预算”的倾向，通过完善项目库管理制度，统筹推进“五位一体”总体布局，协调推进“四个全面”战略布局，实现财政部门与业务部门的联动，促进预算绩效管理的全面推进。在此，财政部门与预算部门的项目库管理职责分别为：

（1）财政部门的项目库管理职责

①制定“项目库”管理规则和标准规范，项目库管理制度可以分为一般性制度规定，如《项目库管理办法》，以及特定管理办法，如《项目库评审专家管理办法》《项目库应用考核办法》《项目库项目调整退出办法》等；

②负责财政项目库的管理、维护；

③明确部门项目库及财政项目库入库条件，将部门推荐并符合条件的项目纳入财政项目库，作为预算编制备选项目；

④对入库项目的绩效目标进行审查、批复，并对绩效目标的实现情况进行动态监控；

⑤根据项目储备和使用情况，协助预算部门办理项目的新增、调整和退出；

⑥建设和维护财政项目库管理平台，实现财政项目库与部门项目库管理的数据互联互通、信息共享；

⑦协助拟定部门项目库基础格式、组成内容、录入标准，确定统一模式，减轻各部门开发软件的成本和工作负担；

⑧结合预算部门整体绩效评价，对部门项目库管理工作进行监督和指导，将部门绩效评价结果与预算挂钩，奖优罚劣，推动部门预算绩效管理水平全面提升。

（2）预算部门的管理职责

部门项目库的管理主体为各级预算部门，由部门按照建库要求自行设置，实行部门项目库首长负责制，落实部门主体责任。各预算部门的项目库管理职责主要包括：

①制定部门项目库管理制度及实施细则；

②负责部门项目库的运行、维护与管理；

③按照规定程序及时做好项目的入库申报，负责部门项目的提前研究谋划、评审论证、入库储备和排序优选；

④根据重要性及优先性排序，从项目库中挑选最终予以财政资金支持的项目，并确定项目的预算金额；

⑤根据项目储备和执行情况，办理项目的新增、调整和退出；

⑥对项目的实施进行跟踪检查、考评验收、绩效自评、信息公开等工作。

2. 分级分类，完善项目库的组织架构

各级项目库由部门项目库（A 库）和财政项目库（B 库）组成。部门项目库（A 库）全年开放，预算部门可根据实际情况申报具体项目，经部门审核后进入部门项目库（A 库），经财政部门审核后进入财政项目库（B 库）。

纳入下一年度部门预算的项目须在每年确定时期前经过评审进入财政项目库（B 库），在此之后入库的项目，除特殊情况外只能进入备选项目库，列入再下一年度的部门预算支持范围。

（1）项目库项目的分级分类

规范的项目库管理，要求建立科学合理的项目分类体系，每个项目编制唯一代码，根据支出属性、管理层级、审批权限、重要程度等进行归类管理。此外，还应明确项目申报的范围和内容，统筹整合同类型项目，规范管理同性质项目。

①按支出属性分类

按支出属性分类，项目库项目可划分为经常性项目和一次性项目。

经常性项目是指预算部门为履行职能，完成工作任务或事业发展目标需要支出的项目，包括：业务工作类项目、机构运行保障类项目、事业发展类项目及其他经常性项目等。

一次性项目是指预算部门为完成特定行政工作任务或事业发展目标，一次性或阶段性发生支出的项目，包括：改建改造类项目、购置类项目、基本建设类项目及其他一次性项目等。

②按层级分类

按层级分类，项目库项目可划分为一级项目和二级项目，由各部门根据实际管理需要，确定具体项目的管理级次及预算指标。

一级项目是指对应部门职责设置的支出项目，以及应专项资金需求设置的项目。

二级项目是指对应一级项目，细化至具体项目或用款单位、具体额度的明细项目。

③按重要程度分类

根据支出项目重要性程度，可将项目库项目划分为重点保障项目以及一般项目。

重点项目是指由各级党委政府确定施政重点领域项目，在编制部门预算时，此类项目应予以优先安排以及绩效跟踪重点关注。一般项目是指除重点项目外由财政安排的项目。

（2）建立项目清理和淘汰机制

财政部门和预算部门都应定期清理项目库。对执行到期、三年内未安排预算、预算单位提出不再开展的项目，财政部门应将其从财政项目库中删除，退回到部门项目库（A库）。

部门应对从财政项目库（B库）中退回的项目进行甄别，对于不再具有优先性、与国家及地方重点发展方向不符、不具有继续实施的必要性和可行性的项目，预算部门应将其从部门项目库（A库）中删除。

3. 强化项目入库管理，完善评审与评估

项目立项依据不足和事前预算评审评估缺失是当前全面实施预算绩效管理面临的突出瓶颈，构建部门项目库，保障项目立项依据充分，防止预算与项目、与地区发展战略、与部门事业发展相脱节，细化项目支出标准，降低预算编制谈判成本，确保项目预算执行顺畅，是推动全面实施预算绩效管理的重要手段与方法。

（1）财政部门在项目入库管理中的主要工作与职责

预算部门是预算的主体，自主确定入库项目，财政部门应把好项目入口关、决策关，充分发挥监督、管理、引导、示范的作用，确保所有进入财政项目库（B库）的项目都符合立项决策要求，帮助预算部门提高项目立项质量、预算编制水平，而这也是财政部门的主要职责所在及工作任务的要求体现。

《中共中央 国务院关于全面实施预算绩效管理的意见》明确提出，各级财政部门要加强新增重大政策和项目预算审核，必要时可以组织第三方机构独立开展绩效评估，审核和评估结果作为预算安排的重要参考依据。由此，在项目入库管理过程中，财政部门应担负起的职责有：

①协助拟定项目库入库管理制度，明确部门项目库的项目入库条件、程序与标准；

②对财政项目库项目信息填报的规范性进行监督，发现不符合要求的，通知并指导业务主管部门修改、完善；

③对部门报送项目的规范性、必要性、合理性、可行性进行评价总结与打分，作为安排下一年度预算控制数的重要依据；

④按照《中共中央 国务院关于全面实施预算绩效管理的意见》要求，开展新增重大项目和政策事前绩效评估。财政部门针对重大政策和项目开展的事前绩效评估结论，为部门项目预算编制的基础，未通过财政部门审核的重大政策和项目不得予以财政资金支持，确需支持的项目，应依照事前绩效评估意见修改完善，直至符合要求才可获得财政资金支持。

（2）各业务主管部门在项目入库管理中的工作与职责

部门所有项目立项都应在中长期规划的基础上统筹考虑，部门中长期事业发展规划经合理分解后可作为部门项目的立项依据，分年度部署安排，并按实际发展状况进行适度调整。

依照《中共中央 国务院关于全面实施预算绩效管理的意见》，各级预算部门在项目入库时应履行如下职责：

①围绕国家及地方重大决策部署，参考部门职能，按照科学谋划，提前储备的要求，提前一年做好项目的研究论证、组织入库工作；

②根据年度预算编制要求，按轻重缓急及优先性排序，从项目库中挑选项目编报下一年度预算；

③强化绩效目标管理，所有入库项目均应填写绩效目标，绩效目标应全面反映项目的政策需求、支出内容、任务清单、资金规模、实施周期、立项论证和其他必要信息；

④部门项目库实行常年开放、动态管理，各分库间数据互通、信息共享，全面反映财政资金的分配与下达情况。

（3）项目入库评审内容

项目评审是项目入库的基本程序，是指在项目前期决策阶段，从国家及地方发展战略、部门发展前景出发，根据地方经济社会发展需要对项目进行全面评估，以辨别项目是否可行，前期准备是否充分，项目是否成熟，是否具备取得财政资金支持的基本条件。

（4）项目入库评审应提交的信息

项目库项目入库评审时必须规范完整提交以下信息：

①项目立项的政策依据，包括党委政府有关决策部署、政策制度规定、行业发展规划和部门职责等，充分说明项目必要性。

②资金需求，包括项目预算资金总额、详细的资金预算清单，必须做到“散总相符”。应提交详细的资金预算清单表，包括品名、数量、单价、金额；重要支出内容标准的说明（为何采用此项标准及其依据）；年度内项目需明确分期安排资金金额；跨年度项目应明确分年度资金需求，项目存续期中，每年末必须报告下年度资金计划。

③绩效目标，包括产出、成本、经济效益、社会效益、生态效益、可持续影响和服务对象满意度等绩效指标。

④项目内容。应当进一步明确：实施方案（比照基建工程施工建设方案）；解决现实什么问题；任务规模大小；工作计划安排；项目实施工期与阶段安排。如项目中有涉密内容的，可将涉密部分内容隐去，不得以涉密为由拒不提供非涉密部分内容。申报材料中的涉密内容由保密部门审核把关。

⑤立项论证情况，包括组织项目入库审核或评审论证的方式、过程和结果等内容。其中，基建项目应根据基建项目管理规定提供立项批复、概算批复依据等，信息化项目原则上应提供经信部门审核意见等。

⑥其他信息，按照规范要求填报项目重要程度、是否新增项目、项目排序情况和佐证材料等相关信息。

4. 确定项目优先排序，合理安排入库项目预算

在部门确定预算支出结构时，应根据每一个项目的轻重缓急程度设置其优先性排序，再据此安排项目的预算金额。通过项目优先序及其资金分配，预算部门可有效调控部门财政资金支出方向和支出结构，提高预算资源配置效率，确保财政资金对国家与地方发展战略的支撑。

各预算部门应按照有关条件和要求，通过一级项目和二级项目的设置及优先性排序，提高项目储备质量及预算安排合理性。

（1）一级项目设置及其优先性排序

①一级项目设置。各业务主管部门应围绕党委政府的决策部署，结合部门职责，参考往年预算安排使用情况，加强研究谋划，提前设置下一年度预算编制所需的一级项目。一级项目设置应：

——符合法律法规、政府规章以及相关发展规划规定，符合公共财政支出范围，符合财政事权和支出责任相适应原则；

——突出重点，优先保障党委政府部署的重大改革、重要政策和重点项目，确保不留“硬缺口”；

——应体现部门职责，体现财政事权和政策任务；

——一级项目名称和内容在年度间保持相对稳定，项目数量要控制在合理范围。

②一级项目优先序排序原则

一是优先序最高级别：中央政策规定的重点项目，地方党委政府部署的重点工作。主要包括：中央、省市有关文件中明确规定预算安排的项目，以及已按程序呈报党委政府批准，由财政予以安排、保障的项目。

二是重点民生项目，主要包括：社会影响面广、与人民群众生活密切相关、群众普遍反映的底线民生、基本民生等项目。

三是符合有关政策，具有明确绩效目标，预算部门确需安排的项目支出。

四是其他项目，指除上述项目外，为完成部门职责需安排的其他项目支出。

（2）二级项目设置及其优先性排序

①二级项目设置。预算部门按照“突出重点、提高效率、节约成本”的原则，科学选择内部集体研究、专家评审论证、委托第三方专业机构评审等方式，加强项目审核和评审论证，结论作为项目入库和排序的依据，不符合规定的项目不得入库。二级项目应与一级项目相匹配。二级项目的设置应：

——支出用途需符合部门职责范围，避免与公用经费及其他项目交叉重复等；

——资金用途、范围和扶持对象需符合专项资金管理办法规定；

——资金测算科学合理、符合项目支出定额标准；

——绩效目标和任务清单可量化和可评估；

——项目申报材料真实、规范和完整，程序合规，不存在多头申报情况等。

②二级项目优先序排序原则

1）属于预算部门自身使用的运转性经费，应优先确保部门履职所需的专项性业务项目。主要包括：特定工作任务项目，维持正常运转而发生的大型设施、大型设备、大型专用网络运行项目等。

2）属于预算部门分管的专项资金，应优先保障政策规定或资金管理办法中明确支持范围和对象、涉及民生事务、当年度具备实施条件、能发挥即期效益、对拉动经济稳定增长作用明显的项目。

预算部门组织项目入库储备、细化二级项目和完善项目信息后，采取成熟一批报送一批的方式，向财政项目库报送项目，为预算编制准备充足项目。

5. 建立灵活的项目库预算执行调整机制

在项目的实施和执行过程中，由于宏观经济发展形势、国家及地区发展战略和政策优先方向、财政收支预测情况等都会发生变化和出现一定调整，项目库中的项目也需要根据新的形势、新的要求和新的情况进行修改、完善与更新，以避免项目内容与实际需求脱节。项目库管理应与预算编制、执行和监督等环节相衔接，实行动态调整。

第十一章　强化绩效评价结果应用

绩效评价结果应用是绩效评价的核心和归宿，同时也是全面实施预算绩效管理的基本依据和起点，在优化预算资金配置，提高预算资金使用效益，增进部门基本公共服务责任等方面发挥着重要作用。

一、绩效评价结果应用的核心与机制

（一）结果应用是预算绩效管理的归宿

预算绩效评价是对公共部门履行职能所耗费财政资金进行的考察，通过评价探查公共部门在预算决策和执行中存在的问题，揭示问题产生的缘由，并通过评价结果的及时反馈，督促部门改进预算决策、优化预算安排、增进施政责任，这是开展绩效评价的初衷，也是推进绩效评价的目的。由此，绩效评价只是方法和手段，只有做到“评价结果有反馈，反馈结果有应用”，才能真正体现绩效评价的使用价值，才能最终实现预算绩效管理“规范政府预算行为，优化预算支出结构、提升预算资金使用效益，提高政府公共管理和公共服务能力”的目的与目标。

（二）绩效评价结果应用的主要方式

关于绩效评价结果应用，财政部在《关于推进预算绩效管理的指导意见》中明确指出，要“建立绩效评价结果反馈和应用机制”，即将绩效评价结果及时反馈给预算执行单位，促进预算单位完善管理制度，改进管理措施，提高管理水平，降低支出成本，增强支出责任，同时，还应将绩效评价结果作为安排以后年度预算的重要依据，优化资源配置，绩效评价结果还需向同级人民政府报告，为政府决策提供参考，作为实施行政问责的重要依据，绩效评价结果还应依法向社会公开，接受社会监督。

1. 中央部门绩效评价结果应用要求

2020 年，财政部发布《项目支出绩效评价管理办法》，对绩效评价结果应用及公开做出专门规定：

一是明确绩效评价结果呈现形式，即财政和预算部门评价结果以绩效评价报告形式体现，单位自评结果通过项目支出绩效自评表形式反映。

二是预算部门对绩效评价结果负有责任，即各部门应按照要求随同部门决算向本级财政部门报送绩效自评结果，预算部门和单位应切实加强自评结果的整理、分析，将自评结果作为本部门、本单位完善政策和改进管理的重要依据。对预算执行率偏低、自评结果较差的项目，要单独说明原因，提出整改措施。

财政部门和预算部门应在重点项目绩效评价工作完成后，及时将评价结果反馈被评价部门，被评价部门应在规定时间内按要求向财政部门和主管部门报送整改落实情况。

三是绩效评价结果应用方式，各预算部门应按要求将部门评价结果报送本级财政部门，评价结果作为本部门安排预算、完善政策和改进管理的重要依据；财政评价结果作为安排政府预算、完善政策和改进管理的重要依据。原则上，对评价等级为优、良的，根据情况予以支持；对评价等级为中、差的，要完善政策、改进管理，根据情况核减预算。对不进行整改或整改不到位的，根据情况相应调减预算或整改到位后再予以安排。

四是关于绩效评价结果公开，即各级财政部门、预算部门应当按照要求将绩效评价结果分别编入政府决算和本部门决算，报送本级人民代表大会，并依法予以公开。

2. 地方绩效评价结果应用要求

根据财政部文件要求，各级各地纷纷出台相关文件，加强绩效评价结果应用，例如，浙江省出台《关于加强财政支出绩效评价结果应用的意见》，青海省、广西壮族自治区、湖北省、湖南省、北京市等先后发布《关于财政支出绩效评价结果应用暂行办法》。在省级政府的推动与组织之下，部分地市，例如钦州市、绍兴市、温岭市、阳泉市、晋城市等也先后发布《预算绩效评价结果应用暂行办法》。各级各地绩效评价结果应用文件对绩效评价结果应用的主体、责任、内容作出相关规定，明确绩效评价结果要“反馈、报告、公开、与预算安排结合”，部分地方政府还提出了激励问责、纳入政府绩效考评等方面的要求。

（1）绩效评价结果反馈与整改

结果反馈与整改包括两层内涵，一是绩效评价组织方，即财政部门和预算部门将绩效评价结果反馈给被评价单位，要求被评价单位制定整改措施，认真进行整改；二是被评价方根据绩效评价结果进行整改，并在规定的时间范围内将整改情况反馈给主管部门和财政部门。

（2）建立绩效评价结果报告与公开制度

结果报告是政府部门之间沟通的重要载体。预算部门要定期向同级财政部门提交预算绩效报告，说明预算绩效管理工作情况、支出绩效状况、存在问题、整改措施和下一步工作重点。财政部门内部要实行绩效评价结果共享机制，将绩效评价报告提出的评价意见作为预算调整的依据。

结果公开是预算绩效管理接受社会监督的一种重要手段。目前，财政部门和预算部门按照政府信息公开相关要求，将绩效评价结果作为部门决算的组成部分对外公开，逐渐成为绩效评价结果应用的主流趋势。

（3）绩效评价结果与预算安排结合

与预算编制挂钩，是最为常见的一种绩效评价结果应用方式。通常情况下，财政部门将上一年度绩效评价结果作为各部门今后年度编制预算和安排财政资金的重要依据，优先考虑或重点支持绩效评价结果较好的项目，减少绩效评价结果差的部门资金安排，取消无绩效或低绩效项目。例如湖北省规定，对于常年性项目和延续性项目，绩效评价结果为优或良的，下一年度优先保障该项目资金预算；绩效评价结果为中的，下一年度预算安排时控制新增项目资金预算；绩效评价结果为差的，下一年度预算安排时采取调整支出方向或支出结构、适当减少项目资金预算、取消该项目等方式进行应用。对于一次性项目资金，绩效评价结果为差的，下一年度原则上不安排同类新增项目资金。对于部门整体支出，绩效评价结果为优或良的，下一年度优先保障该部门资金总预算；绩效评价结果为中的，下一年度严格控制新增项目支出总预算，原则上不增加预算；绩效评价结果为差的，下一年度适当减少该预算部门项目支出总预算。政策支出绩效评价结果作为政策延续、调整、撤销等的重要依据。

（4）建立责任追究机制

责任追究是保障财政支出项目有效实施的重要措施，是财政支出绩效评价结果应用的重要方式之一。除通过通报批评、取消评优资格等方式对预算决策失误、执行发生偏离、绩效结果不理想等行为进行行政问责外，部分地方还提出了明确的绩效问责要求。云南省提出，针对绩效评价结果中存在决策不科学、管理混乱的，虚报、瞒报、故意错（漏）报绩效评价材料，绩效评价弄虚作假的，不按要求开展绩效评价工作等不作为、乱作为和不履行或不正确履行职责，导致绩效评价结果与绩效目标严重背离，影响绩效评价结果客观、公正，造成不良影响和后果的，要对有关责任人进行问责。

贵阳市提出，对于未按预算批复内容执行，部门内部自行在项目与子项目间调整资金用途超过项目总金额 30% 的，存在项目间或单位间挪用资金、违规违纪、弄虚作假等违反财经纪律问题的，绩效评价结果确定为差等级的，要实施绩效问责，并视情节按规定移交有关部门。

（5）纳入政府综合绩效考核

部分地方将绩效评价结果纳入政府绩效考核，例如北京市，每年将预算管理综合考核结果纳入市政府绩效考核体系，与市政府绩效考评结果挂钩。

二、绩效评价结果应用面临的困境与难题

绩效评价结果应用是全面实施预算绩效管理的关键环节，也是当前预算绩效管理中相对薄弱的环节，仍然存在制度保障机制不完善，问责难落实，评价结果与资金分配挂钩难，后续跟踪监督乏力等方面的问题。

（一）制度保障乏力，结果应用约束力不强

制度的功能在于规范和约束行为，以保障办事规程或行为准则的一致。在绩效评价结果应用中，同样也需要有标准一致、内容统一的制度规范。从当前的评价结果应用制度构建来看，在这方面还存在比较明显的缺失。

一是缺少高层级制度的强制规范。评价结果应用制度构建目前还以地方自主推进为主，在地方结果应用主动性不强的情况下，推动难度较大，推动进展偏慢，制定评价结果应用办法并予以实施的地区并不多见，大部分地区尚未出台评价结果应用管理办法，结果应用还处在摸索或起步阶段，缺乏有

效的制度约束。

二是缺少高层级部门的统一协调和指导。财政部2020年发布的《关于印发〈项目支出绩效评价管理办法〉的通知》（财预〔2020〕10号）第五章“绩效评价结果应用及公开”，对绩效评价的结果形式、部门责任、应用方向和应用方法予以规定，对地方绩效评价结果应用管理办法的拟定具有一定的指导意义，但总体上来说，该部分内容原则性偏强，参照其拟定的地方绩效评价结果应用办法，也因此存在一定的不足，在实际操作中难以把握，使办法的落地存在一定的困难。

（二）绩效评价结果应用意识薄弱，监督追踪机制缺失

预算部门在绩效目标管理和绩效评价意识逐渐增强的同时，却对评价结果应用并不关注。“讲绩效，重绩效”的氛围已经建立，但“用绩效”的理念尚未形成。预算部门更多是为了应对各项规定和要求开展绩效评价，而没有真正树立起绩效的理念，主动将绩效评价应用于部门预算管理改进的积极性不高。

与此同时，监督追踪机制缺失也使评价结果难以落实。开展绩效评价，将评价结果和意见反馈给政府部门，督促政府部门进行有针对性的整改，是当前绩效评价结果运用的标准流程。但由于缺乏绩效评价结果应用追踪机制，虽然政府部门也应要求提交了整改意见，但该意见是否得到落实，落实的程度如何，被评价单位是否依照评价意见完善项目决策、优化资源配置，主管部门、财政部门和评价专家并不清楚，使不少经过多方大量工作提炼出的评价意见，往往仅停留在纸质阶段，未能得到有效应用，以至于评价中多次提及的问题，在后续评价中依然反复出现，项目决策失误、预算资金错配的现象屡见不鲜，使绩效评价面临沦为形象工程的危险，也使绩效评价失去了其存在的基础和蓬勃的生命力。

（三）绩效评价结果的公信力和权威性不足

由于绩效指标既有定量指标又有定性指标，定性指标难以量化、主观性判断多，评价标准不够科学，第三方中介机构缺乏专业知识，对评价过程中发现问题的总结与提炼能力不足，政策建议提出不具有针对性和可操作性，导致绩效评价结果的公信力和权威性不足，也从客观上制约了绩效评价结果

的应用。

（四）评价结果信息公开广度有待拓展

信息公开有利于打破传统行政管理的封闭独断，有利于消除政府和公众之间的信息不对称，是建设透明政府的必然要求和顺利推行预算绩效管理的重要基础。目前，我国绩效评价结果按要求应随政府决算报告公开，但公开的绩效评价报告一是简化后的版本，二是有选择性地公开，公开有利的，回避不利的，使绩效评价结果信息对社会而言仍然是一个“黑箱”。

三、绩效评价结果应用机制的构建与完善

绩效评价结果应用是预算绩效管理的核心和归宿。评价结果的应用应在合理配置预算资源、提高资金使用效益、增进部门服务责任等方面发挥重要作用。为此，绩效评价结果应用还应从诸多方面进行完善。

（一）加强绩效评价结果应用制度建设与顶层设计

2020年，财政部发布《关于印发〈项目支出绩效评价管理办法〉的通知》（财预〔2020〕10号），从绩效评价主体、原则、对象、内容等方面，对项目支出绩效评价的方法、组织管理、工作程序等进行了界定，成为指导项目支出绩效评价工作的纲领性文件。但《办法》一是仅涉及项目支出，涵盖范围不够全面，二是篇幅有限，相对宏观，还需要进一步细化。由此，还应根据绩效评价结果应用的实际需求，出台独立的结果应用管理办法，为绩效评价结果应用提供有力的制度支撑。

应在国家层面建立全国性的绩效评价结果应用制度，全面统筹绩效评价结果应用办法，以统一的标准、规范的流程、清晰的责任，将公开、反馈、报告、问责、与预算安排结合、与政府绩效和干部政绩考核等全面纳入绩效评价结果应用范围，强调激励和监督机制的必要性。

同时，围绕制度制定配套实施办法，根据不同的结果应用方式，对具体的应用内容、格式和流程做出详细的安排，减少绩效评价结果应用的随意性。

（二）建立绩效监督惩戒与激励机制

应建立监督制度，充分发挥人大、纪检监察、审计等部门在预算绩效评价结果应用方面的关键作用，明确监督职责和责任，对监督中发现的应用不力行为进行问责。

同时，建立激励机制，对绩效评价结果应用工作成效突出的部门和个人给予表彰等（具体内容见本书第七章相关内容）。

（三）建立追踪体系，强化结果应用

应逐步建立全过程绩效追踪体系，通过对绩效评价结果的追踪考察，督促绩效评价结果得到真正应用。与此同时，还可以聘请相关的绩效监督员，对绩效评价结果应用进行专门的督查，以强化绩效评价结果应用。

（四）强化预算绩效管理责任意识，培育绩效评价结果应用基础

预算绩效管理意识薄弱，是目前存在于各部门的一个十分普遍的问题。复旦大学受有关部门委托，曾在中央部门开展过一次预算绩效管理方面的问卷调查。调查发现，被调查人员对于绩效管理在优化预算资金配置、改进项目决策和战略规划方面的作用有着较为清醒的认知，但对于预算绩效管理在规范政府行为，提高政府公共管理和公共服务能力等方面的认知尚不准确。实质上，通过对预算资金决策与管理方式的管控，最终实现改变政府行为方式、提高政府施政与执政能力，这才是推进预算绩效管理的最终目的。

由此，要强化《中共中央 国务院关于全面实施预算绩效管理的意见》的贯彻与落实，还需要广泛开展相关学习与培训，以增强各级各地各部门的支出责任和绩效意识，提高各部门对预算绩效管理工作重要性的认知。

1. 深入贯彻落实国家决策部署，积极营造崇尚绩效的良好氛围

党的十八大报告提出，要“建设职能科学、结构优化、廉洁高效、人民满意的服务型政府”“创新行政管理方式，提高政府公信力和执行力，推进政府绩效管理”。党的十九大提出，要“转变政府职能，深化简政放权，创新监管方式，增强政府公信力和执行力，建设人民满意的服务型政府”。为此，应深入贯彻落实党中央、国务院的决策部署，进一步加强宣传教育力度，使每一位公务人员都能深刻理解和认识建设责任政府、推进政府预算绩效管理的

重要意义。同时，引导和促进各预算部门科学认识法律赋予的支出责任，牢固树立财政资金的绩效理念，将工作的着眼点聚焦在如何科学合理、高效负责地使用财政资金，更好为人民群众提供高质量的公共产品和服务上来。此外，还要进一步创新宣传方式，充分利用网络媒体等渠道，注重发挥微信、微博等新媒体的重要作用，努力营造全社会崇尚绩效的良好氛围，为进一步做好深化绩效预算管理改革各项工作创造更加良好的改革环境。

2. 明确部门的职责与价值观

仅仅依靠培训和宣传显然还无法让预算绩效管理意识贯彻到每一位员工，落实到每一个部门，为此，还需全方位推进一系列相关工作，如明确部门职责与价值观，合理确定部门战略目标及实施方案。

通常情况下，公共部门不仅负有以最有效率与效益的方法提供高质量公共服务的职责，还应具有以绩效导向、顾客意识、专业水准和公平理念提供公共服务的价值观。公共部门的职权责任与价值观，一方面决定了部门的前进方向，另一方面也指导部门如何提供公共服务以及沿着既定方向前进的基本法则。部门应了解自身的优势与劣势，分析未来的机遇与困难，只有在充分了解的基础上，部门才能制订出客观可行且对部门有益的战略计划，才能通过战略计划的制订把握未来的发展机遇。

3. 确定部门绩效战略目标及其实施方案

部门应根据使命确定中长期战略目标、评价依据和标杆，以通过绩效水准、目标和标杆的确定，促进部门的绩效管理水平达到一个全新的高度。部门应基于部门职能使命、社会发展需要、国家宏观规划要求拟定战略计划。由于部门使命、改进绩效管理的思路，提高部门预算产出水平与结果质量的技术与方法，以及预算约束等因素都会对战略计划产生影响，部门战略计划及其目标的设定需不断调整，但这并不妨碍部门绩效计划与战略目标之间的关联，战略计划的适时调整会使两者之间的联系更为灵活。

（五）强化绩效信息管理

绩效数据是预算绩效管理的基础与关键。预算资金的投入与使用、绩效目标的制定、绩效目标的实现程度等方面的数据，是实施预算绩效管理的“基础设施”。预算绩效管理需要基于绩效数据的测量、识别、诊断和分析，将结果反馈于预算管理流程，才能实现预算绩效管理的结果与目标。对此，

OECD 指出，绩效评价质量的核心是数据质量，只有真实数据才有可能产生科学客观的评价结果，并对管理决策产生正确的影响[①]。提升预算绩效管理质量，提高绩效数据收集的便利性和数据分析的科学性，可有效打破“信息孤岛”和“数据烟囱”现象，实现各级政府部门的业务、财务、资产等信息的互联互通。

事实上，绩效信息不足正是造成我国绩效评价难以量化、绩效标准制定缺乏科学性、绩效管理基础薄弱的主要原因。数据有限且分散、数据信息化管理水平不高，数据覆盖面较窄，数据信息管理机制和平台不够完善，技术上未达到现代化管理水平，使构建科学的绩效评价体系并获得真实的评价结果受到明显影响。由此，预算绩效管理的改革必须在完善绩效信息管理制度、强化绩效信息的共建共享与互联互通等方面加强力度。

1. 完善绩效信息采集、管理及使用制度

在预算绩效管理过程中，绩效信息的搜集与使用十分关键。纵观数十年来各国的绩效预算改革，绩效信息和资源分配之间的联系越来越紧密，各国通过一系列的改革不断强化绩效信息在预算安排和资源配置中的作用，完成了绩效预算从技术到机制的转变。由此，应依托《政府信息公开条例》，从规范绩效信息收集程序，绩效信息存储、保管、共享要求，绩效信息收集人选定和职责等方面，拟定大数据采集办法、使用许可办法、管理办法以及安全责任办法等实施细则，构建与完善绩效信息管理制度，畅通政府职能部门间、政府与社会之间的信息渠道，约束和控制政府部门的信息行为，使数据信息资源的资产价值最大化。

2. 着力建设大数据资源平台

功能强大的大数据资源平台是实现预算信息实时管理、全程监控的重要技术基础，是分析、评价、改进绩效的重要载体，各类数据应在平台上实现收集、转换、整合和存储的生命周期管理。

预算数据平台的建设应包括四个方面：一是建设绩效信息数据平台，应涵盖五级政府不同行业的绩效目标、绩效指标和评价指标体系等信息，管理权隶属于中央，纵向上全国共享；二是建立公共大数据平台，将政府部门的

① 赵敏．财政支出绩效评价的质量标准及控制体系研究——国际绩效评价的经验与启示［J］．财政研究，2016（10）：76-84.

财政数据及其他相关信息汇总至该平台，为绩效评价提供数据支持；三是建立专家数据库，互相开放共享，让各类型的智力资源充分为政府绩效治理服务；四是建立第三方绩效管理服务平台，使之成为第三方评价机构，以及社会公众介入预算绩效管理的通道。

3. 强化绩效信息的共建共享与互联互通

数据的互联互通要求突破数据的部门层级分割化、封闭化的格局，实现跨部门数据共享，应能自动、实时进行跨部门绩效数据收集、筛选、审核、转换、整合和存储，通过多维分析模型帮助进行多角度的数据分析，形成可视化界面，生成绩效目标评审结果、绩效运行监测结果和绩效评价结果。

为推进数据的互联互通，各地应充分利用数字政府建设的契机，集成发改、工商、税务、金融、交通运输、海关、财政、教育、卫生等政府数据资源，实现各部门、各行业数据资源的交互共享，并推动各地财政数据资源的整合，实现数据的共享和交互使用，增强数据汇聚、交换、服务能力，推动政务数据资源实现跨层级、跨区域、跨部门共享交换和协同应用。

在财政系统内部，应完善财政支出绩效目标值、实现值、标准值的时间序列数据库，实现跨地区、跨层级和跨部门数据的互联互通，并与互联网、移动供应商以及大机构建立数据合作关系，实现纵向和横向、内部和外部绩效数据的整合，为绩效信息的高质量分析奠定良好的数据基础。

第十二章　促进预算绩效管理多元共治

国家治理的主体是政府，但社会及公民也是国家治理的有机组成部分，为政府的治理提供保障与补充。预算绩效管理应充分体现国家治理各主体间的权力共享与多元合作，以增强预算绩效管理的认同感和归属感。

一、以民主化为核心，构建参与式预算绩效治理的基础

国家治理又称民主治理，民主化是国家治理能力现代化的本质特征，也是国家治理合法性的主要来源。通过民主治理可以为资源的合理配置、利益冲突的有效解决提供规则，使各治理主体能够平等、公正地参与国家治理并发挥各自潜能。由此，福山指出："尽管历史上有许多形式的合法性，但在当今世界，合法性唯一真正的来源依然是民主。[①]"

自近代民主政治发轫以来，国家治理的民主化程度就成为考量一个国家政治生活合法性的最重要指标。马克斯·韦伯在谈及近代德国的国家政治民主化的前途时曾指出："这里存在的只有两个选择：要么，公民大众在一个徒具议会制统治外表的官僚制'威权国家'中丧失自由权利，被置于'行政管理'之下，要么，公民作为共同统治者被整合进国家之中。"韦伯的提示直至今天仍具有深刻的警醒意义：对于一个致力于复兴与崛起的国家而言，必须将自己的合法性根基根植于民主制度之上。

有鉴于此，公民对国家治理行为的认同就成为国家治理合法性的基本表征，公民参与国家治理的广度和深度，亦即国家治理主体结构及其行为过程的民主化，也成为铸造国家治理合法性基础的不二选择。"民主既是一种思想

---

① ［美］弗朗西斯·福山．国家构建：21 世纪的国家治理与世界秩序［M］．黄胜强，译．北京：中国社会科学出版社，2007：281–283.

与价值，又是一种以民主制度为主要内容的国家形式，体现为一种以权利、协商、自主和自治为关键词的社会行动，和一种对民主决策和科学决策加以特别重视的治理机制与治理结构”①，即国家治理合法性形成的基本过程是“在制度化成熟、民主化完善的国家政治生活中，社会成员通过个体或集体行动，将其诉求通过政治体系的输入输出系统得以体现。社会成员经此政治行为的过程，日积月累形成对此政体的持续认同与认可。”②从这一角度来说，国家治理的民主合法性之所以有助于治理能力的提高和良好治理绩效的达成，就在于这种治理范式必然内含于对政治输出秩序的自愿性遵从。

国家治理民主化主要体现在三个方面，一是在治理理念方面，体现人民的意志和主体地位，保障人民在国家治理中的知情权、参与权和监督权，维护和扩大人民在国家治理中的权益；二是在治理策略方面，推动治理主体由一元治理向多元交互共治转变，治理方式由单一治理向复合治理转变，治理手段由行政命令向对话协商转变；三是在治理效果考核方面，加大公民、民间组织和媒体等的权重，弱化单一经济效益、政治效应考核，强化针对人民的生存状态、生活质量的社会效应、文化效应和生态效应的考核。

由此，在预算绩效管理过程中，要充分体现与满足国家治理民主化的意图与倾向，就需要充分关注绩效管理的民众知情权、参与权和监督权，绩效管理的协商对话与多元共治，以及以服务对象满意度为核心的治理效果考核。

二、以满意度为核心，构建以人民为中心的评价标尺

20 世纪 90 年代初，随着新公共管理运动对政府再造影响的不断深入，立足“结果导向”的政府治理逐步深入人心，公民满意度被引入预算绩效管理。公众满意度成为评价预算管理水平的标尺，促使政府以公众所需提供公共服务，凸显顾客至上的理念。

同样，满足人民日益增长的美好生活需要，建设人民满意的服务型政府，也是我国适应社会主要矛盾变化、推进国家治理体系和治理能力现代化的必然要求。党的十八届五中全会决议据此提出，应“在坚持协调发展的基础上，

---

① ［美］马克斯·韦伯 . 支配社会学［M］. 康乐，简惠美，译 . 广西：广西师范大学出版社，2004：97-98.

② 刘建伟 . 国家治理能力现代化研究述评［J］. 上海行政学院学报，1995（1）：68-73.

积极推动基本公共服务均等化，增加公共服务供给，从解决人民最关心最直接最现实的利益问题入手，提高公共服务共建能力和共享水平”。党的十九大报告指出，应“履行好政府再分配调节职能，加快推进基本公共服务均等化，缩小收入分配差距”。

享有基本公共服务是每个公民的基本权利，评价公共服务的供给水平，需要查看公共服务受众的具体感受，公民对公共服务的满意程度表达了其对公共服务质量的具体感知，由此形成的整体性好恶感觉程度①，既成为衡量政府公共服务质量的重要指标，也成为检验政府施政水平的重要标尺。②

从社会权力分配与政策形成的影响因素来看，公民个体的表达及其对政府行政过程与决策的影响，需要通过公民的有效政治参与来达成。③没有公众参与的公共服务供给过程，是无法保证与满足多元主体差异化需求的。作为衡量公共服务供给质量的工具，公共服务满意度强调公民个体对公共服务供给满足自身需求程度的判断，但个体分散的判断如何形成具有基本一致性的判断合集，并对政府决策产生影响，则是实际操作中面临的现实难题。

公民政治参与作为现代民主的核心所在，强调公民个体通过各种方式参加政治生活，并直接或间接影响政治体系的构成、运行方式和规则。④公共服务参与为公民影响公共服务政策、提升公共服务供给质量提供了介入机会和制度化途径，也有助于公民公共服务评价质量的提升。研究指出，根据公共服务供求平衡的决策机制来看，通过强化公民在公共服务过程中的参与，能够有效满足个体的服务需求、较好地识别基本需求偏好，使个体公共服务基础化和差异化得以兼顾，有助于提升公共服务满意度水平。⑤

同时，从公共服务创新的角度来看，公民参与下的公共服务，可以保证公共需求导向，避免公共服务偏离既定的公共利益目标。⑥公民参与通过矫

---

① 曾莉，李佳源．公共服务绩效主客观评价的契合性研究——来自 H 市基层警察服务的实证分析［J］．公共行政评论，2013（2）：72–103.

② 官永彬．公众参与对民生类公共服务满意度影响的理论分析［J］．重庆师范大学学报，2014（6）：63–69.

③ 周庆智．在政府与社会之间：基层治理诸问题研究［M］．北京：中国社会科学出版社，2015：217–218.

④ Verba，S.Schlozman，L.Brady，H.Voice and Equality：Civic Voluntarism in American Politics［M］. Cambridge，MA：Harvard University Press，1995：344–346.

⑤ 孟习贞．公众参与促进基本公共服务的有效供给［J］．生产力研究，2014（11）：146–147.

⑥ 彭向刚、张杰．论我国公共服务创新中公民参与的价值及路径［J］．吉林大学社会科学学报，2010（4）：5–10.

正政府财政支出结构偏差、优化公共服务供给决策、提升良性互动下的信任关系，促进个体对公共服务满意度水平的提升。由此，要提高公共服务供给的服务对象满意度，提升预算支出绩效水平，应重视普通公民的参与和感受，构建多元主体参与的供给体系，改变“政府主导”的单一供给机制，逐步形成“百姓点菜、政府买单、多元参与”的格局，使普通民众能够真正享受到优质的公共服务产品。

此外，还应通过加强沟通协商，切实提升参与实效和公共服务满意度水平。有效参与是基于有序参与的达成而获得的，要求公共服务的多元主体之间的合作和谐、顺畅。为此，需重视公民个体与包括政府在内的其他主体协调沟通的效果，使多方主体之间的信息输送与理解反馈高效而精确[①]。

三、以协商对话为基础，确保绩效管理广泛平等参与

现代财政的职能不仅是弥补市场失灵和宏观经济调控，更重要的是通过提供充分的公共产品和服务满足社会公众的需要，以此为基础政府才能获得政治上的合法性地位，成为令人民满意的政府。同样，也正是基于这种共同的需要，政府和市场及社会成为一个紧密联系的利益共同体，构成协同治理的整体。协同治理要求集体决策、统一规则。公共财政活动也需要在充分暴露和表达公众对公共产品的偏好和需求、达成预算同意的情况下开展财政收支活动。这就使通过集体决策确立的现代预算管理，避免了行政决策的片面性，使政府筹集收入与配置资金的活动能够更好地平衡各方利益，充分体现与满足民众的需求与偏好。

（一）协商共治为绩效评价多元参与奠定基础

预算的协商与参与体现了政府与社会共同治理的理念，属于治理体系的一种创新。通过这一机制，可以实现公共治理变革，由传统的“单一控制”方式转向“多种控制”与“社会协商参与”并举的方式。在预算的社会协商与参与方面，应根据我国政治体制的特点，构建“体制内协商”与“体制外

① 郑建君．政治参与、政治沟通对公共服务满意度影响机制的性别差异——基于 6159 份中国公民调查数据的实证分析［J］．清华大学学报（哲学社会科学版），2017（5）：164–171.

参与”相结合的机制。在体制内，以人大、政协等部门为主导构筑协商参与平台；在体制外，搭建政府、社会组织、专家与普通公众相互协作的协商参与平台。为提高协商和参与的效果，需要采取灵活多样的协商参与方式，提升公众的参与能力和参与热情，合理确定协商参与的范围及具体内容。应根据各级政府的特点和实际情况，确定各自协商参与的方式，在政府与社会之间建立良性的互动机制，实现社会治理创新。

在此需要关注的是，治理主体的多元化打破了以政府为核心的威权式管理，为提高社会公共事务治理效率，任何社会组织和行为个体在一定范围内和一定条件下，在社会公共事务治理中都可成为主导力量。但与主体多元化相伴随的是，随着参与者的逐步增多，各方之间的信任与合作的可能性会逐步降低，达成一致的交易成本将随之上升，公共治理的协同效应也会变差。由此，如何在推动预算绩效管理社会协商与广泛参与的同时，将公众的意见及时反映到决策部门，并得到合理的吸纳，形成政府与社会的良好互动，降低协商对话成本，构筑起政府与社会互动的新机制，就成为提高预算绩效管理参与质量需要关注的重要领域。

（二）多元参与的主体与参与方式

长期以来，我国与政府有关的各类绩效管理都往往局限于政府系统内部，封闭的模式导致政府与社会隔绝、政府目标与社会公众需求及期望出现偏离。而另一方面，封闭系统内部缺乏具有专业背景的人员，导致绩效测量科学性、系统性不足。

多元参与对于预算绩效管理来说不仅可为评价体系的开发提供多视角信息，使绩效评价有更大的包容性和科学性，利益相关者在获得共识的基础上还能更好地理解和支持预算绩效管理，可为预算绩效管理的顺利推进奠定良好的基础。在关键利益相关者之间就使命、目的和战略取得合理的认同，被认为是结果导向型管理的第一步。此外，参与式绩效管理意味着绩效信息在政府内部及政府与社会之间无障碍地流通和反馈，可为公民参与提供便捷的渠道。

由此，在绩效管理中引入社会参与，使政府从封闭走向开放，整合体制内外力量共同参与到绩效管理的设计和运行之中，不仅有助于推进预算绩效管理科学化、合理化、规范化，也是政府治理走向民主化的重要途径。

我国的社会参与分为正式的制度参与和非正式参与。所谓正式制度参与是指人大政协等机构，以官方身份通过正式的程序参与到预算绩效管理之中；所谓非正式参与是指社会公众及社会组织对预算绩效管理的参与，这类参与的组织模式、组织制度、组织程序相对来说系统化不足，规范性不强，需要进一步明确，由此，此类社会参与应成为预算绩效管理推进时需要高度关注的领域。

依据财政部发布的《关于贯彻落实〈中共中央 国务院关于全面实施预算绩效管理的意见〉的通知》（财预〔2018〕167号），我国参与预算绩效管理的社会力量主要来自两大领域，一是第三方机构，二是专家、学者和公众。[①]为此，需要强化这两个方面预算绩效管理参与的引导与规范。

1. 预算绩效管理中对第三方机构参与的规范和引导

全面实施预算绩效管理，政府部门不能既当“运动员”又当“裁判员”，这样得出的评价结果，其公允性、客观性和可信可用度都会令人存疑。第三方机构作为专业评估机构，因其客观性和独立性，成为预算绩效管理的必要组成部分。为此，《中共中央 国务院关于全面实施预算绩效管理的意见》（以下简称《意见》）提出，“各级财政部门建立重大政策，项目绩效评价机制，逐步开展部门整体绩效评价，对下级政府财政运行情况实施综合绩效评价，必要时可以组织第三方机构参与绩效评价”。面对第三方机构存在的专业性不足、评价报告不够深入等方面的实际问题，《意见》也明确指出，应“引导和规范第三方机构参与预算绩效管理，严格执业质量监督管理”。

为此，从政府监管层面来说，应明确第三方机构管理的相应工作规程，一是确保第三方评价工作有章可循和可持续推进；二是合理设置准入门槛，规范第三方评价市场；三是合理确定评价方式及评价定价，在绩效评价资源有限的情况下，一般性项目应由部门自评，重点项目开展第三方评价，使有限的财政资金能够发挥更大效用，同时还能保障第三方机构服务的优质优价；四是强化技术支持，健全财政信息系统，拓展绩效信息公开范围和渠道，规范并完善财政支出及其绩效信息公开的主体、规程、内容和方式，使第三方可便利地获取评价所需信息。财政部2021年发布的《第三方机构预算绩效评

① 《关于贯彻落实〈中共中央 国务院关于全面实施预算绩效管理的意见〉的通知》（财预〔2018〕167号）指出，“应推动社会力量有序参与。引导和规范第三方机构参与预算绩效管理，加强执业质量全过程跟踪和监管。搭建专家学者和社会公众参与绩效管理的途径和平台，自觉接受社会各界监督，促进形成全社会‘讲绩效、用绩效、比绩效’的良好氛围”。

价业务监督管理暂行办法》，以及《关于委托第三方机构参与预算绩效管理的指导意见》，都对此做出了较为明确清晰的界定与要求。

对于第三方评价机构来说，则应强化人才建设，组建专业队伍。预算绩效管理是一项复杂而系统性强的工程，涉及财政资金投入的每一个领域。因此，除了财务知识外，还需具备不同专业知识的人才队伍。此外，第三方机构还应树立质量意识，建立质量控制体系，对影响绩效管理服务质量的因素，包括体制、机制、文化、制度、人员、流程等进行全方位把控。

2. 预算绩效评价中的社会公众参与

预算是财政资源的配置过程，民众以纳税为代价将私人资源让渡给政府，并从公共支出中获益；政府通过对私有财产的“占有”提供令民众满意的服务。在这一过程中，预算成为发现民众偏好并予以回应的工具，预算支出方向及其优先性排序就是政府对民众偏好的最佳回应。预算也因此成为将民众偏好转化为政府政策目标及公共服务内容的最恰当工具。

公民的积极参与还可使政府制定出更多反映民众偏好且获民众广泛支持的公共政策，有利于建设一个更少分歧和争斗、易于管理和规制的和谐社会。公民的预算参与使社会大众能够在预算决策过程中充分表达自己的意见，当预算配置从民众最需要的地方开始时，其本身就已经体现了政府预算配置的效率，因为对公共产品或公共投资项目的偏好集合正是民众最迫切需求的真实反映。此外，民众对政府预算的参与，既是参与公共决策的过程，也是对政府行为进行监督的过程，促使政府预算的安排更加合理、高效、透明。

为此，借助预算过程的公民参与改善预算资金的使用效率、提升政府行政合法性、增强公共服务可接受性、提高政府透明度、强化政府受托责任、促进民主建设，就成为以公民偏好集中表达与体现为己任的预算绩效管理的重要使命。

公民参与预算绩效管理的方法包括：

（1）预算征询制度。各级政府在编制预算方案时，应事先对关系公众利益的重大事项（如基础设施投资、税费调整）征求意见，尤其是关于预算支出项目的可行性意见。预算征询可以采取问卷、网络调查、座谈会等形式开展。

（2）预决算公开制度。除涉密信息外，预决算文件在发放给人大代表时，也应该同时向公众公开，即“双公开”制度。预决算公开可以让公众知晓并关注预算安排及执行情况，为后续监督提供依据。公众对预决算的反馈意见可以为预决算修正提供参考。预决算文件包括预算修正案、预算调整案、预备费动用案、预算执行情况报告、决算案、预算审计报告、政府财务报告、绩效评价报告等文件，这些文件均应通过正式程序向公众公开，或者公众能够便捷查询。

（3）预算听证制度。预算听证、公共服务调查和预算对话都是重要的参与机制。为使预算充分反映民众偏好，促进预算资源的公平有效分配和减少腐败，发展和鼓励公民对话团体，建立由立法机关或财政部门与公民团体之间的对话机制深具意义。这些工作可以率先在基层和社区的层面上推动，也可以先进行“试验”。无论结果如何，预算过程中各种形式的公民参与机制建设都是预算改革与民主进程不可或缺的重要组成部分。

（4）预算执行监督制度。预算方案在执行中细化成具体的政府行为和公共项目，公众凭借不同身份参与预算的具体收支活动，预算执行中的公众监督因此成为预算立法中最重要的公众参与。但这种决策后参与的“纠错”功能与决策时参与的“预防”功能相比，成本与代价要高得多。

（5）预算绩效公众评价制度。预算绩效评价是对政策或项目支出的执行结果进行的综合性考核，以衡量政府履职和预算资金使用的效益，是由“合规预算”向“绩效预算”推进的必由之路。《中央部门预算支出绩效考评管理办法》就规定了“公众评价法”。作为一种绩效评价模式，公众绩效评价的效果有赖于公众在预算决策与执行环节中的持续参与。应搭建专家学者和社会公众参与绩效管理的途径和平台，形成全社会“讲绩效、用绩效、比绩效”的良好氛围。

与此同时，预算绩效管理的协商共治与多元参与，必须以财政信息公开为前提，为此，还应着力构建财政信息公开的法律基础、制度基础和技术条件，合理界定公开和免于公开的范围，为预算绩效治理变革提供信息基础。

四、以公开透明为导向，奠定绩效多元共治的基础

如果政府预算编制得很好并且是向社会公开的，就能发挥“告知过去的运作、目前的条件和将来的提议，明确地确定责任并方便于控制”[①] 的作用。

① 马骏．实现政治问责的三条道路［J］．中国社会科学，2010（5）：103–120.

实行预算公开的目的就是要把“看不见的政府”变为“看得见的政府”“廉洁政府”和“责任政府”。预算公开在制度和实践层面对整个预算具有深刻的影响，预算公开的推行可使公民真正分享预算权力，“倒逼”和“激活”民主制度，对政府改革具有突破性意义。IMF、OECD等国际组织推出了财政透明手册、评估指标和工作手册，为各国政府在提升预算透明度方面提供了具体的操作指南。

国际反腐经验表明，预算公开指数与清廉指数具有显著的相关性。预算反腐不仅效果好，而且其特点重在预防。根据联合国经济和社会事务委员会对于良好治理的定义，透明程度的高低是衡量治理好坏的一个重要标准。预算透明应达到以下三个方面要求：一是决策的产生和执行要遵循规章或条例；二是信息可被相关者自由容易地获取；三是要以易理解的形式给媒介提供足够多的信息。亦即，预算公开不能仅以生冷的面目公布于众，而是应当以更加友好的方式走入民间，以公众喜闻乐见的形式展示出来。一个按照现代公共预算制度编制出来的预算应能够全面、详细、准确地反映政府的活动，使政府的活动更加规范化和制度化。

（一）逐步完善预算绩效信息公开的形式

各级政府预算绩效信息的透明化需要从内容、质量、传播渠道三个维度不断完善，逐步建立正式的预算绩效信息公开报告制度。

一是让绩效报告和信息更易理解。应增加年度部门预算绩效评价宏观背景介绍，由财政部门统一发布年度部门预算绩效评价工作背景和标准的解释说明，包括核心概念解析、“自评价”标准和流程、“重点项目绩效评价”标准和流程等。

二是完善自评价公开内容。尝试扩大自评价项目绩效信息公开范围，可以通过列表形式公开所有自评价项目基本信息，包括立项目标、预算规模、预算执行绩效等，重点增加阐述项目绩效结果与部门履行职能之间关系的说明。

三是不断扩大重点项目绩效评价信息公开力度。各预算部门可参照中央部门决算披露重点项目绩效评价信息的模式，主动公开由部门主导评价的重点项目绩效信息。

四是增加多年期项目绩效评价结果的历史比较信息。对于多年期的项目或者已设立多年的重点项目，可以起始年度绩效信息为基年信息，进行持续评价和绩效结果比较。

五是规范信息公开渠道。从传播渠道和方式来看，为便于公众获取信息，应整合部门绩效管理与评价信息，通过统一的渠道发布。

（二）逐步完善预算绩效信息公开的内容

预算绩效管理领域的信息公开应包含如下内容：

1. 事前绩效评估信息

事前绩效评估作为预算绩效管理链条的首要环节，将预算绩效管理的关口前移，提高了财政资金分配的科学性，为优化公共资源配置，促进政府决策科学化、民主化提供了重要支撑①。在这一环节，预算部门需要围绕被评估政策、项目的计划内容、绩效目标实施方案和预期效益等进行评估，填写项目申报书、绩效目标申报表、预期绩效评价报告，并将其提交评审。财政部门对其进行调研、取证、讨论，出具事前绩效评估报告，根据评估结果做出预算安排决策，同时将绩效评估结果上报人大，并依法向社会公众公开。

2. 绩效目标管理信息

绩效目标管理是绩效管理的基础与灵魂，绩效目标的质量直接决定着绩效管理的信息质量。按照“谁申请资金，谁设置目标”的原则，预算部门需结合部门年度任务及中长期发展规划合理制订绩效计划、编制绩效目标申报表，提交财政部门进行审核。财政部门围绕“指向明确、细化量化、合理可行、相应匹配”的设置要求，对预算部门申报的绩效目标进行审核，并将审核结果反馈给预算部门，同时按照“谁批复预算，谁批复目标”的原则，将绩效目标批复随预算批复一并下达给预算部门，并在预算部门和财政部门的门户网站进行全部公开，使社会公众能够充分了解预算部门年度重点工作任务，鼓励社会公众参与预算执行与绩效目标的实现过程，逐步形成“参与式预算”绩效管理模式。

3. 绩效运行监控信息

绩效运行监控是提升预算绩效管理效率的重要手段。在监控环节，预算部门和财政部门以“双监控”为核心，同时关注绩效目标的实现程度和预算执行进度，对照绩效监控内容收集资料信息，科学、客观评判绩效目标完成

① 江书军，陈茜林．部门整体支出全过程预算绩效管理链条构建研究［J］．财政监督，2020（1）：52–56.

情况及趋势，编制填报绩效监控情况表，撰写绩效监控报告。在绩效运行监控实施过程中，以预算部门自主监控为主，财政部门重点监控为辅。预算部门要结合绩效监控信息分析“双监控”存在问题的原因并及时纠偏，填报绩效监控情况表；针对因特殊原因需要调整绩效目标和预算的，需执行调整流程报批；对财政部门反馈的整改问题要采取分类处置措施予以纠正。财政部门汇总各预算部门绩效监控信息，形成绩效监控报告，并对绩效运行监控过程中预算部门存在的问题及时发布整改意见。监控环节的绩效信息要在一定范围内通过会议、文件、通知等形式及时传递给相关利益主体，确保绩效目标能够如期实现。这些信息也应及时公布，以备监督控制的实施。

4. 事后绩效评价信息

绩效评价是预算绩效评价的关键环节，也是当前预算绩效信息公布范围最大和数量最多的环节。该环节绩效信息主要来自预算单位自评价、部门评价、财政评价所产生的绩效信息。绩效评价信息按照“谁主管、谁负责、谁公开”的原则，预算部门根据绩效评价工作安排，在年度工作任务结束后，结合年初批复的绩效目标，围绕产出、效益完成部门整体支出、项目支出、政策等绩效自评价工作，填写绩效自评表，撰写绩效自评报告，随同年度决算报告在预算部门门户网站公开。财政部门对预算单位提交的自评报告进行复核，提出改进意见；同时围绕重点民生保障、改革发展等领域开展重点绩效评价，形成重点领域支出绩效评价报告，并在财政部门门户网站及时向社会公众公布，做到重点领域绩效信息公开、透明，充分发挥社会公众监督作用。

5. 绩效评价结果应用

绩效评价结果应用是绩效评价的最终落脚点，预算绩效管理的终极使命是提高资金使用效益，优化资源配置，而这一使命的完成必须注重结果导向，建立绩效评价结果与预算安排、政策完善、日常管理优化的挂钩机制，避免评价结果被各部门束之高阁。结果应用环节的绩效信息更多表现为绩效评价结果的提交、反馈，以及部门的整改[①]。预算部门应针对绩效评价提出的反馈意见进行整改，并形成整改报告在门户网站进行公布。财政部门应将重点领域绩效评价结果随同年度决算向人大报告，并根据评价结果“优、良、中、差”的等级作为下一年度预算安排的重要依据，充分发挥绩效评价的完善指

---

① 马海涛，孙欣．预算绩效评价结果应用研究［J］．中央财经大学学报，2020（2）：48-59.

引作用。与此同时，财政部门还应将各预算部门绩效管理工作考核结果在门户网站及时公布，接受社会各界监督，强化预算部门提供公共产品和公共服务的责任与约束[①]（见图 12–1）。

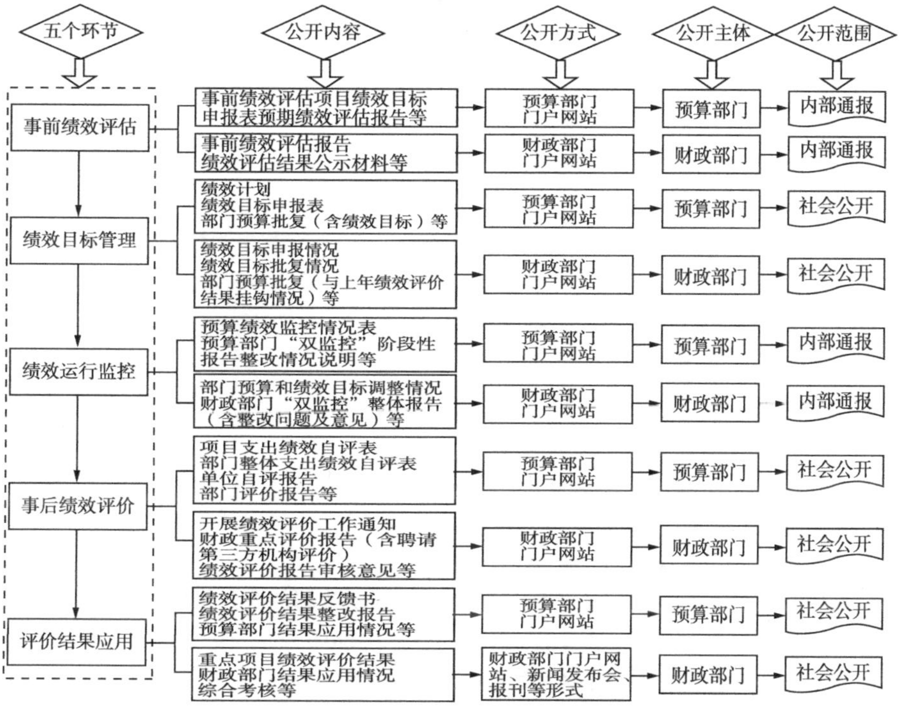

图 12–1 绩效信息公开流程图

总体来看，全面实施预算绩效管理，不仅有利于为政府履行职能提供坚实的物质基础和制度保障，督促各级政府、各部门认真履职尽责，提高行政效率，增强政府公信力和执行力，加快实现国家治理体系和治理能力现代化，更有利于提升民众的满意度，确保全体人民在共建共享中的获得感稳步提高。为此，在全面实施预算绩效管理的过程中，还应着力通过法治化、制度化、理性化、民主化、透明化、可问责的国家治理现代化以及现代财税体制的构建，规范预算绩效管理制度、完善绩效管理体系、扩大社会公众参与、改善预算绩效透明度和可问责性，提高政府的执行力和公信力，为预算绩效管理的实践与绩效预算改革的推行奠定基础。

① 江书军、蔡晓冉．全过程预算绩效信息公开框架与促进机制［J］．地方财政研究，2020（11）：33–41.

参考文献

一、政策文件

［1］中共中央 国务院. 中华人民共和国预算法［M］. 北京：法律出版社，2014.

［2］决胜全面建成小康社会 夺取新时代中国特色社会主义伟大胜利［EB/OL］. http：//www.moe.gov.cn/jyb_xwfb/xw_zt/moe_357/jyzt_2017nztzl/2017_zt11/17zt11_yw/201710/t20171031_317898.html.2017-10-27.

［3］中国共产党第十六届中央委员会第三次全体会议. 中共中央关于完善社会主义市场经济体制若干问题的决定［M］. 北京：人民出版社，2003.

［4］中共中央 国务院. 关于全面实施预算绩效管理的意见（中发〔2018〕34 号）［EB/OL］. http：//www.jh.gov.cn/jhczj/0200/202109/18faa0f35f584ad4a9bc265cbae3ba5a/files/4dc985527b00456ab82c73fee6bd3333.pdf.2018-09-01.

［5］中共中央 国务院. 国务院关于深化预算管理制度改革的决定（国发〔2014〕45 号）［EB/OL］.http：//www.gov.cn/zhengce/content/2014-10/08/content_9125. htm.2014-10-08.

［6］中共中央 国务院. 关于实行中期财政规划管理的意见（国发〔2015〕3 号）［EB/OL］. http：//www.gov.cn/zhengce/content/2015-01/23/content_9428.htm.2015-01-23.

［7］中共中央 国务院. 关于全面实施预算绩效管理的意见（财预〔2018〕167号）［EB/OL］. http：//www.rmzxb.com.cn/c/2018-09-25/2176918.shtml.2018-09-01.

［8］财政部. 关于开展中央部门项目支出绩效自评工作（财办预〔2016〕123 号）［EB/OL］. http：//www.gov.cn/xinwen/2016-11/15/content_5132890.htm.2016-10-31.

［9］财政部. 中央对地方专项转移支付绩效目标管理暂行办法（财预〔2015〕163 号）［EB/OL］. https：//finance.eastmoney.com/a2/20151106563332276.html.2015-09-29.

［10］财政部. 预算绩效评价共性指标体系框架（财预〔2013〕53 号）［EB/OL］.http：//czt.shandong.gov.cn/art/2015/1/16/art_10604_4252930.html.2013-4-21.

［11］财政部. 预算绩效管理工作规划（2012-2015 年）（财预〔2012〕396 号）［EB/OL］. http：//www.yiyang.gov.cn/czj/uploadfiles/201612/f52a7559-4f51-4fd3-b4e6-9ee309fa01a9.doc.2012-09-21.

［12］财政部. 中央部门预算绩效目标管理办法（财预〔2015〕88 号）［EB/OL］. http：//www.gov.cn/gongbao/content/2015/content_2937333.htm.2015-05-21.

［13］财政部. 地方财政管理绩效综合评价方案（财预〔2014〕45 号）［EB/OL］. http：//czt.

guizhou.gov.cn/xwzx/tzgg/201604/t20160422_64857580.html.2014-03-21.
[14] 财政部. 财政管理绩效考核与激励暂行办法.（财预〔2016〕177 号）[EB/OL]. https://www.waizi.org.cn/law/19044.html.2016-11-24.
[15] 财政部. 财政管理工作绩效考核与激励办法（财预〔2018〕4 号）[EB/OL]. http://www.ggzjjxgl.org/policy/item/53e2f9998c3445cf8e1bf85618d45484.html.2018-01-08.
[16] 财政部. 中央部门预算绩效运行监控管理暂行办法（财预〔2019〕136 号）[EB/OL].http://www.xunyang.gov.cn/zwgk/zfxxgkzl/bmxxgk/czj/zdgk_151617/czjzdlyxxgk/002/202201/t20220117_5381086.html.2019-07-26.
[17] 财政部. 项目支出绩效评价管理办法（财预〔2020〕10 号）[EB/OL]. http://www.gov.cn/zhengce/zhengceku/2020-03/02/content_5485586.htm?ivk_sa=1023197a.2020-02-25.
[18] 中共中央 国务院. 中华人民共和国预算法实施条例（国务院令 729 号）[EB/OL].http://www.szlh.gov.cn/lhczj/gkmlpt/content/8/8384/mmpost_8384208.html#12484.2020-08-03.
[19] 财政部. 关于委托第三方机构参与预算绩效管理的指导意见（财预〔2021〕6 号）[EB/OL].https://cnic.cas.cn/cdi/xxyd/202112/t20211201_6283266.html.2021-01-28.
[20] 中共中央 国务院. 关于进一步深化预算管理制度改革（国发〔2021〕5 号）[EB/OL]. http://jdjc.mof.gov.cn/fgzd/202205/t20220516_3810598.htm.2021-03-07.
[21] 财政部. 第三方机构预算绩效评价业务监督管理暂行办法（财监〔2021〕4 号）[EB/OL].http://file.luoning.gov.cn/attached/20220509/20220509111753_184.pdf.2021-04-29.
[22] 财政部. 地方政府专项债券项目资金绩效管理办法（财预〔2021〕61 号）[EB/OL]. http://www.ggzjjxgl.org/policy/item/4082244a92944da9acccaeb764bb0d14.html.2021-06-10.
[23] 财政部. 中央部门项目支出核心绩效目标和指标设置及取值指引（试行）（财预〔2021〕101 号）[EB/OL].http://www.moj.gov.cn/pub/sfbgw/fzgz/ fzgzqt/fzgzzbcw/202109/t20210930_438781.html.2021-08-18.
[24] 财政部. 社会保险基金预算绩效管理办法（财社〔2022〕65 号）[EB/OL]. http://www.gov.cn/zhengce/zhengceku/2022-06/28/content_5698115.htm.2022-05-27.

二、外文文献

[1] Allen Schick. Budgeting for Results: Recent Developments in Five Industrialized Countries [J]. Public Administration Review, 1990, 50 (1): 45-63.
[2] NAO. Cabinet Office and HM Treasury: Government's Management of Its Performance: Progress with Single Departmental Plans [R]. HC 872 SESSION, 2016 (17): 113-141.
[3] NAO. Cabinet Office and HM Treasury: Improving Government' s Planning and Spending Framework [R]. HC 1679 SESSION 2017 - 2019, 2018 (8): 85-97.
[4] Nowook Park and Joung-Jin Jang. Performance budgeting in Korea: Overview and assessment [J]. OECD Journal on Budgeting Volume, 2014 (3): 55-72.
[5] Tobin Im, Hyoungkeun Kwon. Linking Strategic Planning with Performance-Based Budgeting:

Republic of Korea Under the Developmental-State Era [J] // Ho, De Jong, Zhao. Performance Budgeting Reform. New York: Rougles Press, 2019.

[6] Zhao, ZZ., and Ho, A.T-K.Institutional Change, Public Entrepreneurship, and Reform Tactics: A Chinese Local Reform Case Study [R]. Paper presentation at the 3rd International Conference on Public Policy. Singapore, 2017 (7).

[7] HM Treasur.Service Transformation: A Better Service for Citizens and Businesses.A Better Deal for the Taxpayer [R].London: March, 2006.

[8] HM Treasury.Muti-departmental Review of Budgeting: Final Central Report [R]. London: March, 1986.

[9] HM Treasury, Cabinet Office.National Audit Office, Setting Key Targets for Executive Agencies [R]. London: March, 2003.

[10] Anderson Don.Performance-based funding of universities [M]. Canberra: Australia Govt. Pub. Service, 1996.

[11] Australia Industry Commission. Performance measures for councils-improving local government performance indicator [M]. Melbourne: Industry Commission, 1997.

[12] Barry Anderson.Performance Budgeting-A Users Guide [M].OECD, 2008.

[13] Hood, C.A Public Management for All Seasons? [J].Public Administration, 1991 (69): 3 - 19.

[14] Coleman Michael.Report on results of a performance audit of strategic planning framework [M].Canberra: KPMG, 2000.

[15] De Jong, M. and Ho A, T-K. Sequencing of Performance-Based Budget Reforms [J]. PFM Blog by the International Monetary Fund, 2017, 1 (26): 54-67.

[16] Erik Bloom. Institutionalizing Performance in the Public Sector-An Emerging Framework for Performance-Informed Budgeting [J]. World Bank, 2008 (6).

[17] Goodson, Carol F. The complete guide to performance standards for library Personnel [M]. New York: Neal-Schuman Publishers, 1997.

[18] Hawje, l. Performance budgeting in Australia [J]. OECD Journal on Budgeting, 2007, 7 (3): 35-46.

[19] IMF. Institutional Foundations for Performance Budgeting: The Case of the Government of Canada [R]. IMF working paper, 2008.

[20] Industry Commission.Performance measures for councils [M]. Melbourne: Industry Commission, 1997.

[21] Jack Diamond. From Program to Performance Budgeting: The Challenge for Emerging Market Economies [R]. IMF working paper, 2003.

[22] Lee McCormack. Using Evaluation in the Canadian Expenditure Management System [J]. OECD meeting in Washington, 2007 (6).

［23］Linda，G.，Morra Imas. Ray，C.Rist：the Road to Results［R］. the World Bank，2009（1）.
［24］Marc Robinson. Performance Budgeting Models and Key Issues［R］. Fiscal Affairs Department IMF，2008.
［25］Moynihan，D.，Beazley，I.Toward next-generation performance budgeting：lessons from the experiences of seven reforming countries［M］. Washington DC：World Bank，2016.
［26］Paterson John. Performance measurement in general government—hard and Soft，sharp and fuzzy［M］. Melbourne：Australia Society of Accountants，1998.
［27］Productivity Commission. Performance of government trading enterprises 1991–92 to 1996–97［M］. Melbourne：Industry Commission，1998.
［28］Richard Hughes. Performance Budgeting in the UK：10 Lessons from a Decade of Experience［R］. Fiscal Affairs Department，International Monetary Fund，2008.
［29］Robinson Marc. Budget Reform Before and After the Global Financial Crisis［J］. OECD Journal on Budgeting，2016（1）：27–39.
［30］Schechner Richard. Performance theory［M］. New York：Routledge，1988.
［31］Schick A.The Federal Budget：Politics，Policy，Process［M］. Washington，DC：Brookings Institution Press，2008.
［32］Talbot，C. Performance Regimes and Institutional Contexts：Comparing Japan，UK and USA［R］.International Symposium on Policy Evaluation，2006，6（24）.
［33］Teresa Curristine. Sequencing and Pacing of Performance Budgeting Reforms［R］. OECD Summary of the 5th annual meeting of the SBO Network on Performance and Results，2008.
［34］Teresa Currustine. New Trends and Developments in Performance Budgeting and Management［R］. Presentationg on "IMF Fiscal Affairs Department Workshop"，2019.
［35］Robinson Marc. Budget Reform Before and After the Global Financial Crisis［J］. OECD Journal on Budgeting，2016（1）：27–39.
［36］Waldron，Laurie. Performance appraisa–questions and answers［M］. Canberra：Australia Govt. Pub. Service，1990.

三、中文文献

［1］［美］阿伦·威尔达夫斯基，布莱登·斯瓦德洛. 预算与治理［M］. 庞鑫，译. 上海：上海财经大学出版社，2010：156–157.
［2］［美］爱伦·鲁宾. 公共预算中的政治：收入与支出，借贷与平衡［M］. 曾峡，等译. 北京：中国人民大学出版社，2001：221–223.
［3］［美］保罗·萨缪尔森. 经济学（第16版）［M］. 萧琛，等译. 北京：华夏出版社，1999：221–223.
［4］［美］丹尼斯·穆勒. 公共选择理论［M］. 张军，译. 北京：商务印书馆，1999：71–72.
［5］［美］戴维·奥斯本，［美］特德·盖布勒. 改革政府——企业精神如何改革公营部门

[M]. 周敦仁，译. 上海：上海译文出版社，1996：48–50.
[6][美]戴维·奥斯本，[美]彼德·普拉斯特里克. 摒弃官僚制：政府再造的五项战略[M]. 谭功荣，译. 北京：中国人民大学出版社，2002：112–114.
[7][美]道格拉斯·诺斯. 制度、制度变迁与经济绩效[M]. 杭行，译. 上海：上海人民出版社，2014：151–154.
[8][美]弗朗西斯·福山. 国家构建：21世纪的国家治理与世界秩序[M]. 黄胜强，译. 北京：中国社会科学出版社，2007：71–72.
[9][美]乔纳森·卡恩. 预算民主——美国的国家建设和公民权[M]. 叶娟丽，译. 北京：世纪出版集团，2008：251–253.
[10][美]萨缪尔·亨廷顿. 变革社会中的政治秩序[M]. 王冠华，等译. 上海：华夏出版社，1998：247–249.
[11] 白景明. 当前我国财政支出预算绩效管理难点分析[J]. 财政监督，2020（6）：26–33.
[12] 包国宪，马翔，李树军. 公共项目绩效损失结构、测度与评价方法研究[J]. 上海行政学院学报，2020（7）：34–46.
[13] 蔡立辉. 西方国家政府绩效评估理念及其启示[J]. 清华大学学报，2003（1）：76–84.
[14] 晁毓欣. 事前绩效评估与预算评审的一体化融合[J]. 经济研究参考，2021（13）：57–62.
[15] 方振邦，侯纯辉，陈曦. 美国联邦政府高级公务员绩效考核体系及借鉴[J]. 国家行政学院学报，2016（2）：128–132.
[16] 方振邦，黄玉玲. 日本中央政府高级公务员考核研究及其启示[J]. 日本研究，2015（1）：51–59.
[17] 陈博，尚晓贺，倪志良. 政府预算绩效指标的外部评估——基于公众满意度的考察[J]. 青海社会科学，2016（4）：99–105.
[18] 陈天祥. 乱问责现象溯源及治理之道[J]. 人民论坛，2020（12）：30–32.
[19] 陈共. 财政学[M]. 北京：中国人民大学出版社，2020：15–17.
[20] 程国琴. 参与式预算的经济学分析[J]. 当代财经，2014（12）：36–46.
[21] 苟燕楠，韩福国. 参与程序与预算认同：基于“盐津模式”与“温岭模式”的比较分析[J]. 公共行政评论，2014（10）：35–46.
[22] 苟燕楠. 绩效预算：模式与路径[M]. 北京：中国财政经济出版社，2011：78–81.
[23] 官永彬. 公众参与对民生类公共服务满意度影响的理论分析[J]. 重庆师范大学学报，2014（6）：63–69.
[24] 江书军，陈茜林. 部门整体支出全过程预算绩效管理链条构建研究[J]. 财政监督，2020（1）：52–56.
[25] 江书军，蔡晓冉. 全过程预算绩效信息公开框架与促进机制[J]. 地方财政研究，2020（11）：33–41.
[26] 何文盛. 国家治理现代化视角下预算治理的理念嬗变与演化兴起[J]. 上海行政学院

新报，2019（6）：10–21.
[27] 何文盛，杜丽娜. 中国预算绩效管理改革的政策演进与双重逻辑——中央和省级政府双向互动的政策实践视角 [J]. 中央财经大学学报，2021（6）：3–15.
[28] 韩晓明. 预算与绩效管理一体化：框架与策略 [J]. 财政监督，2018（19）：5–11.
[29] 洪向华. 为什么要同时强调问责与容错 [J]. 人民论坛，2017（9）：52–54.
[30] 李燕. 预算绩效管理问责要素分析与机制优化 [J]. 中央财经大学学报，2022（1）：11–21.
[31] 卢馨. 进一步完善政府预算绩效评价体系 [J]. 中国人大，2018（21）：50.
[32] 李艳，林秀玉. 国家治理体系创新与治理能力提升的新探索——广东省人大委托第三方评财政绩效的现实思考 [J]. 公共管理学报，2016（3）：147–151.
[33] 刘轩宇，方有云. 关于建立公共预算激励约束机制的粗略构想 [J]. 预算管理与会计，2015（8）：14–16.
[34] 刘建伟. 国家治理能力现代化研究述评 [J]. 上海行政学院学报，1995（1）：68–73.
[35] 卢扬帆. 法治政府绩效评价内容及指标设计 [J]. 甘肃政法学院学报，2016（3）：134–146.
[36] 李雯睿. 新公共管理运动与绩效预算改革的互动：一个国际比较的视角 [J]. 四川师范大学学报（社会科学版），2017（3）：88–94.
[37] 吕侠. 论预算绩效问责机制建构 [J]. 中南财经政法大学学报，2013（1）：66–70.
[38] 马国贤，钟志刚. 对美国 1993—2018 年绩效制度的分析与借鉴 [J]. 财政监督，2022（3）：34–38.
[39] 马国贤，任晓辉. 全面实施绩效管理：理论、制度与顶层设计 [J]. 中国行政管理，2018（4）：13–18.
[40] 马蔡琛. 全球公共预算改革的最新演化趋势：基于 21 世纪以来的考察 [J]. 财政研究，2018（1）：92–100.
[41] 马蔡琛，朱旭阳.21 世纪公共预算绩效管理方向探究 [J]. 财政监督，2017（6）：79–80.
[42] 马蔡琛，赵笛. 预算和绩效管理一体化的实践探索与改革方向 [J]. 经济与管理研究，2022（3）：89–98.
[43] 马海涛，孙欣. 预算绩效评价结果应用研究 [J]. 中央财经大学学报，2020（2）：48–59.
[44] 马海涛，肖鹏. 现代预算制度概念框架与中国现代预算制度构建思路探讨 [J]. 经济研究参考，2015（6）：3–10.
[45] 马骏. 新绩效预算 [J]. 中央财经大学学报，2004（8）：1–6.
[46] 马骏. 实现政治问责的三条道路 [J]. 中国社会科学，2010（5）：103–120.
[47] 孟习贞. 公众参与促进基本公共服务的有效供给 [J]. 生产力研究，2014（11）：146–147.
[48] 牛美丽，何达基. 评价结果导向型管理和预算改革面临的概念和方法上的挑战 [J]. 公共行政评论，2014（6）：55–70.
[49] 牛美丽. 中国地方绩效预算改革十年回顾：成就与挑战 [J]. 武汉大学学报（哲学社

会科学版），2012（11）：85–91.
[50] 彭向刚，张杰. 论我国公共服务创新中公民参与的价值及路径 [J]. 吉林大学社会科学学报，2010（4）：5–10.
[51] 邱法宗. 关于建立普通高校转换性通用评估指标体系的构想 [J]. 中国高教研究，2009（4）：35–39.
[52] 任晓辉. 全面实施预算绩效管理的推进机制研究 [J]. 财政监督，2018（19）：12–18.
[53] 尚虎平. 从治理到政府治理绩效：数据挖掘视域下的政府治理绩效评估 [J]. 辽宁师范大学学报（社会科学版），2009（1）：16–20.
[54] 施青军，马文竭. 我国开展重大政策事前绩效评估的思考 [J]. 财政监督，2019（20）：49–53.
[55] 施青军. 开展事前绩效评估的思路与方法 [J]. 中国财政，2019（7）：49–51.
[56] 宋凤轩，孙颖鹿. 我国绩效预算管理制度运行的路径选择 [J]. 经济研究参考，2016（40）：4–9.
[57] 佟宝贵. 对英国现行公务员绩效评估制度的考察 [J]. 法学杂志，2011（1）：47–49.
[58] 童伟. 全面实施预算绩效管理改革：实践困境与解决路径探索 [J]. 财政科学，2018（11）：35–41.
[59] 童伟. 基于编制本位和流程再造的预算绩效激励机制构建 [J]. 财政研究，2019（6）：46–56.
[60] 童伟，黄如兰. 基于博弈模型的预算绩效管理激励约束机制构建研究 [J]. 山东财经大学学报，2021（9）：5–15.
[61] 王浦劬. 国家治理、政府治理和社会治理的基本含义及其相互关系辨析 [J]. 社会学评论，2014（3）：12–20.
[62] 王雪云，韩宗保. 我国全面实施预算绩效管理的理性思考 [J]. 经济研究参考，2018（28）：29–35.
[63] 王庆. 促进宏观国民幸福的财政考量 [J]. 天津行政学院学报，2014（5）：39–45.
[64] 王泽彩. 预算绩效管理：新时代全面实施绩效管理的实现路径 [J]. 中国行政管理，2018（4）：6–12.
[65] 王泽彩，杨宝昆. 中国政府与社会资本合作（PPP）项目绩效目标与绩效指标体系的构建 [J]. 财政科学，2018（11）：9–20.
[66] 王柳. 理解问责制度的三个视角及其相互关系 [J]. 经济社会体制比较，2016（2）：184–194.
[67] 吴俊培. 现代财政理论与实践 [M]. 北京：经济科学出版社，2005：211–214.
[68] 肖鹏. 流程控制视角的财政监督嵌入预算管理顶层设计研究 [J]. 财政监督，2014（6）：5–7.
[69] 夏先德. 全过程预算绩效管理机制研究 [J]. 财政研究，2013（4）：11–16.
[70] 徐芳芳，刘旭涛. 美国公务员绩效激励机制之经验借鉴 [J]. 公共管理理论，2018

（7）：28–37.
［71］许泉根，包亚琴. 财政支出绩效评价结果应用研究［J］. 农村财政与财务，2013（1）：27–29.
［72］徐建中，夏杰，吕希琛，等. 基于“4E”原则的我国政府预算绩效评价框架构建［J］. 社会科学辑刊，2013（3）：132–137.
［73］杨震. 论国家治理现代化进程中的制度认同［J］. 社会主义研究，2016（6）：59–70.
［74］姚东旻，颜缙. 预算理论的“缺失”［J］. 地方财政研究，2018（1）：11–22.
［75］张龙. 湖北省深化预算绩效管理改革的问题及建议［J］. 财政科学，2016（1）：108–111.
［76］赵丹. 我国财政支出绩效评价结果应用的问题与对策建议［J］. 时代金融，2015（2）：227–228.
［77］郑涌，郭灵康. 扎实推进事前评估和事后评价制度落地生效［J］. 中国行政管理，2021（2）：158–159.
［78］郑方辉，李文彬，卢扬帆. 财政专项资金绩效评价：体系与报告［J］. 中国社会科学，2017（4）：84–108.
［79］郑方辉，王彦冰. 全面实施绩效管理背景的财政政策绩效评价［J］. 中国行政管理，2018（4）：19–26.
［80］郑建君. 政治参与、政治沟通对公共服务满意度影响机制的性别差异——基于 6159 份中国公民调查数据的实证分析［J］. 清华大学学报（哲学社会科学版），2017（5）：164–171.
［81］曾莉，李佳源. 公共服务绩效主客观评价的契合性研究——来自 H 市基层警察服务的实证分析［J］. 公共行政评论，2013（2）：72–103.
［82］周志忍，徐艳晴. 政府绩效管理的推进机制：中美比较的启示［J］. 中国行政管理，2016（4）：134–145.
［83］周长鲜. 财政预算绩效监督体制：西方发达国家议会的经验与启示［J］. 经济社会体制比较，2010（5）：148–153.
［84］周庆智. 在政府与社会之间：基层治理诸问题研究［M］. 北京：中国社会科学出版社，2015：217–218.
［85］张紧跟，陈泽涛. 论人民代表大会在绩效预算改革中的运作与影响——以广东省 A 区为例［J］. 公共管理学报，2008（2）：24–32.
［86］张强. 现代财政制度建设之路［J］. 中央财经大学学报，2019（3）：11–22.
［87］朱光明. 日本公务员制度改革述评［J］. 中国行政管理，2010（1）：38–39.
［88］赵敏. 财政支出绩效评价的质量标准及控制体系研究——国际绩效评价的经验与启示［J］. 财政研究，2016（10）：76–84.
［89］赵敏. 基于 DMF 框架的亚洲开发银行全过程项目绩效管理体系研究及启示［J］. 财政研究，2014（6）：33–36.